10년후
한국경제의미래

일상과 이상을 이어주는 책 ————

일상이상

10년후
한국경제의 미래

미래전략정책연구원 지음
ⓒ 미래전략정책연구원&일상과이상

초판 1쇄 찍은날 · 2019년 10월 15일
초판 1쇄 펴낸날 · 2019년 10월 22일
펴낸이 · 이효순 | 펴낸곳 · 일상과 이상 | 출판등록 · 제300-2009-112호
편집인 · 김종필
북디자인 · 최상곤
주소 · 경기도 고양시 일산서구 일현로 140 112−301
전화 · 070-7787-7931 | 팩스 · 031-911-7931
이메일 · fkafka98@gmail.com

ISBN 978-89-98453-65-7 03320

10년후
한국경제의미래

미래전략정책연구원 지음

2030
The Korean economy

일상이상

시나리오 분석방법으로 예측한
'10년 후 한국경제의 미래'

"미래에 대한 고민이 없는 정책은 전혀 쓸모가 없거나 오히려 해가 될 수도 있다."

이 말은 미래학의 대부 짐 데이토(Jim Dator) 교수의 경고다. 미래예측을 하지 않으면 정부나 기업, 개인의 어떤 정책이나 계획도 무의미하다는 것을 의미한다.

그렇다면 우리에게는 어떤 미래가 펼쳐질까? 최근 한국경제는 안팎으로 빨간 경고등이 켜지고 있다. 올해 2분기 상장기업 영업이익은 전년 같은 기간보다 37.4% 줄어들었다. 국제회계기준(IFRS)에 따라 실적발표를 시작한 2012년 이후 최대 '어닝 쇼크'(earning shock)다. 특히 1,500조 원을 넘어선 가계부채는 시한폭탄처럼 위협을 가하고 있고, 저성장 기조는 이미 만성화되어 올해 경제성장률은 2%도 안 될 듯싶다.

그런데 더 무서운 것은 이것이 시작에 불과하지 않을까 하는 우려다. 올해 8월부터 세계적인 경기침체를 우려하는 'R(Ressesion, 경기침체)의 공포'가 확산되면서 우리도 일본처럼 '잃어버린 20년'을 맞지 않을까 하는 불안감이 커지고 있다.

그렇다면 위기에서 살아남기 위해 어디에서 해법을 찾아야 할까? 불황에도 항상 기회는 있고, 그 기회는 신성장산업에서 찾아야 한다. 소프트뱅크 손정의 회장은 "20년 전 인터넷 혁명이 일어났을 때 거품 논쟁이 일었던 것처럼 AI에 대해 '거품이다', '위험하다'는 말을 하고 있다. 하지만 AI산업은 이제 막 혁명의 입구에 들어섰으며 우리에게 주어진 큰 기회"라고 말했다. 그의 말처럼 우리도 신성장산업을 이끄는 신기술에서 새로운 기회를 찾아야 할 것이다.

이 책은 '10년 후 한국경제의 미래'를 예측하기 위해 스탠퍼드연구소(Stanford Research Institute)에서 개발한 시나리오 분석방법을 사용했다. 시나리오 분석방법은 미래 상황을 3가지 시나리오(현재 상황이 계속 이어질 경우의 미들 시나리오, 좋은 상황으로 호전될 경우의 베스트 시나리오, 상황이 악화될 경우의 워스트 시나리오)로 가정해 모든 상황에 유연하게 대응할 수 있도록 해주는 미래예측방법이다.

전 세계에서 전략적인 의사결정의 도구로 사용되고 있는 시나리오 분석방법은 제2차 세계대전 당시에 군사적인 용도로 처음 등장했는데, 1970년대부터 미래학자 허만 칸(Herman Kahn)에 의해 기업 경영에 이용되기 시작했다. 이후 이 시나리오 분석방법은 스탠퍼드연구소에서 그 기법을 정교화하면서 널리 알려지게 되었다. 오늘날에는 미국과 유럽 등의 정부기관이나 글로벌 기업들이 많이 이용하고 있다.

이 책의 제1부는 국내외 미래학자와 연구기관, 정부의 정책 보고서 등을 기반으로 10년 후 한국경제의 미래를 세 가지 시나리오로 전망했다. 세 가지 시나리오에 따라 경제지표, 미중무역전쟁, 한일무역분쟁, 남북경협 등 한국경제의 운명을 좌우할 변수들이 어떻게 달라지는지 전망했다. 제2부는 인공지능, 사물인터넷, 블록체인 등 한국경제의 신성장동력이 될 산업기술을 다루었다. 제3부는 뉴트로, 필환경, 리테일 테크 등 향후 10년간 소비자를 사로잡을 트렌드를 다루었다. 따라서 이 책은 앞으로 10년간 미래에 나타날 다양한 변수를 고려해 사업계획을 세워야 할 정부기관과 지자체, 기업 및 단체, 연구소, 각급 학교 및 개인에게 유용할 것이다.

이 책은 '10년 후' 시리즈의 6번째 책이다. '10년 후' 시리즈는 우리 시대에 최대 화두로 떠오른 주제들을 책으로 엮어 많은 독자들의 사랑을 받고 있다.

한국경제에 희망이 깃들길 바라며, 미래전략정책연구원 원장 박경식

차례

◆ 머리말_ 시나리오 분석방법으로 예측한 '10년 후 한국경제의 미래' · · · · · · · · · · · · **4**

제1부 한국경제, 위기 속에도 기회는 있다 · · · · · · · · · · · **09**

01. **한국경제,** '잃어버린 20년'이 시작될까? · **011**

02. **경제지표,** 하방 리스크가 커지고 있다 · **025**

03. **양극화,** 노후파산과 중년파산에 대비하라 · **039**

04. **미중무역전쟁,** 피할 수 없는 전쟁에 대비하라 · **052**

05. **한일무역분쟁,** 장기전으로 치달으면 어떻게 될까? · **065**

06. **주식과 부동산,** 선별적 투자가 필요하다 · **076**

07. **환율과 금리,** 변화의 신호를 미리 읽어라 · **087**

08. **남북경협,** 짐 로저스가 한반도에 주목한 이유는? · **097**

09. **신흥시장,** 베트남과 인도 등 기회의 땅에 투자하라 · **108**

제2부 산업과 기술, 4차산업혁명이 산업지형도를 바꾼다 **125**

10. **인공지능,** 기계와의 경쟁이 시작된다 · **127**

11. **사물인터넷,** 6G 세상과 만난다 · **139**

12. **빅데이터,** 플랫폼 경제가 경영과 마케팅을 바꾼다 · **155**

13. **블록체인과 핀테크,** 금융의 미래를 바꾼다 · **167**

14. **자율주행차,** 임박한 파국에 대비하라 · **179**

15. **드론,** 사람까지 실어 나른다 · **193**

16. **생체인식,** 간편결제 및 보안 시장이 성장한다 · **206**

17. **헬스케어,** 바이오 기술과 ICT 기술이 융합된다 · **214**

18. **가상현실,** 서비스업의 패러다임을 바꾼다 · **227**

19. **스마트시티,** 건설업의 패러다임을 바꾼다 · **240**

제3부 소비와 생활, 트렌드를 알아야 돈이 보인다 · · · · · **251**

20. **인구변화,** 소비 지도를 바꾼다 · **253**

21. **밀레니얼 세대,** 미 제너레이션을 잡아라 · **263**

22. **포노 사피엔스,** 스마트폰이 소비를 바꾼다 · **274**

23. **뉴트로,** 새로운 복고 열풍이 분다 · **286**

24. **필환경,** 미세먼지와 기후변화가 새로운 시장을 만든다 · **298**

25. **구독경제,** 공유를 넘어 구독으로 · **314**

26. **시니어 시프트,** 젊게 사는 뉴 시니어를 잡아라 · **325**

27. **리테일테크,** ICT가 소매유통을 바꾼다 · **337**

28. **신한류,** 한류 3.0으로 진화한다 · **346**

◆ **맺음말_** 지속성장을 위한 6가지 생존법칙 · · · · · · · · · · · · · **354**

제1부

한국경제, 위기 속에도 기회는 있다

2030
The Korean economy

01 한국경제, '잃어버린 20년'이 시작될까?

최근 한국은 저출산, 고령화, 저성장 등으로 경기침체가 장기화되고 있다. 그래서일까? '지금 한국은 일본의 잃어버린 20년과 너무 닮았다', '수출-고용 부진 한국, 잃어버린 20년에 갇힐 수도' 등 우리도 일본처럼 '잃어버린 20년'을 맞지 않을까 하는 우려를 나타내는 기사들이 쏟아지고 있다.

일본은 1990년부터 버블 경제가 붕괴되기 시작하였다. 1985년 플라자합의 이후 엔화 강세에 따른 수출 부진이 우려되자 일본은행은 1985년 1월 5%였던 정책금리를 1987년 2월까지 역대 최저 수준인 2.5%로 인하했다. 그러자 기업들은 대출을 받아 사업 규모를 확장하고 재테크에도 치중하면서 주가와 부동산 가격이 상승했다.

이에 질세라 개인들도 주식과 부동산 투자를 빠르게 늘려 나갔다. 주가와 땅값은 1987년부터 급등하기 시작해 1990년까지 3배 가까이 상승했다. 하늘 높은 줄 모르고 치솟던 주가와 땅값은 일본 정부가 1989년 5월 금융긴축을 단행하고, 1990년 3월 부동산 관련 대출 총량규제를 시행하면서 붕괴되었다.

일본의 니케이지수는 1989년 말 38,915포인트로 정점을 찍은 이후 하락하기 시작했다. 1990년 10월 절반으로 하락했고, 1992년에는 15,000포인트까지 하락했다. 땅값 또한 1989년부터 1992년까지 50% 이상 떨어졌으며, 이후에도 2005년까지 하락세가 지속되었다.

이로 인해 소비와 고용에 악영향을 미치게 되었고 디플레이션 (deflation, 물가가 하락하고 경기가 침체되는 현상)이 이어졌다. 일본의 경기침체는 1990년대부터 2000년대 초까지 이어져 '잃어버린 10년'을 맞게 되었고, 이후 2008년 세계 금융위기로 2000년대에도 불황이 지속되

1970년대부터 2010년까지 니케이지수

짐 로저스는 앞으로
2~3년 내에 2008년
금융위기보다 심각한
위기가 올 수 있다고 경
고했다.

어 '잃어버린 20년'을 맞게 되었다.

이러한 일본경제의 몰락은 전 세계에 큰 충격을 주었다. 1929년 세계대공황기에도 세계 각국은 10년 이내에 침체 국면에서 벗어났지만, 1980년대까지 거침없이 성장하던 일본경제는 하루아침에 몰락했다. 그래서 경제위기가 닥치거나 경기침체가 장기간 지속될 때마다 '잃어버린 20년'이라는 말이 심심치 않게 오르내리고 있다.

최근에 세계 3대 투자가인 짐 로저스(Jim Rogers)는 "2008년에 전세계는 부채가 너무 많아서 금융위기를 겪었다"고 말하며, "2008년 이후 전 세계에서 부채가 늘고 있는데, 다음에 위기가 닥친다면 더 심각할 것이며, 그것이 앞으로 2~3년 내에 올 수도 있다"고 경고했다.

세계경제가 불황에 빠져들고 있다는 징후는 이미 곳곳에서 나타나고 있다. 미중무역전쟁의 당사자인 미국과 중국을 비롯해 독일과 영국 등의 경제지표도 나빠지고 있다. 그러자 'R의 공포'라는 말이 퍼지게 되었다. R(recession)이란 대규모 경기침체인데, 한 국가 혹은 세계 경기가 둔화의 단계를 넘어 침체 국면에 빠지는 것을 뜻한다.

2019년 8월 14일 미국의 장단기금리역전(inverted yield curve, 장기채권 수익률이 단기채권 수익률보다 낮은 보기 드문 현상)이 발생하며 다우지수가 3%가량 폭락했고, 유로존 19개국의 국채금리도 일제히 하락했다. 이미 마이너스 금리로 접어든 독일과 프랑스의 국채금리는 사상 최저치를 기록했다. 이처럼 선진국의 국채금리가 동반 하락하자 세계경제가 본격적인 침체기로 접어든 것이 아니냐는 우려가 커지게 되었다.

수출, 생산, 투자, 소비 등에서도 긍정적인 경제지표를 찾기 어렵다. 독일은 2019년 3분기에 GDP(국내총생산)가 감소했고, 영국은 제조업, 건설업, 농업 등이 역성장하면서 3분기 GDP가 감소했으며, 일본은 7월 수출이 1년 전보다 1.6% 줄었고, 싱가포르는 2분기 GDP가 1분기보다 3.3% 감소했다. 최근 미중무역전쟁이 미중환율전쟁으로 확산되었고, 한일무역분쟁 등 변수도 생겨 한국경제의 불확실성은 크게 증가하고 있다.

한국경제의 무역의존도는 GDP 대비 68.8%(2017년 기준)에 이를 정도로 높은 편이다. 글로벌 리스크가 발생할 때마다 한국 증시는 휘청거리는데, 2019년 8월 6일 코스피지수가 하루 만에 6.1% 폭락하자 블룸버그통신은 이렇게 말했다. "이전까지는 말레이시아 증시가 최악이었지만 화요일(6일)의 증시 폭락으로 한국의 증권시장이 2019

년 최악의 시장이 되었다." 또 해외투자은행(IB)들은 한국이 세계 경제침체의 가장 큰 피해국이 될 것으로 전망하고 있다.

일본 최대 증권사인 노무라증권 서울지점은 1998년 10월 29일 유명한 보고서를 발표했다. 이 보고서의 제목은 '대우 그룹에 비상벨이 울리고 있다'(Alarm bells ringing for the Daewoo Group)인데, 4페이지에 불과한 이 보고서의 위력은 매우 커서 비슷한 내용의 보고서가 해외에서 쏟아져 나왔다. 그로부터 10개월이 지나지 않아 당시 국내 2위 재벌이었던 대우그룹이 붕괴되었다.

2019년 4월 26일, 노무라금융투자는 또 하나의 보고서를 발표했다. 이 보고서는 2019년 한국의 경제성장률 전망치를 2.4%에서 1.8%로 낮추었는데, 그 이유에 대해 다음과 같이 말했다. "한국의

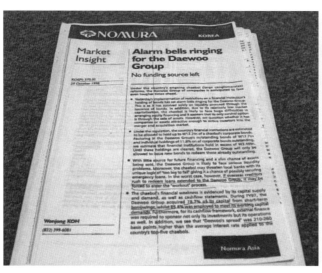

「대우 그룹에 비상벨이 울리고 있다(Alarm bells ringing for the Daewoo Group)」

2019년 1분기 GDP는 큰 폭으로 떨어졌다. 설비투자 역시 전 분기보다 10.8% 감소했는데, 이는 수출 부진이 국내 경제에 부정적인 영향을 미칠 수 있음을 시사한다. 또 4월 수출이 반도체 수출 부진 등으로 작년 동기보다 8.7% 감소했다. 우리는 한국 정부가 하방 리스크에 대응해 거시 정책을 조정할 것으로 믿는다."

KDI국제정책대학원 김대기 초빙교수는 조선일보 칼럼 '일본의 잃어버린 20년 우리에게도 올까'를 통해 '일본의 잃어버린 20년'이 우리에게 주는 시사점을 설명했다. 이 칼럼에 따르면 "1990년대 일본의 장기 침체는 출산율 저하와 저금리 거품, 정치 혼란, 장기적인 정책의 부재 등이 겹쳐 발생했는데, 지금 우리의 현실은 20년 전의 일본과 너무 비슷하다. 우리나라의 35~55세 인구는 2012년 정점을 찍었고, 이후 20년간 약 240만 명(-14.1%)이 줄어들 예정이다. 또 저금리로 거품이 잔뜩 낀 모습도 닮았다. 부동산에 투자하느라 불어난 가계부채가 GDP의 93%까지 치솟았다. 1991년 일본의 가계부채가 GDP의 70%인 점을 감안하면 거품이 꺼질 때 더 큰 충격을 받을 수 있다."

게다가 정치 현실은 어떤가? 5년마다 정부가 바뀌면서 장기적인 국가발전 전략을 못 세우고 있다.

한국경제가 '잃어버린 20년'에 대비하기 위해

우리도 일본처럼 '잃어버린 20년'을 맞지 않으려면 모든 것을 바

하와이대학에서 40년간 미래학을 가르치고 있는 미래학의 대부 짐 데이토(Jim Dator) 교수는 "미래예측이 없는 정책은 전혀 쓸모가 없거나, 오히려 해가 될 수도 있다"고 말했다.

꿔야 한다. 저출산·고령화에 따른 인구절벽에 대비하는 것을 비롯해 기업과 노동 등 모든 구조를 바꿔야 '잃어버린 20년'을 피할 수 있다. 그러기 위해 정부는 미래예측을 기반으로 한 정책을 펼쳐야 한다.

앞으로 세계경제의 불확실성은 커질 것이다. 유럽의 재정위기가 지속되고, 미중무역전쟁 등으로 글로벌 리스크가 커지고 있기 때문이다. 우리는 이러한 미래에 대비해 우선 한국경제의 문제점부터 헤아려야 한다.

한국경제연구원의 「일본의 잃어버린 20년과 한국에의 시사점」에 따르면 "일본의 장기침체의 원인이 되었던 많은 문제점들이 우리의 경제에서도 목격되고 있다. 우리도 일본과 같이 내수부진이 구조적인 현상으로 정착되어 왔고, 수출이 성장을 주도하는 경제구조를 갖고 있어 대외환경 변화에 매우 취약하다. 또 저출산·고령화, 부동산

가격 급락, 가계부채 증가 등 내수 부진을 고착화시키는 불안요인을 안고 있다."

우리는 '잃어버린 20년'을 피하기 위해 다음과 같이 해야 한다.

- 저출산·고령화가 일으키는 파국에 대비해야 한다. 우리나라 역시 일본처럼 저출산·고령화가 진행되어 생산가능인구(만 15세~64세)가 빠르게 감소하고 있다. 이러한 가운데 저성장이 지속되고 있어 일본처럼 주택시장이 장기침체에 빠질 가능성이 높다. 게다가 우리는 1,500조 원이 넘는 가계부채를 가지고 있어 문제가 심각하다. 주택시장뿐만 아니라 금융시장이 장기침체에 빠지지 않도록 해야 한다.

- 성장보다는 분배를 중시하는 정책은 바람직하지 않다. 지금 세계 각국은 저성장을 해결하기 위해 법인세와 소비세, 상속세 등을 줄이고 있는데, 우리는 거꾸로 분배만 신경 쓰고 있다. 이는 장기적으로 한국경제가 성장하는 데 걸림돌이 될 수 있다. 현 정부는 최저임금 인상과 노동시간 단축, 비정규직의 정규직화 등 성장보다는 분배에 초점을 맞추고 있는데, 단기적으로는 노동자에게 이익이겠지만 장기적으로는 기업뿐만 아니라 노동자에게도 해가 될 수 있다. 장기적으로 내수와 수출이 침체되면 투자를 늘리지 못하고 인력을 감축하는 기업이 늘 것이기 때문이다.

1. 현재 상황이 지속될 경우의 미들 시나리오

2009년 금융위기 이후 한국경제의 생산성은 갈수록 약해졌다. "한국경제는 물이 끓는 냄비 속 개구리 상태다." 맥킨지글로벌연구소(MGI)는 2009년 「제1차 한국보고서」에서 한국경제를 '냄비 속 개구리'로 비유하며 리스크가 커지고 있다고 경고했다. 그리고 몇 년 후에 맥킨지글로벌연구소는 한국경제가 더 나빠졌다고 재차 경고했다.

2013년 「제2차 한국보고서: 신성장공식」에 따르면 "맥킨지는 2009년 한국경제가 냄비에서 탈출하기 위한 해법으로 생산성 개선을 주문했으나 오히려 생산성은 5년 동안 꾸준히 하락했다. 한국은 기회는 많았지만 생산성은 개선되지 않았다. 이대로는 냄비 속에서 탈출하기 어렵다. 한국은 고령화와 저성장에 대한 해결책으로 생산성에 따른 임금 피크제를 활성화하고 여성 인력을 적극적으로 활용해야 한다. 또한 한국 정부는 중국 정부의 '선(先)허용 후(後)규제' 방식을 따라야 한다."

현대경제연구원에 따르면 "2009년부터 2016년까지 8년간 신설된 규제는 9,715건, 철회 및 개선된 규제는 837건에 그쳤다." 한국이 미국과 중국 등에 비해 인공지능(AI) 등 4차산업혁명 관련 신기술을 다양한 분야에서 활용하지 못하는 이유는 규제 때문이다.

규제 완화에 속도를 내
야 인공지능, 드론 등
신성장산업이 활성화
될 수 있다.

규제 완화에 속도를 내야 국내외 기업들이 인공지능, 사물인터넷, 로봇, 자율주행차, 드론, 바이오헬스 등 신성장산업에 투자를 늘릴 수 있다.

세계경제포럼(World Economic Forum, WEF)이 발표한 '정부규제 부담 순위'에서 한국은 2016년 105위, 2017년 97위를 기록했다. 한국 정부는 산업 생산성을 높이기 위해 점차 규제 완화를 하고 있지만 현재와 같은 규제 완화 속도로는 산업계, 특히 중소기업에서 생산성을 개선하기 어려울 것이다. 따라서 앞으로 10년 후까지 지금보다 고용율과 경제성장률 등이 개선되기 어려울 것이다.

2. 현 상황이 개선될 경우의 베스트 시나리오

맥킨지글로벌연구소는 「제2차 한국보고서: 신성장공식」에서 한국경제의 생산성을 개선하기 위한 정책을 제안했다.

첫째, 중산층 가구의 재정 안전성을 높이기 위해 과도한 주택 구입비, 자녀 교육비 문제를 해결해야 한다. 또 고등학교 때부터 철저한 직업교육이 이루어지도록 국가가 지원해야 한다.

둘째, 서비스 부문을 확대 및 강화하기 위해 보건의료산업, 금융서비스산업, 관광산업을 육성해야 한다.

셋째, 중소기업의 성장을 가로막는 법안을 수정하고, 중소기업에 과감하게 투자할 수 있도록 기반을 마련해야 한다. 사업에 실패할 경우 쉽게 재기할 수 있도록 하고, 중소기업 간에도 M&A를 활성화해야 한다.

넷째, 여성의 노동참여를 확대해야 한다. 탄력 근무제를 시행하고 출산수당과 육아 서비스 등을 늘려야 한다.

맥킨지글로벌연구소가 제안한 정책들은 이미 정부에서 펼치고 있다.

첫째, 정부는 주거비와 교육비의 부담을 줄이기 위한 정책을 펼치고 있다. 또 직업교육을 강화하기 위해 중학교에서 '진로와 직업' 과목을 교육하고 있다.

둘째, 현재 국회에서는 서비스산업발전기본법이 추진되고 있지만 8년째 법안이 통과되지 못한 상태다. 서비스산업발전기본법은 정부가 유통, 의료, 관광, 교육 등 7개 서비스산업을 활성화하기

중학교에서 '진로와 직업' 과목을 교육하고 있다.

위해 불합리한 규제와 제도를 개선하고, 자금, 인력, 기술, 조세 감면 등을 지원하기 위해 만든 것이다. 만약 이 법안이 통과된다면 서비스산업이 발전할 수 있을 것이다.

셋째, 과거에는 대기업에 유리한 정책이 시행되어 대기업이 문어발식으로 확장하고 불공정거래가 빈번했다. 하지만 앞으로는 중소·중견기업에 유리한 정책이 시행될 것이다. 정부는 기존 중소기업청을 확대해 중소벤처기업부를 신설했는데, 정부의 벤처·창업 분야 예산 지원은 주로 중소벤처기업부를 통해 이루어진다. 중소벤처기업부의 2018년 총예산안 규모는 8조 5,793억 원인데, 이는 2017년 총예산인 8조 5,367억 원보다 426억 원(0.5%) 증가한 것이다. 앞으로 정부는 중소벤처기업부를 통해 벤처기업과 중소기업에 대한 지원을 늘릴 것이다. 이러한 정책이 실질적으로 도움이 된다면 중소기업이 성장할 것이다.

넷째, 최근 '남녀고용평등과 일·가정 양립 지원에 관한 법률'이 개정되었다. 2019년 10월 1일부터는 이 법에 따라 여성의 노동참여가 확대될 것이다. 우선 배우자 출산휴가가 30일에서 90일로 늘어난다. 게다가 중소기업(우선지원대상기업) 근로자의 배우자는 출산휴가 5일분에 대해 정부가 통상임금의 100%, 월 상한 200만원까지 지원한다. 그리고 육아기 근로시간도 1년에서 2년으로 늘어난다. 또 가족돌봄휴직도 기존에는 한 번에 최소 30일 이상을 사용해야 했지만 2020년 1월 1일부터는 90일 중 10일은 하루 단위로 사용할 수 있도록 개정되었다.

이러한 정책들이 실제로 큰 도움이 된다면, 앞으로 10년 후까지 한국경제의 경제지표가 개선될 것이다. KDI(한국개발연구원)의 「글로벌 금융위기 이후 우리 경제의 성장률 둔화와 장기전망」에 따르면 "한국경제의 생산성이 향상되고 역동성을 회복한다면 2020년대 한국의 경제성장률은 연평균 2.4%가 될 것이다."

3. 현 상황이 악화될 경우의 워스트 시나리오

1990년 이전까지 잘나가던 일본경제는 2000년대 들어 1% 안팎의 저성장으로 추락했다. 심지어 금융위기 이후인 2009년에는 마이너스 성장을 기록했다. 2010년에는 세계 2위 경제대국의 자리를 중국에 내주었다. 그러다 2012년부터 마이너스 성장에서 벗어

한국 대법원이 "일제 강제징용 피해자에게 1억 원씩 배상하라"고 판결하자 일본은 경제 보복을 단행했다.

났지만 과거의 영광을 되살리지 못하고 있다. '잃어버린 20년'의 후유증을 겪고 있는 것이다.

그런데 우리는 일본의 '잃어버린 20년'보다 더 심각한 위기를 겪을 수도 있다. 일본 인구는 2009년에 인구정점(127,078,679명)을 찍은 이후 계속 줄어들고 있다. 그래도 1억 2,500만 명 이상의 탄탄한 내수시장을 갖고 있는 덕분에 마이너스 성장에서 벗어날 수 있었다.

반면에 한국은 일본에 비해 내수시장 규모가 훨씬 작고, 중국, 미국, 일본 등 수출시장에 대한 의존도가 크다. 현재 벌어지는 미중무역전쟁과 한일무역분쟁이 장기화로 치달을 경우 사태는 더 심각해질 것이다. 또 '북핵'과 '한일과거사' 등 외교안보 문제가 어떻게 바뀔지도 변수이다. 이러한 악재가 함께 겹치고 글로벌 금융위기가 또다시 발생할 경우 한국의 경제성장률은 일본처럼 0%대 또는 심지어 마이너스를 기록할 것이다.

02 경제지표, 하방 리스크가 커지고 있다

한국경제의 신호등에 빨간 등이 켜졌다. 2019년 1분기 국민총소득(GNI)이 전기 대비 -0.3%를 기록했으며, 국내총생산(GDP) 성장률도 전기 대비 -0.4%를 기록했다. 국내총생산(GDP) 성장률 -0.4%는 OECD 국가 중 최하위다. OECD에 따르면 2019년 1분기 성장률을 공개한 22개 회원국 중 한국의 성장률이 가장 낮다. 게다가 경상수지마저 적자에 빠지는 등 경제지표가 내리막길을 걷고 있다.

설상가상으로 국내외 기관들이 예측하는 한국경제의 전망도 밝지 않다. 국책연구기관인 KDI(한국개발연구원)는 2019년 연초에 한국경제성장률 전망치를 2.6%로 예측했는데, 최근 2.4%로 낮춰 잡았다.

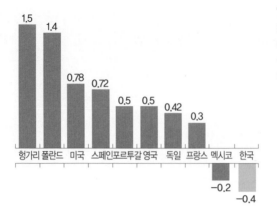

2019년 1분기
OECD 주요국 경제
성장률(GDP 성장률)
(출처: OECD)

그런데 이보다 더 낮은 경제성장률을 전망하는 기관이 있다.

국가미래연구원은 「2019년 경제전망」 보고서를 통해 "우리나라의 실질 국내총생산(GDP)이 2019년 2.2%에서 2020년 1.9%로 낮아질 것"으로 전망했다. 실제로 얼마 전부터 하방 리스크, 경기하락으로 이어질 수 있는 위험요인들이 커지고 있다. '수출·투자 부진→성장률 저하→가계의 실질구매력 감소→소비 부진'의 악순환이 이어지고 있기 때문이다. 국가미래연구원의 「2019년 경제전망」 보고서는 "미중무역전쟁이 최악으로 치달으면 경제성장률이 2019년 1%대 후반, 2020년 1%대 중반으로 하락해 사실상 불황 국면에 진입할 것"이라고 예측했다.

OECD(경제협력개발기구) 역시 한국의 경제성장률을 하향 조정하고 있다. OECD는 2018년 11월 한국의 2019년 경제성장률을 2.8%로 전망했는데, 2019년 5월 2.4%로 낮추었다. 수출 감소, 투자·고용 위축, 반도체 경기 둔화 등이 하방 리스크로 작용하고 있다고 보 았기 때문이다. 바클레이스(Barclays)는 2019년 한국의 경제성장률을 2.2%, 골드만삭스(The Goldman Sachs Group, Inc.)는 2.3%로 전망했다. 심 지어 1%대의 경제성장률을 전망한 해외 기관도 있는데, 일본 노무 라종합연구소는 2019년 한국의 경제성장률을 1.8%로 내다봤다.

앞으로 미중무역전쟁이 장기화될 수 있고, 반도체 경기 회복이 지연되는 상황에서 일본의 수출규제까지 겹쳐 위험요인이 커지고 있다. 수출과 투자가 갈수록 줄어들 것이라는 하방 리스크가 커지 자 한국은행은 2019년 7월 18일 기준금리를 연 1.75%에서 1.50% 로 0.25% 낮추고, 2019년 한국경제성장률 전망치를 기존 2.5%에 서 2.2%로 0.3%로 하향 조정했다. 또 2019년 소비자물가상승률 전 망치도 1.1%에서 0.7%로 0.4% 낮추었다. 기준금리를 낮추면 투자 가 활성화되는 등 경기부양 효과를 기대해야겠지만 최근 글로벌 경 기가 둔화되고, 수출 부진이 장기화되고 있으므로 기업들의 투자 확 대를 기대하기 어렵기 때문에 당초 전망치보다 낮은 경제성장률 전 망치를 발표한 것이다.

한국경제를 위협하는 하방 리스크들

한국경제를 위협하는 하방 리스크를 좀 더 자세히 살펴보면 다음 과 같다.

2019년 5월 1일 한국경제연구원은 "2012년부터 7년 연속 실질

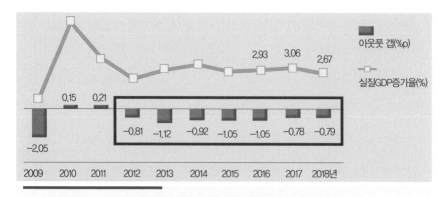

2009~2018년 아웃풋 갭 및 실질 GDP 증가율(출처: 한국경제연구원)

GDP가 잠재 GDP보다 낮은 마이너스 아웃풋 갭((실질 GDP-잠재 GDP)÷잠재 GDP×100)이 발생하면서 한국경제가 위축될 가능성이 높아지고 있다"고 밝혔다. 한국경제연구원이 꼽은 한국경제의 위험요인은 다음과 같다.

◆민간영역의 축소(공공영역 확대, 기업성장 규제)

한국경제연구원에 따르면 "정부지출은 2016년 384.9조 원에서 2019년 469.6조 원으로 22.0% 증가했다. 같은 기간에 GDP가 11.2% 증가한 것에 비해 정부지출이 매우 많이 지출된 것이다." 정부지출이 GDP보다 과도하게 증가하면 세수 부족에 따른 증세 및 국채발행 증가, 민간의 투자 및 소비여력 감소 등의 위험요인을 일으킬 수 있다.

◆사회구조적 변화(생산가능인구 감소, 노동생산성 저하, 기업가정신의 후퇴)

생산가능인구가 줄어들면 GDP 성장률이 줄어들 수밖에 없다. 통계청에 따르면 "한국의 생산가능인구는 10년 후인 2029년 3,427만 명으로 2016년 3,763만 명 대비 336만 명 줄어들 것이다. 특히 핵심생산인구(25~49세)는 2029년 1,722만 명으로 2016년 1,963만 명 대비 241만 명이나 감소할 것이다."

또한 한국의 노동생산성은 다른 선진국들에 비해 낮은 편이다. 2016년 기준 물가수준을 반영한 시간당 노동생산성은 32.9달러로 OECD 평균인 47.2달러보다 낮다. 2018년 기준 한국의 GDP 중 제조업 비중은 30%, 서비스업 비중은 59.1%였다. 문제는 제조업뿐만 아니라 서비스업의 노동생산성도 떨어지고 있다. OECD에 따르면 한국 서비스업의 생산성은 제조업의 절반에 불과하다. 서비스업의 생산성이 제조업의 80% 이상인 미국, 유럽 등에 비해 매우 낮다. 이런 가운데 빅데이터, 원격의료 등 미래형 서비스산업이 정부의 규제로 좀처럼 활로를 찾지 못하고 있다.

게다가 2018년 암웨이(Amway corporation)가 발표한 '국가별 기업가정신 지수'에서 한국의 순위는 2016년 23위에서 2018년 33위로 불과 2년 만에 10단계나 하락했다. 현재 한국은 기업가정신을 뒷받침하는 제도와 사회적 분위기가 취약해 건강한 기업가정신을 발휘하기 어렵다. 예를 들어, 기업의 오너는 경영권을 승계할 때 50~65%에 달하는 상속세를 고려해야 한다. 또 정부가 도입을 검토 중인 협력이익공유제는 기업의 이윤동기를 위축시키고 효율성을 저하할 수 있다.

◆**국제경쟁질서 대응 미흡(주력산업의 경쟁력 위축, 신산업의 출현 지연)**

한국의 주력산업은 고령화되고 있으며, 경쟁력 역시 하락하고 있다. UN이 발표한 제조업 경쟁력 지수에서 한국은 2013년 4위에서 2016년 5위로 떨어졌는데, 한국경제연구원에 따르면 "8대 주력산업의 경쟁력은 3년 후 조선산업을 제외하고 모두 경쟁국에 밀릴 것"이다.

또 미래 신산업의 출현도 부진하다. 2018년 한국경제연구원의 조사에 따르면 "한국의 4차산업혁명 핵심 기술 경쟁력은 미국, 중국, 일본 등에 비해 떨어져 현재는 물론 5년 후에도 최하위를 기록할 것"이다. 2019년 CB인사이트(CB Insights)에 따르면 "기업가치 10억 달러 이상의 비상장 스타트업 기업인 유니콘 기업 수는 미국이 151개, 중국 82개인 반면 한국은 6개에 불과하다."

이외에도 한국경제를 위협하는 하방 리스크는 많다.

첫째, 한국경제는 과거에 비해 활기를 잃고 역동성이 사라졌다. 한국경제는 1970년대에서 1990년대 중반까지 연간 10% 이상의 고성장을 경험했다. 1990년대 후반에 IMF 외환위기로 잠시 마이너스 성장했다가 이후에는 한두 해를 제외하고 4~5%대를 유지했다. 그리고 지금 한국경제는 2%대의 경제성장률을 기록하고 있다.

2018년 1인당 국민소득은 3만 달러를 넘어섰지만 예전처럼 활기가 없다. 이제는 그럭저럭 먹고 살아도 잘산다고 느끼는 사람이 별로 없다. 수치로 나타나는 경제성장률뿐만 아니라 국민 개개인이 활력을 되찾을 수 있는 경제 구조를 만들어야 위기를 극복할 수 있을 것이다.

둘째, 수출이 부진하다. 산업통상자원부와 관세청에 따르면 2019년 5월 수출은 전년 동기 대비 9.4% 감소한 459만 1,000달러였다. 수출 증감률은 2019년 2월 -11.4%에서 4월 -2%로 다소 개선되나 싶다가 5월 들어 다시 악화되었다. 특히 반도체, 석유화학, 디스플레이 등 수출 주요 품목이 줄줄이 마이너스를 기록했다. 한국의 최대교역국인 중국에 대한 수출이 20.1%나 감소하면서 2018년 11월부터 7개월째 마이너스를 기록한 것이다.

이처럼 수출이 감소하니 경상수지도 악화되었다. 경상수지는 국가 간 상품·서비스 수출입 및 자본, 노동 등 모든 경제적 거래를 합산한 통계이다. 2019년 4월 경상수지는 7년 만에 적자를 기록하면서 83개월간의 흑자 행진이 멈추었다. 한국은행에 따르면 4월 경상수지는 6억 6,000만 달러나 적자를 냈다. 수출이 계속 감소하니 경상수지는 앞으로 더 감소할 전망이다.

셋째, 미중무역전쟁과 한일무역분쟁 등으로 하방 리스크가 커지면서 원화 가치가 하락하고 있다. 2019년 9월 20일 기준 원달러 환율은 1,188.00원

환율이 상승하면 수출 기업은 수출 경쟁력이 높아지지만 수입 기업은 수입 경쟁력이 떨어질 수 있다. 심한 경우 화폐 가치가 하락하고, 모든 상품의 물가가 꾸준히 오르는 인플레이션이 발생할 수 있다.

으로 달러 강세가 나타나고 있다. 일반적으로 달러 가치가 오를 때는 원화 금융자산을 갖고 있으면 손실을 보게 된다. 실제로 자산가들 사이에서는 국내외 경제와 원화 가치에 대한 불안감 때문에 미국 달러화나 금을 사들이는 경우가 늘고 있다.

물론 환율이 상승(원화 가치 하락)한다고 마냥 나쁜 것은 아니다. 수출 업체의 가격 경쟁력이 높아져 수출이 늘 수도 있다. 그러나 환율이 지나치게 상승하면 문제가 된다. 전문가들은 달러당 1,200원대 환율을 심리적 마지노선으로 보고 있다. 이보다 환율이 상승하면 심각한 문제가 된다.

넷째, 한국의 투자 매력도가 점점 낮아지고 있다. 2019년 7월 11일 산업통상자원부의 발표에 따르면 "2019년 상반기 외국인직접투자(FDI)는 98억 7,000만 달러로 2018년 상반기(157억 5,000만 달러)에 비해 58억 8,000만 달러(37.3%)나 감소했다."

또 상속세 등의 문제로 해외로 이주하는 국내 부자들이 늘고 있다. 2019년 1분기 한국 기업들의 해외 직접투자는 141억 1,000만 달러였고 외국인의 국내 직접투자는 31억 7,000만 달러였다. 한국 기업이 해외에 투자한 돈이 해외 기업이 국내에 투자한 돈보다 약 5배 많은 셈이다. 대기업뿐만 아니라 중소기업들도 정부의 규제 환경 등을 피해 다른 나라로 공장을 옮기는 경우가 많다. 그래서일까? 제조업 일자리가 14개월째 감소하고 있다.

실제로 산업현장에서도 한국경제의 미래를 비관하는 목소리가 크다. 한국공학한림원은 공학계 석학과 산업계 리더로 구성되었는데, 2019년 7월 3일 회원 261명을 대상으로 한 설문조사 결과 "한국경제가 장기적으로 저성장세를 이어갈 것"이라고 전망했다. 261명 중 80.8%가 "향후 한국경제는 장기·구조적 저성장세를 지속할 것"이라고 답했다. 그러면서 "최근 한국 제조업의 위기는 구조적인 문제 때문에 발생했다는 주장에 대해 거의 모든 응답자인 98.1%(매우 공감 59.0%, 대체로 공감 39.1%)가 공감한다"고 답했다.

그렇다면 산업현장의 리더들은 하방 리스크를 키우는 요인으로 무엇을 꼽았을까? 대내적으로는 "노동시장 경직·투자 및 고용 부진"(51%), 대외적으로는 "중국의 부상 등 글로벌 기술 격차 감소와 한국의 기업경쟁력 약화"(74.3%)를 하방 리스크를 일으키는 가장 큰 위험요인이라고 답했다.

그렇다면 앞으로 한국경제를 위해 가장 시급히 개선되어야 할 것은 무엇일까? 한국공학한림원 회원들은 정부가 개선해야 할 정책과 제로 "주력산업의 고도화와 신성장산업 육성"(49.8%)과 "고용·노동시장 개혁"(36.8%)이라고 답했다. 반면에 "양극화 및 사회갈등 해소"라고 답한 사람은 5.0%에 그쳤다.

10년 후 한국경제
Report

1. 현재 상황이 지속될 경우의 미들 시나리오

한국의 경제성장률은 2010년에 6.5%를 기록했지만 2012년 이후로는 연평균 3%에 미치지 못하고 있다. 왜 그럴까? 경제성장률이 둔화된 이유는 생산성이 둔화되었기 때문이다. 한국의 취업자 1인당 실질 부가가치는 2000년대 3.1%에서 2010년대(2011년~2018년) 1.6%로 하락했다. 총요소생산성(노동과 자원을 제외하고 기술·제도·자원배분 등 생산에 영향이 미치는 나머지 요소를 모은 것)도 같은 기간 1.6%에서 0.7%로 떨어졌다.

KDI(한국개발연구원)의 「글로벌 금융위기 이후 우리 경제의 성장률 둔화와 장기전망」에 따르면 "2010년대의 생산성 추세가 지속될 경우 2020년대 한국의 경제성장률은 취업률 등이 낮아지면서 1.7%에 머무를 것"이다. 왜냐하면 2020년대에는 고령화가 더욱 확산되고 연령 구조가 바뀌면서 소비 패턴도 달라지고, 그에 따라

산업 구조도 달라질 수 있기 때문이다.

인구가 고령화되면 경제가 둔화될 수밖에 없다. 지금 한국에는 노인은 많지만 새로 태어나는 아이는 많지 않다. 통계청에 따르면 "2019년부터 사망자가 출생자보다 많아지게 되었다." 통계청의 「2015~2065년 장래인구추계」에 의하면 "지금은 성인 3명이 노인 및 유소년 1명만 부양하면 되지만 10년 후에는 생산가능인구가 줄어들어 성인 2명이 노인 및 유소년 1명을 부양해야 한다." 경제활동인구가 예전보다 더 많은 노인과 어린이들을 먹여 살려야 하는 것이다. 한국은행에 따르면 "생산가능인구의 감소와 인구고령화 등 인구 구조 변화로 잠재성장률(물가 상승 등의 부작용 없이 달성할 수 있는 성장률)이 2016~2025년에는 1.9%가 될 것"이다. 또 "2026~2035년에는 잠재성장률이 0.4%까지 추락할 가능성이 있다."

2. 현 상황이 개선될 경우의 베스트 시나리오

KDI(한국개발연구원)의 「글로벌 금융위기 이후 우리 경제의 성장률 둔화와 장기전망」에 따르면 한국경제의 생산성이 향상되고 역동성을 회복할 경우 "2020년대 한국의 경제성장률은 연평균 2.4%가 될 것이다. 총요소생산성 증가율이 1.2%가량 증가할 경우 취업자 1인당 부가가치 증가율은 2% 초반대까지 상승하면서 경제성장률은 연평균 2.4%가 될 것"이다.

그런데 이러한 시나리오가 현실로 나타나려면 끊임없는 혁신이 따라야 한다.

첫째, 기업의 생산성을 개선하기 위해 정부는 규제완화를 끊임없이 해야 한다. 기업의 생산성을 저해하는 법제 및 재산권 보호, 금융·노동·기업활동 규제 등 경직적인 제도를 바꿔야 한다.

둘째, 민간에서는 4차산업혁명의 신기술과 관련된 미래먹거리에 대한 투자를 늘려야 한다. 신기술을 활용한 산업은 생산성은 물론 부가가치도 높일 수 있기 때문이다.

셋째, 사회 분위기도 바꿔야 한다. 현재 한국사회는 미래에 대한 경제적 불확실성 때문에 활력을 잃었다. 양육·교육·주거비 등에 부담을 느껴서 결혼과 출산을 포기하는 청년이 많은데, 미래에 대한 희망을 가질 수 있도록 복지·고용·산업 정책을 다시 마련해야 한다. 또 수도권과 지방의 양극화도 개선해야 한다. 현재 우리나라

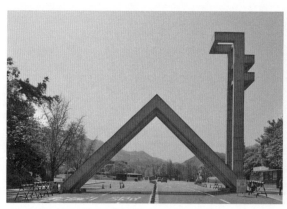

서울에는 서울대학교 등 명문대학과 대기업의 본사가 밀집되어 있어, 많은 인구가 수도권에 몰리고 있다.

인구의 절반이 수도권에 밀집되어 있는데, 이대로라면 주거비 상승과 사교육비 증가 등으로 출산율이 더더욱 낮아질 수밖에 없다. 따라서 수도권과 지방의 균형 발전도 이루어야 한다.

3. 현 상황이 악화될 경우의 워스트 시나리오

문재인 정부는 경제활성화를 위해 소득주도성장을 경제정책으로 삼았다. 최저임금을 인상해 노동자의 소득을 늘리고 가계 소득을 높이면, 분배가 개선되고 내수가 늘어나 경제성장을 촉진한다고 본 것이다. 현재까지 이 정책에 대해서는 호불호가 갈리는데, 만약 이 정책이 실패로 끝난다면 우리는 일본과 같은 '잃어버린 20년'을 겪을 수 있다.

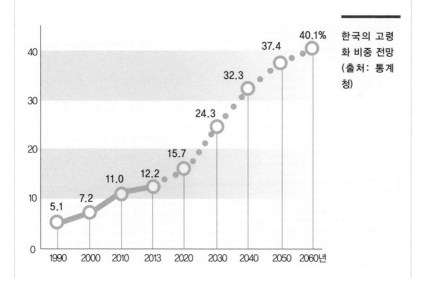

한국의 고령화 비중 전망 (출처: 통계청)

현재 한국경제는 1990년대 일본경제와 비슷한 상황이다. 1995년 일본의 1인당 GDP는 약 4만 2천 달러였고, 2018년 한국의 1인당 GDP는 약 31,000달러이다. 1995년 일본의 65세 인구 비중은 현재 한국과 비슷한 14.3%였다. 그런데 통계청에 따르면 "2030년이 되면 한국의 65세 이상 인구 비중은 24.3%까지 늘어날 것이다." 과거에 일본이 겪은 것처럼 생산가능인구가 줄면서 성장잠재력은 감소할 것이다. 그리고 10년 이상 L자형 장기침체 국면으로 진입할 것이다.

03 양극화, 노후파산과 중년파산에 대비하라

앞으로 10년 후 한국 사회에서 가장 큰 이슈로 떠오를 것은 무엇일까? 한국과학기술기획평가원(KISTEP)은 2019년 4월 4일 「대한민국 미래이슈 2019」를 발간했는데, 이 보고서는 "저출산·초고령화 문제가 10년 후에도 여전히 한국에서 가장 중요한 이슈가 될 것"이라고 전망했다.

또 다른 보고서인 「2017년 저출산·고령화에 대한 국민인식조사」에 따르면 "우리나라 국민 10명 중 8명은 고령화 현상을 심각하게 생각할 뿐만 아니라 사회에 적잖은 영향을 끼친다"고 답했다. 이 보고서는 성인 2천 명을 대상으로 설문조사한 결과를 토대로 만들어졌는데, 흥미로운 사실을 발견할 수 있다.

우리나라 사람들의 대부분은 고령화 현상을 피할 수 없는 현실로 받아들이고 있는데, 노후에 가장 중요한 것으로 가족이나 건강보다 돈을 최우선으로 꼽았다. "전체 응답자 중 가장 많은 사람이 노후에 중요한 것으로 '경제적 안정 및 여유'(39.3%)를 1위로 꼽았고, 그 다음으로 '건강'(38.0%)을 꼽았다." 참고로 "3위는 일자리(6.9%), 그 다음은 이웃 또는 친구와의 관계(6.0%), 취미와 자원봉사 등 여가활동(4.9%), 가족(4.4%)"이었다.

이 같은 결과가 나타난 것은 한국인의 대부분이 '노후파산'의 위험으로부터 안전하지 않기 때문이다. 노후파산으로부터 안전하기 위해서는 노후에도 일을 해야 하는데, 노인을 위한 일자리의 대부분은 저임금 일자리다. 그나마 건강하기만 하다면 정부에서 주는 국민연금을 받고 부족한 생활비는 푼돈이라도 벌면서 충당할 수 있겠

노후파산을 사회적 문제로 다룬 책 『노후파산』

지만 나이 들면 여기저기 안 아픈 데가 없으니 건강도 걱정이다.

물론 은퇴 전에 노후에 대비해 충분한 자산을 확보했다면 걱정이 없겠지만 그러기가 쉽지 않다. 다음과 같은 이유 때문이다.

- 「OECD 보건통계 2019년」에 따르면 "2017년 기준 우리나라 기대수명은 82.7년(남자 79.7년, 여자 85.7년)"이다. 그러나 이는 전체 연령을 고려한 것이기 때문에 실제와는 다르다. 예를 들어 현재 50세 남성은 81.45세, 여성은 86.84세까지 살 수 있다. 또 60세까지 생존해 있다면 기대수명은 더 늘어난다. 남성은 82.76세, 여성은 87.83세까지 살 수 있다. 기대수명은 연령에 따라 달라지는데, 현재 40대 여성의 기대수명은 90세 이상이다. 이처럼 기대수명이 늘어나면서 생계를 위해 많은 돈이 필요하게 되었다.

- 건강이 악화되면 돈이 들 수밖에 없다. 그런데 우리는 60세 이후에 생애 의료비의 절반 이상을 쓰게 된다. 생애 의료비는 영유아기에 10%, 청년기에 10%, 중장년기에 30%, 60세 이상 노년기에 50%가량 지출된다. 건강을 위해서라도 돈이 필요할 수밖에 없다.

- 노후에 대비해 돈이 필요하지만 은퇴 전에 충분한 돈을 모으기가 쉽지 않다. 우리나라 5060세대 중 정년퇴직을 하는 사람은 절반도 안 된다. 어느 날 갑자기 회사는 예고 없이 퇴사를 강요한다. 운 좋게 정년퇴직을 했다 하더라도 충분한 돈을 모으기도 힘들다. 월급을 받기 무섭게 빠져나가는 생활비는 물론 주거비와 자녀양육비 등으로 허리

가 휜다. 주변에서 재테크로 인생역전해야 한다고 하지만 갈수록 빚만 늘어간다. 어쩔 수 없이 은퇴 후에도 일해야만 한다.

그렇다면 안정적인 노후 생활을 위해서는 얼마만큼의 돈이 필요할까? 국민연금연구원은 2018년 12월 25일 「중고령자의 경제생활 및 노후준비 실태」를 발표했는데, 이 보고서는 50세 이상 4,449가구를 대상으로 설문조사해 만든 것이다. 이 보고서에 의하면 "우리나라 50대 이상의 사람들이 생각하는 노후 적정 생활비는 2017년 기준 부부는 월 243만 4,000원, 개인은 월 153만 7,000원"이다.

통계청에 따르면 "2030년이 되면 한국의 65세 이상 인구 비중은 24.3%까지 늘어날 것"이다. 4명 중 1명이 65세 이상 노인이 되는 셈이다. 우리나라에서는 65세 이후 의료비로 얼마나 필요할까? 생명보험사회공헌위원회는 건강보험심사평가원의 '2016년 진료비 통계지표'와 통계청의 '2015년 생명표'를 토대로 65세 이후 총진료비를 산출했는데, "고령자 1인당 평균 8,100만 원이 필요한 것"으로 나타났다. "남성은 1인당 진료비로 7,030만 원, 여성은 기대수명이 보다 높으므로 9,090만 원이 필요하다."

그런데 앞으로 우리나라에는 의료비는커녕 생활비도 감당하지 못하는 노인이 늘 것이다. 보건복지부에 따르면 "우리나라 독거노인은 2025년에 200만 명을 훌쩍 넘을 것이다. 또 이들 중에서 최저생계비 이하로 생활하는 노인이 전체의 42%에 달할 것이다."

2017년 11월 11일 OECD는 「불평등한 고령화 방지(Preventing Ageing Unequally)」 보고서를 발표했는데 이에 따르면 "우리나라의 66~75세 노인의 상대적 빈곤율은 42.7%(2018년에는 45.7%로 증가)이고, 76세 이상 노인의 빈곤율은 60.2%로 OECD 38개 회원국 중 1위를 기록했다." OECD 국가들 중에서 '노후파산'에 시달리는 노인들이 가장 많다는 말이다.

노후파산보다 더 무서운 중년파산이 벌어지고 있다

그런데 한국 사회에는 노후파산보다 더 무서운 일이 벌어지고 있다. 바로 자녀양육과 부모부양을 동시에 책임지고 있는 5060세대가 '중년파산'에 시달리고 있는 것이다. 오늘날 5060세대는 자녀와 부모 모두를 케어해야 하는 '더블 케어'(Double Care)에 시달리고 있는데, 심한 경우 손주까지 케어해야 하는 '트리플 케어'에 시달려야 한다. 미래에셋은퇴연구소는 2017년 12월 50~69세 남녀 2,001명을 대상으로 '은퇴 라이프 트렌드' 설문조사를 했는데, 이 설문조사에 따르면 "5060세대의 세 가구 중 한 가구는 노부모 부양과 성인 자녀 지원을 동시에 하고 있는 '더블 케어' 상태이다. 더블 케어를 하는 5060세대는 성인 자녀와 노부모의 생활비로 월평균 118만 원을 지출한다." 이 정도 금액이 계속 빠져나간다면 정작 본인들의 노후 생활은 타격받을 수밖에 없다.

또한 더블 케어 비용에 대한 부담감은 가구소득이 적을수록 더 크다. "조사 대상 가구 중 소득이 가장 많은 상위 20%의 더블 케어 비용은 148만 원이었고, 이들의 가구소득은 913만 원이었다. 가구 소득 대비 더블 케어 비용의 비율은 16% 정도다. 반면에 소득이 가장 적은 하위 20% 가구의 더블 케어 비용은 92만 원, 가구소득은 325만 원이었다. 상대적으로 더블 케어 비용은 적게 들지만 소득 대비 비율은 28% 이상이다." 소득이 적을수록 더블 케어 비용은 큰 부담이 될 수밖에 없다.

또 다른 보고서도 살펴보자. 한국보건사회연구원은 2017년 4월부터 9월까지 6개월간 전국 50~69세 2,022명을 대상으로 설문조사해 2018년 11월 「저출산·고령사회 대응 국민 인식 및 욕구 모니터링」 보고서를 발표했다. 이 보고서에 따르면 5060세대는 다음과

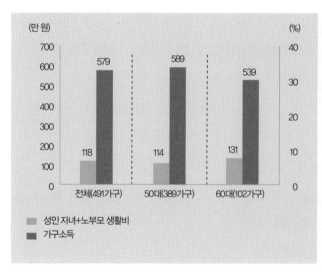

성인 자녀 및 노부모 생활비 지원액과 가구소득 대비 지출 비중(출처: 미래에셋은퇴연구소, '은퇴 라이프 트렌드')

같이 답했다. "'현재 소득이 부족해 경제적으로 어렵다'는 응답이 24.6%로 가장 많았고, 그 다음은 '자녀가 독립할 때까지 경제적으로 부양하는 것이 어렵다'(22.5%), '자녀의 독립 또는 은퇴 이후 느끼는 외로움과 사회적 고립감이 힘들다'(11.8%), '부모님을 경제적, 비경제적으로 부양하는 것이 어렵다'(7.6%) 순으로 답했다."

이 보고서에서 우리는 흥미로운 사실을 알 수 있다. 이 보고서의 응답자들은 소득이 높을수록 상대적으로 걱정이 적었다. 소득이 높을수록 걱정거리가 없다는 것이다. "'현재 생활에서 큰 걱정거리가 없다'는 비율은 상층이 62.5%로 가장 높고, 다음으로 중상층 38.4%, 중간층 31.6%, 중하층 17.8%, 하층 12.5% 순"으로 나타났다.

결국 문제는 돈이다. 부모와 자녀를 책임지기 위해서도, 그렇지 않고 자기 자신만 책임지기 위해서도 돈이 필요하다. 앞으로 10년 후 5060세대 모두는 노인이 된다. 경제활동을 더 이상 하지 않게 되거나 하더라도 소득이 줄어들게 된다. 지금 50대라면 은퇴 이후에 재취업을 하면 되지 않겠냐고 생각할 수도 있겠지만 청년들도 취업하기 힘든 세상에서 재취업이 어디 쉽겠는가? 60대의 대부분은 지금까지 모아놓은 돈으로는 더블 케어는커녕 자기 자신도 케어하기 힘들 것이다. 노후를 맞기 전에 파산하는 '중년파산'이 비일비재하게 벌어질 수 있을 것이다.

1. 현재 상황이 지속될 경우의 미들 시나리오

'평생직장'과 '정년퇴직'은 이제 옛말이 되었다. 2019년 7월 23일 통계청이 발표한 '2019년 경제활동인구조사-고령층 부가조사'에 따르면 "2019년 5월 기준 취업한 경험이 있는 55~64세 인구는 770만 5,000명인데, 그중 64%(493만 4,000명)가 오래 일하던 직업을 그만두고 다른 일을 하거나 쉬고 있는 것으로 조사됐다. 또 퇴직자 평균 연령은 49.4세다. 이들 대부분은 타의에 의해 가장 오래 일한 직업을 그만둔 것으로 나타났다. 그만둔 이유는 '사업부진, 조업중단, 휴·폐업'(33%)이 가장 많다. '건강이 좋지 않아서'(19.8%) 와 '가족을 돌보기 위해서'(13.8%), '정리해고 및 권고사직, 명예퇴직'(12.2%) 등이 뒤를 이었다. 반면에 '정년퇴직'은 7.1%에 불과했다. 오래 하던 일을 그만둔 55~64세 사람들이 재취업한 경우는 52.3%(257만9,000명)이다." 하지만 이들의 절반 이상이 경비·청소·공공일자리 등 최저임금을 밑도는 임금을 받고 있다. 수입이 줄어든 만큼 당연히 먹고살기가 여의치 않을 것이다.

그렇다면 국민연금은 우리에게 동아줄이 되어줄 수 있을까? 현재 55~79세 가운데 연금(국민연금, 기초연금, 개인연금 등)을 수령하는 비중은 45.9%다. 이들의 월평균 연금수령액은 61만 원이다. 그런데 연금수령액을 구간별로 살펴보면 25만 원 이상~50만 원 미만을 수령하는 사람이 39.9%로 가장 많고, 10만 원 이상~25만 원 미만이 27.4%로 그 다음으로 많다. 연금수령자 중 67.3%가 50만 원 이하를 받는 셈이다. 앞으로 10년간 한국경제가 1% 후반대의 경제성장률을 기록하고 물가가 크게 오르지 않는다면, 또 55세 이상 실업률이 현 상황과 비슷하다면, 10년 후 우리나라 노인빈곤율은 현재(2018년 45.7%) 보다 개선되지 않을 것이다.

현재 55~79세 가운데 연금(국민연금, 기초연금, 개인연금 등)을 수령하는 비중은 45.9%에 불과하다.

2. 현 상황이 개선될 경우의 베스트 시나리오

현재 5060세대는 IMF 외환위기와 2008년 금융위기 당시에 왕성하게 활동했던 세대다. 이들은 1990년대 이전까지만 해도 고도성장기를 겪었다. 이들 대부분은 한국전쟁을 겪은 부모세대처럼 쌀 구경도 못할 만큼 가난한 유년시절을 겪지는 않았다. 이들 중 상당수는 소를 팔아서라도 자신을 공부시키는 부모세대의 희생 덕분에 대학을 졸업하고 결혼해서 가정도 이루며 중산층이 될 수

IMF 외환위기 당시에 우리는 '금 모으기 운동' 등으로 위기를 극복해냈다.

있었다. 그리고 늙고 병든 부모를 위해 병원비와 생활비 등을 지출할 수도 있었다.

하지만 이들 앞에 또 다른 고난이 기다리고 있다. 이들의 자녀 세대는 경기불황과 고용불안 속에 취업난과 실업난이 기승을 부리는 시대에 살고 있다. 대학을 졸업하고도 스스로 자립하지 못하고 있는 것이다. 취업은커녕 결혼도 포기하고 부모와 함께 사는 캥거루족이 늘어나면, 중산층이 크게 줄어드는 등 심각한 사회적 문제가 될 것이다.

우리나라 근로자들은 50대 이후에 평균소득이 줄어드는데, 10년 후 50대들은 노인이 된다. 이들이 노후에도 안정적인 삶을 영위하기 위해서는 노인을 위한 일자리가 지금보다 많아져야 할 것이다. 저출산·고령화는 피할 수 없는 문제다. 그에 따라 생산가능인구가 감소하고 노후파산이 사회적 문제로 떠오를 것이다. 그래서 현재 정부는 정년 65세 연장 방안을 강구하고 있다. 우리나라가 선진국에 진입하면서 지난 20여 년간 정부는 노인을 위한 기초연금 등 복지를 위한 분배를 늘려왔다. 한국보건사회연구원에 따르면 "고령 빈곤가구(60살 이상 1인가구)의 월평균 '재분배 소득'(복지급여에서 세금·사회보험료를 뺀 금액)은 1996년 -4만 7,099원에서 2016년 35만 2,361원으로 늘어났다."

그런데 노후파산뿐만 아니라 청년실업이 사회적 문제로 떠오르면서 청년에 대한 공공지출이 늘어난 것에 비해 중장년층에 대한 지원은 상대적으로 부족한 편이었다. 중장년층 중 경제적으로 어려움을 겪는 사람들 중에는 이혼 등으로 가족이 해체되어 혼자 사는 1인가구가 많은데, "60세 미만 1인 빈곤가구의 재분배 소득은 1996년 -2만 8,022원에서 2016년 -14만 4,315원으로 오히려 악화되었다."

앞으로 10년간 한국경제가 2%대의 경제성장률을 기록하고 물가가 크게 오르지 않는다면, 또 정부가 65세 이상 고령자뿐만 아니라 중장년층에 대한 지원을 늘리고 민간 부문에서 일자리가 늘어난다면, 10년 후 우리나라 노인빈곤율은 현재(2018년 45.7%)보다 2~3% 개선될 것이다.

3. 현 상황이 악화될 경우의 워스트 시나리오

경기가 나쁘면 많은 사람이 건강을 잃어 사망률이 상승할 것이다. 노스웨스턴대학의 린제이 풀 박사와 연구진은 51세 이상의 미국 성인 8,714명을 대상으로 2년 동안 순자산의 75% 이상을 손실하면 중년 이후의 삶에 어떠한 영향을 미치는지를 조사했다. 그 결과 "중년 이후 재정적으로 손실을 경험한 사람이 그렇지 않은 사람에 비해 이후 20년간 사망 위험이 50%가량 증가한다"는 연구 결과가 나왔다. 이 같은 결과는 먼 나라 이야기만은 아니다. 한국에서는 IMF 외환위기 당시에 하루아침에 재산을 잃고 극단적인 선택을 하는 사람이 많았다. 이러한 선택을 하지 않더라도 알코올에 의존하거나 이혼과 가족해체 등으로 스트레스를 받아 건강을 잃은 사람들이 많았다.

그런데 최근 대출규제가 강화되면서 2019년 1월부터 5월까지 '국민연금 실버론' 이용자가 5천여 명을 넘어섰다. 이는 전년 같은 기간보다 두 배 이상 늘어난 것이다. 게다가 중도에 해지하면 국민연금 수령액이 감소되는데도 불구하고 조기수령을 택한 사람이 2018년 4만 명을 넘었다. 노후에 매달 받아 써야 할 국민연금을 해지하는 사람이 늘었다는 것은 그만큼 먹고살기가 어렵다는 말이다. 참고로 우리나라 노인빈곤율은 2018년 45.7%로 OECD 평균(12.5%)보다 압도적으로 높고, OECD 회원국 중 노인빈곤율이 가장 높다.

통계청의 '경제활동인구조사'에 따르면 2018년 5월 기준 65~79세 인구 576만 5,000명 중 취업자는 38.2%인데, 이들 대부분은 단순노무 종사자들이다. 인공지능(AI)과 로봇 등 4차산업

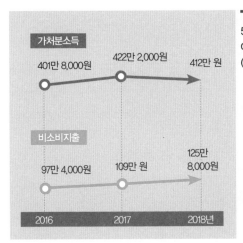

가처분소득

401만 8,000원   422만 2,000원   412만 원

비소비지출

97만 4,000원   109만 원   125만 8,000원

2016   2017   2018년

50대 가구주는 소득이 줄어든 반면 지출이 늘었다. (출처: 통계청)

혁명의 신기술이 확산되면 자동화 등으로 단순노무직과 단순사무직에서 많은 일자리가 사라질 것이다. 여러 명의 사람들이 하는 단순노동을 로봇이 대체할 수 있기 때문이다.

5060세대 중 상당수는 이미 주택담보 대출, 자녀 학자금 대출 등으로 거액의 빚을 안고 있는데, 은퇴 이후 재취업하지 못하면 파산이 기다리고 있을 뿐이다. 재취업에 성공했더라도 절반 이상이 최저임금을 밑도는 임금을 받으니, 사는 게 여의치 않을 것이다. 10년 후 한국의 경제성장률이 1%대 이하로 추락하고, 65세 이상 실업률이 지금보다 높아진다면 10년 후 노인빈곤율은 50%를 넘을 것이다. 이에 따라 사망률도 높아질 것이다.

04
미중무역전쟁, 피할 수 없는 전쟁에 대비하라

오늘날 미국과 중국이 세계경제에서 차지하는 비중은 상당하다. 한국무역협회 국제무역연구원의 「미·중 무역분쟁의 수출 영향」에 따르면 "세계 무역에서 차지하는 비중은 미국 10.9%, 중국이 11.8%로 매우 크다."

	미국	중국	G2
세계 GDP 비중(GDP)	24.2% (204,941억 달러)	15.8% (134,074억 달러)	40.0% (339,014억 달러)
세계 무역 비중(무역액)	10.9% (42,784억 달러)	11.8% (46,230억 달러)	22.7% (89,014억 달러)

미국과 중국의 경제적 위상(2018년)(출처: 한국무역협회 국제무역연구원)

그런데 이런 미국과 중국이 무역전쟁을 벌이고 있다. 미중무역전쟁은 2017년 1월 20일 트럼프 대통령의 취임과 함께 시작되었다. 트럼프 대통령은 취임 전부터 '미국 우선주의'(America First)를 내걸었는데, '미국 우선주의'란 무역·세금·이민·외교에 관한 모든 결정은 미국 노동자와 가족의 이익을 우선한다는 것으로, 만성적인 미국의 무역적자를 줄이기 위해 대미 무역흑자 국가들에게 보호무역을 펼치는 정책이다. 트럼프 대통령은 이 정책을 취임하자마자 전 세계를 대상으로 펼치기 시작했다.

2017년 당시 미국의 무역적자 대상국과 금액은 중국(3,750억 달러)이 가장 크며, 그 다음은 멕시코(710억 달러), 일본(688억 달러), 독일(642억 달러)이고, 한국은 9위로 229억 달러를 차지했다. 2017년 대중국 적자 비중이 47.1%나 되어 트럼프 대통령은 그 어느 나라보다 중국을 노

트럼프는 "그동안 중국이 독점력을 활용해 공정무역을 방해하고 미국의 지적재산권을 침해하고 있어 국가 산업에 큰 지장을 받고 있다"고 주장해 왔다.

렸다. "무역수지 적자는 미국인의 일자리를 빼앗는 아주 나쁜 것"이라며, 2018년 3월 22일 500억 달러 규모의 중국산 제품에 25%의 관세를 부과하는 행정명령에 서명했다. 그러자 중국이 보복관세를 부과하면서 미중무역전쟁이 시작되었다.

	날짜	미국 → 중국 관세부과	중국 → 미국 관세부과
1차	2018년 7월 6일	230억 달러 (818개 품목, 25%)	340억 달러 (545개 품목, 25%)
2차	2018년 8월 23일	160억 달러 (279개 품목, 25%)	160억 달러 (333개 품목, 25%)
3차	2018년 9월 24일	2,000억 달러 (5,745개 품목, 10%)	600억 달러 (5,207개 품목, 5~10%)
4차	2019년 5월 10일~6월 1일	2,000억 달러 (5,745개 품목, 10% → 25%)	600억 달러 (5,207개 품목, 5~10% → 5~25%)
예정		3,000억 달러 (3,805개 품목, 25%)	

미국과 중국의 관세부과 현황(출처: 한국무역협회 국제무역연구원)

현재 미국과 중국은 '눈에는 눈, 이에는 이'로 맞서고 있는데, 서로 추가관세를 예고하면서 당분간 양국이 순조롭게 협상하기는 힘들 것 같다. 트럼프 대통령은 추가관세를 예고한 것뿐 아니라 그동안 '친구'로 표현했던 시진핑 주석을 '적'이라고 표현했다. 그러면서 "우리는 중국이 필요 없다. 그리고 솔직히 그들이 없다면 훨씬 더

화웨이의 부회장 멍완저우

나을 것"이라고 말했다.

이처럼 미국과 중국이 무역전쟁을 벌이자 그 파장이 주변국은 물론 글로벌 기업에도 미치고 있다.

중국의 화웨이(Huawei)는 세계 1위의 통신장비업체다. 이 회사의 부회장인 멍완저우(孟晚舟)는 창업주인 런정페이(任正非)의 딸인데, 2018년 12월 1일 미국의 요청으로 캐나다에서 체포되었다. 그러자 중국 전역에서 미국산 제품 불매운동이 벌어지기 시작했다.

2019년 5월 16일 미국 상무부는 화웨이를 '거래제한 기업명단'에 올렸는데, 이로 인해 미국 기업들이 화웨이와 거래하기 위해서는 미국 정부의 승인을 받아야 한다. 미국 정부는 승인의사가 전혀 없으니 사실상 거래가 금지된 것이다.

미국은 화웨이와 같은 중국 기업이 국가 기밀을 빼돌린다는 혐의를 제기했다. 통신사업의 특성상 미국은 화웨이에 기술적 기밀정보를 제공해야 하는데, 화웨이가 약속을 지키지 않고 중국 정부에 기밀정보를 그대로 넘겨주었다고 의심한 것이다. 화웨이는 그런 일이 없었으며 앞으로도 없을 것이라고 반박했지만, 미국은 여전히 견제를 멈추지 않고 있다.

그러자 구글(Google)과 인텔(Intel), 퀄컴(Qualcomm) 등 화웨이와 거래하던 글로벌 기업들이 거래중단을 선언했다. 미국은 동맹국에도 도움을 요청했는데, 그중에는 물론 우리나라도 포함되어 있다.

현재 한국 기업들은 미국과 중국 중 어느 편을 들어야 할지 고민하고 있는데, 영국의 ARM이 화웨이와 거래중단을 선언했다. ARM은 반도체 설계도를 만드는 회사인데, 전 세계 인구의 70%가 ARM의 기술이 담긴 전자기기를 사용하고 있을 정도로 스마트폰 반도체의 핵심 기술을 보유한 회사이다. 전문가들은 "구글, 인텔의 거래중단보다 ARM의 거래중단으로 세계 3위의 화웨이 스마트폰은 종말을 앞두고 있다"고 할 정도다. 또한 일본의 소프트뱅크(SoftBank), 파나소닉(Panasonic), 도시바(Toshiba)도 화웨이와 거래중단을 선언했고, 세계 최대 온라인거래 사이트인 아마존(Amazon)도 화웨이 제품을 판매중단했다.

최근 미국 국토안보부(Department of Homeland Security)는 "중국산 드론이 미국의 정보를 빼돌려 중국 정부에 보낼 수 있다"고 발표했는데, 미국의 다음 타깃은 세계 드론 시장의 70%를 차지하고 있는 중국의 DJI가 되지 않을까 싶다.

그러자 중국은 비장의 카드로 희토류(Rare-Earth Element)를 꺼내들었다. 희토류는 열과 전기가 잘 통하기 때문에 전기·전자·촉매·광학·초전도체 등 첨단기술 산업 전반에 필수적으로 쓰이는 금속류 자원이다. 현재 중국이 전 세계 생산의 95%를 차지하고 있는데, 미국은 희토류 수입의 80% 이상을 중국산에 의존하고 있다.

현재 중국은 전 세계 희토류 생산의 95%를 차지하고 있다.

실제로 2010년에 중국은 일본과 센카쿠열도에서 대립할 때, 희토류 수출을 중단하겠다고 위협해 일본을 굴복시켰다. CNBC에 따르면 "중국의 희토류 수출 중단이 미국에 미치는 영향이 크지 않기 때문에 중국이 희토류 위협을 실행에 옮길 가능성이 낮지만" 미국의 정유업체와 자동차업체는 희토류 수출이 중단될 경우 당장 큰 타격을 받을 수 있다.

하지만 희토류는 사실 희귀 자원은 아니다. 전 세계 곳곳에 매장되어 있으니 장기적으로 볼 때 중국의 희토류 수출 금지가 미국에 큰 영향을 미치지는 못할 듯싶다.

미중무역전쟁이 세계경제와 한국경제에 미치는 영향

2019년 8월 5일 미국 재무부는 중국을 '환율조작국'으로 지정했다. 그러자 중국 중앙은행인 인민은행은 "미국의 이번 조치에 깊은 유감을 표시하며 단호히 반대한다"는 뜻을 밝혔다.

환율조작은 국가가 개입해 자국 기업의 수출에 유리하도록 하기 위해 자국의 통화 가치를 일부러 떨어뜨리는 것이다. 중국은 미국이 추가 관세부과 카드를 빼들 때마다 수출 가격을 인하하기 위해 위안화 가치를 떨어뜨렸다. 글로벌 자본이 유출되는 것을 막고 위안화의 가치를 안정적으로 유지하기 위해, 미국 국채를 계속 팔고 위안화를 매입했다.

그러자 미국 재무부는 중국을 '환율조작국'으로 지정했다. 미국이 추가 관세부과에 이어 '환율조작국' 카드를 꺼내들었으니 미중무역전쟁이 장기화될 것임을 예고하는 것이다. 이로 인해 세계 증시는 한때 폭락했다.

2019년 8월 9일 국제통화기금(IMF)은 「중국경제 연례보고서」를 발표했다. 이 보고서에 따르면 "앞으로 미국의 추가 관세부과가 없다면 2019년 중국의 경제성장률은 6.2%로 예상된다. 그러나 미국이

3,000억 달러 규모의 중국산 제품에 10%의 추가 관세를 매기면 중국의 경제성장률이 0.3% 떨어지고, 25%의 추가 관세를 매기면 향후 1년간 수요 감소 등으로 인해 중국의 경제성장률은 0.8% 낮아질 수 있다."

그렇다면 미국은 전쟁의 승자가 될까? 최근 세계적인 투자가인 짐 로저스(Jim Rogers)는 "미중무역전쟁의 승자는 없다. 역사상 보호무역주의를 표방하며 무역전쟁에서 승리한 나라는 단 하나도 없다"고 말했다. 그는 "미국이 철강 수입에 높은 관세를 부과해 철강산업 노동자를 보호하려 했지만, 결과적으로 자동차와 세탁기 등 철강을 이용한 제품을 사는 3억 명의 소비자들만 고통에 빠트렸다. 세계 경제는 앞으로 1~2년 사이에 최악의 위기를 맞을 것"이라고 전망했다. 현재 전 세계 부채액이 사상 최악의 수치를 기록하고 있는데, 미중무역전쟁까지 겹치면, 이제까지 경험하지 못한 엄청난 경제위기가 닥칠 것이라고 보는 것이다.

그렇다면 미중무역전쟁은 우리나라에 어떤 영향을 미칠까? 한국무역협회 국제무역연구원의 「미·중 무역분쟁의 수출 영향」에 따르면 "미국의 대중 관세부과로 2019년 1분기 미국의 중국 수입은 24.7% 감소한 반면 한국 수입은 20.5% 증가해 우리나라 대미 수출에 반사이익이 작용했다. 하지만 미중무역전쟁이 장기화될수록 투자 및 소비가 둔화되어, 금융 시장까지 불안해질 것이다. 앞으로 중국은 아세안(ASEAN)에 수출을 증가시킬 것이고, 상대적으로 한국의

ASEAN 수출은 감소할 것이다."

피터슨국제경제연구소(PIIE)는 "중국 컴퓨터와 전자제품을 겨냥한 미국의 관세가 중국뿐만 아니라 다른 아시아 국가의 다국적 기업에 위협요소가 된다"고 말했다. 로이터통신(Reuters)에 의하면 "전자제품, 자동차, 철강, 선박 등 한국의 주요 수출품목이 미중무역전쟁으로 직접적인 위협을 받게 될 것이다."

10년 후 한국경제
Report

1. 현재 상황이 지속될 경우의 미들 시나리오

현 상황을 고려하면 미중무역전쟁은 단기간에 극적으로 끝나지 않을 것이다. 2019년 10월 11일 미국과 중국은 부분적으로 합의를 이뤄냈다. 미국이 중국에 추가 관세 부과 및 관세율 인상을 하지 않기로 한 대신 중국은 400~500억 달러 규모의 미국 농산물을 구매하고 환율 시장의 투명성도 강화하기로 했다. 하지만 아직까지 최종합의가 된 것은 아니니 향후 협상에서 또다시 사태가 악화될 수 있다. 트럼프 대통령은 2020년 11월 미국 대선 전까지 중국에 양보하지 않을 것이다. 왜냐하면 지지층인 보수층이 중국에 굴복하는 것을 원치 않기 때문이다. 또 중국은 미국 대선에서 트럼프 대통령의 재선 성공 여부에 따라 최종 합의 시점과 수준을 모색할 것이다. 따라서 미중무역전쟁은 미국 대선 전까지 완전히 끝나지는 않을 것이다.

한국무역협회 국제무역연구원의 「미·중 무역분쟁의 수출 영향」에 따르면 "미중무역전쟁으로 미국과 중국 간의 교역량이 감소하고 양국의 내수가 위축되면 한국도 피해를 입을 것이다. 한국은 중국에 대한 의존도가 높은데, 중국 수출에서 큰 피해를 입을 것이다. 또한 미중무역전쟁의 여파가 EU 등 전 세계로 확산되면 자동차 등 우리나라 주력 품목의 수출은 치명적인 타격을 받을 수 있다."

따라서 미중무역전쟁이 완전히 끝나지 않는 한 한국경제는 수출뿐만 아니라 금융 시장도 위축될 것이다.

		대만	일본	한국	인도네시아	인도	독일
G2	수출 비중	40.6%	38.6%	38.9%	25.3%	21.1%	15.7%
	수출 의존도	23.2%	5.7%	14.5%	4.5%	2.5%	6.1%
중국	수출 비중	28.8%	19.5%	26.8%	15.1%	5.1%	7.1%
	수출 의존도	16.4%	2.9%	10.0%	2.7%	0.6%	2.7%
미국	수출 비중	11.8%	19.0%	12.1%	10.2%	16.0%	8.6%
	수출 의존도	6.7%	2.8%	4.5%	1.8%	1.9%	3.4%

주요국별 G2 수출 비중 및 의존도(2018년)(출처: 한국무역협회 국제무역연구원)

2. 현 상황이 개선될 경우의 베스트 시나리오

최근 국제통화기금(IMF)은 "트럼프 대통령의 보호무역 정책은 세계경제를 0.5% 둔화시켜 총 4,300억 달러의 손실을 가져올 것이다. 미국은 세계 전체로부터 보복관세의 표적이 될 것이며, 결과적으로 경제침체를 가장 심하게 겪는 국가가 될 것"이라고 말했다. 현재 세계경제는 미중무역전쟁의 영향으로 경제성장률이 둔화되었고, 한국의 경우 2019년 1분기 경제성장률은 전기 대비 -0.4%를 기록했고, 국민총소득(GNI) 역시 전기 대비 -0.3%를 기록했다.

세계 최강 국가인 미국과 중국은 자국의 이익을 위해 보호무역을 펼치고 있지만 역사적으로 무역전쟁은 언제나 승자 없이 끝나곤 했다. 미국과 중국이 벌이는 무역과 환율, 기술패권을 놓고 벌이는 전쟁은 결국 자신들뿐만 아니라 전 세계 모든 국가에 큰 피해를 입힐 것이다. 피해를 입은 국가들은 미국과 중국에 보복관세 등 맞불전략을 펼칠 것이다. 결국 미국과 중국은 자국 경제에도 도움이 되지 않으므로 머지않아 전쟁을 멈출 것이다.

우리는 그때를 대비해야 한다. 앞으로 새롭게 성장하는 시장과 신기술에 투자해야 한다. 앞으로 10년간 세계경제를 좌우할 신기술인 인공지능, 자율주행차, 사물인터넷, 로봇, 시스템반도체, 3D 프린팅, 바이오헬스, 빅데이터, 블록체인 등을 개발하고, 관련 산업을 대기업, 중소기업, 벤처기업 및 스타트업이 함께 협력해 육성해야 한다. 특히 벤처기업과 스타트업을 집중적으로 육성해야 한다. 왜냐하면 그들은 도전정신이 훨씬 강하기 때문이다. 또 기업과 기업뿐만 아니라 산업과 산업의 경계를 허물고, 융합과 공유, 협업을 하는 것이 최선의 길이다. 그것이 10년 후 한국경제의 미래를 위한 베스트 시나리오다.

2020년 이후 메모리 반도체는 하향세로 돌아서고 시스템 반도체가 미래먹거리가 될 것이다.

3. 현 상황이 악화될 경우의 워스트 시나리오

CNBC는 "미중무역전쟁이 장기화되면 미국연방준비제도(Federal Reserve System)는 더 공격적인 금리인하로 경기침체를 막으려 할 것이지만 이는 곧 미국경제가 경기침체에 진입할 가능성이 커졌다는 것을 의미한다"고 보도했다. 블룸버그통신(Bloomberg News) 역시 "미국이 예정대로 중국에 대한 추가 관세를 부과할 경우 중국의 경제성장률은 5%대로 추락할 것"이라고 진단했다.

앞으로 미국과 중국이 서로 양보하지 않고, 추가적으로 관세를 인상하면 한국에도 불똥이 튈 수밖에 없다. 국제통화기금(IMF)은 "미중무역전쟁에 따른 관세 인상에 가장 취약한 국가가 한국"이라고 경고했다. 관세가 오르면 중국의 대미 수출이 감소하는데 이와 맞물려 반도체를 비롯한 전기·전자 분야를 중심으로 한국의 대중 수출이 감소하기 때문이다.

　2019년 4월 2일 IMF가 발표한 「World Economic Outlook Reports(세계경제전망)」에 따르면 "미중무역전쟁이 장기화되면 한국의 대미 수출은 7.7~10.3% 늘어나는 반면 대중 수출은 1.3~5.3% 감소할 것이다. 또 글로벌 관세율이 1% 인상되면 한국

미중무역전쟁이 장기화되면 한국의 대미 수출은 7.7~10.3% 늘어나는 반면 대중 수출은 1.3~5.3% 감소할 것이다.

의 국내총생산(GDP)은 0.65% 줄어들 것이다. 한국의 국내총생산이 가장 크게 감소하고 그 다음으로 독일(0.48%), 일본(0.33%), 중국(0.27%)의 감소 폭이 크다."

05 한일무역분쟁, 장기전으로 치달으면 어떻게 될까?

1910년 8월 22일 병합조약이 체결되고 1945년 8월 15일 해방될 때까지 일본은 우리를 35년간 식민지배했다. 그리고 이제는 우리를 경제적으로 침탈하려 하고 있다. 일본에 경제적으로 의존도가 높은 제조업을 옥죄고 있는 것이다.

2018년 10월 한국 대법원은 일제강점기인 1940년대 강제징용 피해자들 각 개인에게 1억 원씩 손해배상해야 한다는 확정판결을 발표했다. 이후 한일관계는 먹구름이 끼기 시작했고, 2019년 7월 1일 일본 경제산업성은 한국에 대한 수출규제 전략품목 3개와 함께 한국을 화이트 리스트(수출심사 우대국)에서 제외한다고 발표했다.

이로써 일본 기업은 화이트 리스트에서 제외된 한국에 수출하려면 따로 정부 허가를 받아야 한다. 일본의 한국에 대한 수출규제 전략품목 3개는 플루오린 폴리이미드(fluorine polyimide), 포토레지스트(photoresist, 감광재), 에칭가스(etching gas, 고순도 불화수소)인데, 플루오린 폴리이미드는 OLED 디스플레이, 포토레지스트와 에칭가스는 반도체의 필수 소재이다. 반도체와 디스플레이는 한국 제조업의 대표적인 전략 수출산업인데, 일본의 수출규제가 확산될 경우 한국 제조업에 상당한 피해를 끼칠 것이다.

이제까지 제조업은 한국경제를 성장시킨 일등공신이었다. 맥킨지 글로벌 연구소(McKinsey Global Institute)에 따르면 "한국 제조업은 1985년 세계 15위에서 1995년 9위, 2005년 8위, 2015년 5위로 급성장했다." 특히 한국은 반도체와 디스플레이 시장에서 세계 1위를 차지하고 있다. 그런데 한국이 생산하는 반도체와 디스플레이의 핵심

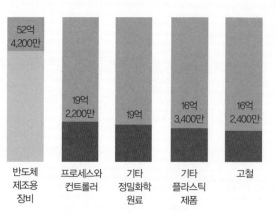

일본 의존도가 높은 수입 품목
(출처: 한국무역협회)

| 52억 4,200만 | 19억 2,200만 | 19억 | 16억 3,400만 | 16억 2,400만 |
| 반도체 제조용 장비 | 프로세스와 컨트롤러 | 기타 정밀화학 원료 | 기타 플라스틱 제품 | 고철 |

단위: 달러
기간: 2018년

부품과 소재의 상당수를 일본에서 수입하고 있다. 세계 5위 제조업 국가와 세계 1위 반도체 및 디스플레이 생산국의 명성에 걸맞지 않게 일본에 대한 수입의존도가 그만큼 높은 것이다.

일본이 수출규제 품목을 늘린다면 어떻게 될까?

SEMI(Semiconductor Equipment and Material Institute)에 따르면 "2017년 기준 한국의 반도체 소재 국산화율은 50.3%에 불과하고, 2019년 현재에도 비슷한 수준이다." 이에 대비해 한국의 산업통상자원부는 2018년 2월 "반도체 소재의 국산화율을 2022년까지 70% 수준으로 끌어올리기 위해 5년간 약 2조 원 규모의 대·중소기업 상생 협력 프로그램을 진행한다"고 발표했다.

하지만 아직까지 이렇다 할 성과를 거두지 못하고 있다. 반도체 제조용 장비의 일본 수입 의존도는 33.8%(52억 4,200만 달러), 반도체 부품의 일본 수입 의존도는 28.7%(9억 4,900만 달러)에 달한다. 반도체와 디스플레이의 핵심 소재인 플루오린 폴리이미드, 포토레지스트, 에칭가스는 2018년 한 해만 약 4,500억 원어치 수입했다. 이러한 한국의 약점을 잘 알고 있는 일본은 선전포고를 한 것이다.

제조업 강국 한국은 왜 이 지경에 이르게 된 것일까? 한국과 달리 미국, 일본, 독일 등 제조업 강국은 완성품 생산뿐만 아니라 부품과 소재의 국산화율도 높다. 하지만 단기간에 급성장한 한국 제조업은 완성품 생산에만 치중하고, 부품과 소재의 국산화에는 소홀했다.

앞으로 일본이 수출규제 품목을 늘린다면 반도체와 디스플레이뿐만 아니라 자동차와 화학 등 여러 제조업 분야에서 생산 차질이 생길 것이다. 그러자 한국의 기획재정부는 "일본의 수출규제 품목 확대에 대비해 핵심 기술 R&D와 사업화, 실증을 적극 추진해 제조업의 자립도를 높이겠다"고 했다.

한편 한국에서는 유니클로 등 일본 제품을 판매하는 매장의 매출이 감소하고 일본 제품 불매운동도 벌이고 있다. 또 일본의 경제보복을 규탄하는 시위도 벌이고 있다. 그러자 한일무역분쟁이 장기전으로 치달을 것이라는 우려가 불거지고 있다. 한일무역분쟁이 장기화되면 한국경제에 어떤 영향을 끼칠까? 세 가지 시나리오는 다음과 같다.

유니클로 등 일본산 의류 브랜드에 대한 불매운동이 확산되면서 한국 의류 브랜드인 SPA '탑텐'의 '8·15 캠페인 티셔츠'가 2019년 7월 초에 출시한 한정판 제품이 완판되었다.

1. 현재 상황이 지속될 경우의 미들 시나리오

2019년 7월 1일 일본 경제산업성은 한국에 대한 수출규제 전략 품목으로 플루오린 폴리이미드, 포토레지스트, 에칭가스를 발표했다. 만약 사태가 더 이상 악화되지 않고 이 3가지 품목만 수출이 규제된다면 다음과 같은 일이 벌어질 것이다.

한국수출입은행 해외경제연구소의 「일본의 반도체·디스플레이 소재 수출규제 및 영향」에 따르면 "폴리이미드와 에칭가스는 일정 부분 일본 제품을 대체할 수 있지만 포토레지스트는 일본 제품을 대체할 수 없을 것이다. OLED 등에 사용되는 폴리이미드는 한국의 투자 확대로 중기적으로 대체할 수 있고, 에칭가스는 일본의 세계시장 점유율은 70%로 높으나 한국은 이미 '일본의 에칭가스 수출 일시중단'(2018년 11월 3일) 이후 대안을 모색해 왔기에 큰 문제가 되지 않을 것이다. 하지만 일본의 세계 포토레지스트 점유율은 90%이고, EUV 포토레지스트는 일본이 독과점하고 있다. 또 한국은 차세대 노광기술인 EUV(Extreme UV)용 포토레지스트는 생산하지 못하고 있다. 따라서 포토레지스트는 일본 제품을 완벽하게 대체할 수 없을 것이다."

포토레지스트는 반도체 생산에 필요한 핵심 소재이다. 만약 일본의 수출규제가 장기화되면 한국의 반도체 등 IT산업 전체가 위협을 받을 것이고, 결과적으로 한국의 GDP도 감소할 것이다. 한국경제연구원이 2019년 7월 10일에 개최한 긴급세미나 '일본 경제 제재의 영향과 해법'에 따르면 "한국의 반도체와 디스플레이 등 제조업의 생산 차질이 불가피할 것이다. 또 일본이 반도체 소재의 한국 수출을 장기적으로 규제할 경우 한국의 GDP는 갈수록 크게 감소될 것이다." 일본이 수출규제를 장기화하면 한국은 반도체 소재가 부족해질 수밖에 없는데, "반도체 소재 부족분이 15%일 경우 한국의 GDP는 0.12% 감소하고, 30%일 경우 2.2%, 45%일 경우 4.24%, 80%일 경우 8.6% 감소할 것이다. 반면에 수출규제로 일본의 GDP는 0.04%가량 감소할 것이다."

뿐만 아니라 일본은 한국을 화이트 리스트에서 배제하면서 전략품목인 플루오린 폴리이미드, 포토레지스트, 에칭가스 외에 비민간품목 857개와 비전략물자 74개에 대한 수출규제도 할 것이다. 하나금융경영연구소의 「일본 수출규제 강화에 따른 산업별 영향」에 따르면 "일본은 비민간품목 857개에 대한 수출규제를 개별허가 방식으로 할 것이고, 비전략물자 74개(대량살상, 재래식 무기 관련) 등에 수출규제를 할 것이다. 따라서 반도체, 첨단소재, 기계, 광학/정밀 업종은 부품 및 소재의 수급 차질이 발생할 것이다."

업종	일본 수입비중(%)	주요 영향	장기화 영향
반도체	32.0	반도체 생산 차질 → 해외 고객 이탈 → 시장점유율 하락	부정적

디스플레이	82.7	일부 장비의 일본 의존도가 높아 생산 차질	부정적
기계	27.9	금속공작기계 수급 차질	부정적
광학/정밀	19.2	의료, 자동차, 전자 부품업 등의 생산 차질	부정적
자동차	12.7	자동차 부품의 국산화율은 95%에 이르고 있지만 광학렌즈, 탄소섬유 등에 대한 수출규제로 미래자동차 개발에 차질	다소 부정적

일본의 전략품목 3가지 수출규제와 화이트 리스트 배제에 따른 한국 주요산업의 영향(출처: 하나금융경영연구소)

2. 현 상황이 개선될 경우의 베스트 시니리오

한일무역분쟁이 장기화로 치달을 경우 결과적으로 한국과 일본 뿐만 아니라 EU와 아시아와 인도 등 신흥국에도 악영향을 끼칠 것이다. 한국경제연구원의 「일본 경제 제재의 영향과 해법」에 따르면 "일본이 반도체 소재 수출만 규제하더라도 한국과 일본 모두에 손해가 따를 것이며, 이에 대응해 한국이 무역보복을 단행해 한일무역분쟁이 벌어지면 양측 모두에게 더 큰 손실이 발생할 것이다."

결국 사태가 장기화되면 양측 모두 얻는 것보다 잃는 것이 더 많을 텐데, 한국과 일본 정부가 극적으로 화해하고 일본의 수출규제가 철회되면 한국 기업은 큰 피해를 입지 않을 것이다.

3. 현 상황이 악화될 경우의 워스트 시니리오

일본 총리 아베 신조는 뿌리 깊은 보수우익이다. 그의 외할아버지

일본이 태평양전쟁에서 패하고 미국이 한국에 들어오자 아베 노부유키는 항복 문서에 서명하고 이러한 말을 남겼다. "우리는 패했지만 조선은 승리한 것이 아니다. 나 아베 노부유키는 다시 돌아온다!"

인 기시 노부스케는 태평양전쟁 패전 후 'A급 전범'이 되어 사형선고를 받았으나 극적으로 살아남아 1957년 2월에 자유민주당 총재 겸 총리가 되었다. 또 아베 신조의 할아버지인 아베 노부유키는 조선총독부의 마지막 총독이었다. 이들의 후손인 아베 신조 총리는 일본헌법을 개헌하려 하는데, 그가 추진하려는 개헌은 일본을 '전쟁 가능국'으로 만드는 것이다. 최근 일본에서는 참의원 선거가 열렸는데, 개헌 찬성 세력이 과반 이상을 확보했고 3석이 더 채워지면 개헌 발의도 가능해졌다. 따라서 2019년 하반기부터 아베 총리는 개헌에 호의적인 일부 야당 세력을 규합할 것이다.

그런데 현재 한국 정부는 이러한 아베 총리의 야욕에 고분고분하지 않을 듯하다. 민족주의 성향의 민주당이 여당이고, 한국 국민의 대부분은 임진왜란과 일제강점기를 잊지 않기 때문이다. 그래서 일각에서는 일본의 수출규제에 적극적으로 대응해야 한다는 목소리가 일고 있다. 바로 일본에 대한 경제보복을 하자는 것이다. 만약 현 상황이 장기전으로 이어지면 다음과 같은 일이 벌어질 것이다.

스탠더드앤푸어스(S&P)에 따르면 "한일무역분쟁의 승자는 없지만 한국에 더 불리하다(No Winners In Korea-Japan Trade Spat But Korea Has More To Lose)." 한일무역분쟁이 장기화될 경우 한국이 더 불리하다고 전망한 것이다. S&P에 따르면 "한국이 수입하는 일본 기계장치, 고순도 화학물질, 부품·소재는 한국의 총 산업생산량의 약 2~4%를 차지한다. 비록 이 비중이 크지는 않지만 사태가 장기화될 경우 한국 기업은 신규 공급처를 확보해 일본 수입을 완전히 대체하기 어려울 수 있다. 한국 기업은 신규 공급처를 찾기 위해 더 많은 비용을 지불해야 하므로 이윤이 줄 수밖에 없다."

한국경제연구원의 「일본 경제 제재의 영향과 해법」에 따르면 "일본의 수출규제가 장기화되면 한국의 GDP 손실은 평균 4.7%에 달할 것이고, 한국이 일본에 무역보복할 경우 평균 1.2%에 달하는 추가손실이 발생할 것이다. 반면에 수출규제로 일본의 GDP 손실은 0.04% 내외로 미미한 수준에 머물 것이고, 한국의 무역보복으로 인한 추가손실은 1.21%에 그칠 것이다."

반도체 소재	일본의 수출규제(%)		한국의 무역보복(%)	
부족분	한국	일본	한국	일본
15%	−0.12	−0.04	−0.89	−2.07
30%	−2.15	−0.04	−3.09	−1.75
45%	−4.24	−0.04	−5.37	−1.33
60%	−6.20	−0.04	−7.53	−0.85
75%	−8.01	−0.05	−9.56	−0.31
80%	−8.58	−0.06	−10.20	−0.12
평균	−4.47	−0.04	−5.64	−1.21

한일무역분쟁에 따른 양국의 GDP 변화(출처: 한국경제연구원)

왜 그럴까? 한국이 무역보복을 할 경우, 초기에는 일본의 GDP 도 상당부분 감소하겠지만 시간이 경과할수록 세계시장에서 차지하는 한국 반도체와 디스플레이 등의 독점적 지위가 약화될 것이기 때문이다. 따라서 사태가 장기화되면 일본의 GDP 감소폭은 줄어들 것이다.

뿐만 아니라 한일무역분쟁이 장기화되면 G2 국가인 미국과 중국이 최대수혜국이 될 것이다. 한국경제연구원의 「일본 경제 제재의 영향과 해법」에 의하면 "중국은 한일무역분쟁으로 GDP가 0.5~0.7% 증가하여 최대 수혜국이 될 전망이며, 특히 전기·전자산업에서 중국의 시장지배력은 크게 향상될 것이다. 한국과 일본이 주도하던 전기·전자산업의 경우 한국의 생산이 20.6% 감소하고, 일본의 생산이 15.5% 감소하는 반면 중국의 생산이 2.1% 증가할 것이다. 또 미국은 GDP가 0.03% 증가할 것이다."

만약 한국의 무역보복에 대해 일본이 자동차, 철강 등으로 수출규제를 확대하거나, 금융규제까지 한다면 한국경제는 회복하기 어려운 치명적인 피해를 입을 수 있다. 따라서 한국 정부는 외교적 노력을 기울여야 하고, 민간에서도 한일무역분쟁으로 갈등이 확산되는 것을 막아야 할 것이다.

06 주식과 부동산, 선별적 투자가 필요하다

투자에 있어 경제성장률은 매우 중요한 고려사항이다. 경제성장률이 높아야 투자의 열기도 살아나기 때문이다. 과거와 달리 지금은 경제성장률이 낮으므로 주식과 펀드 등 금융은 물론 부동산 투자도 잠잠한 편이다. 그러나 이는 우리가 모두 아는 일반적인 현상일 뿐, 투자의 세계에서는 예외도 존재하는 법이다. 그리고 이 예외에 주목하는 순간 더 큰 기회가 생기는 법이다.

미국의 예를 살펴보자. 대공황(1929~1939년)이 시작되면서 1929년 10월 28일 목요일 다우지수는 13.8% 하락했고, 다음 날에는 11.7% 하락했다. 이후 1933년까지 주식이 90% 가까이 폭락해 휴지조각이 되면서 여러 기업이 도산하고 대량실업과 디플레이션이

대공황 당시에 많은 사람들이 '직장을 구합니다'라는 문구가 적힌 피켓을 들고 거리를 배회했다.

야기되었다. 1932년 3월에는 미국의 실업률이 36.3%로 높아졌다. 많은 사람들이 '직장을 구합니다'라는 문구가 적힌 피켓을 들고 거리를 배회했다.

이처럼 희망이라곤 도무지 찾을 수 없었던 대공황은 1932년에 당선된 프랭클린 루스벨트 대통령이 '뉴딜 정책'을 펼치면서 가까스로 진정 국면을 맞았다. 그 후로 1937년까지 주식과 부동산시장은 상승세가 이어졌다. 몇몇 우량주들은 10~20배 폭등했다. 당시에 이러한 우량주 혹은 부동산에 투자한 사람들은 부자가 될 수 있었다.

장기적으로 보면 주식이나 부동산 가격은 몇 차례 침체기를 거치지만 상승세를 이어간다. 1932년 7월 12일 42.68포인트까지 하락했던 다우지수는 오늘날까지 몇 차례 침체기를 거쳤지만 결과적으로는 2019년 8월 5일 기준 26,485.01포인트까지 상승했다. 1939년

9월 1일 제2차 세계대전이 발발하자 다우지수는 또다시 52.6% 폭락했고, 1987년 10월 19일 '블랙먼데이' 때 22.61%가 하락했으며, 2001년 9·11테러 직후인 9월 17일에 684.81포인트가 하락했고, 2008년 9월 29일 글로벌 금융위기 때 777.68포인트가 하락했지만 하락 뒤에는 항상 상승이 이어졌다.

우리나라의 주식시장도 마찬가지다. 1997년 IMF 외환위기가 발발하자 1,000포인트였던 코스피지수는 70% 넘게 폭락해 277포인트까지 떨어졌다. 하지만 1999년 말에는 1,000포인트를 회복했고, 몇몇 우량주들은 10배 이상 폭등했다. IMF 직후에도 우량주에 투자해 부자가 된 사람들이 있다. 참고로 2019년 9월 기준 코스피지수는 2,000포인트를 상회하고 있다.

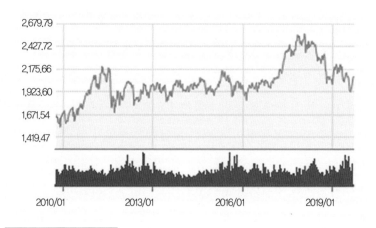

2010년 이후 코스피지수

우리나라 투자자들은 투자처로 주식과 부동산을 가장 선호해 왔다. KB금융지주 경영연구소의 「한국부자보고서」에 따르면 "국내에서 금융자산 10억 원 이상을 보유한 부자는 주택이나 상가·토지 등 부동산 자산이 53.3%로 가장 많다. 그 다음으로 많은 자산은 예·적금과 주식 등 금융자산(42.3%)이다."

물론 주식과 부동산은 경기에 영향을 받는다. 그렇지만 경기가 안 좋다고 모든 주식과 부동산 가격이 내리는 것은 아니다.

불황에도 가격이 오르는 주식과 부동산은 따로 있다

2019년 8월 2일 일본은 한국을 화이트 리스트(수출심사 우대국)에서 배제했는데, 그로 인해 경기가 안 좋아질 것을 염려하는 불안 심리가 주식시장에 반영되었다. 8월 2일 코스피지수는 전 거래일보다 19.21포인트 내린 1,998.13포인트로 하락했고, 코스닥지수는 6.56포인트 내린 615.90포인트로 하락했다. 그리고 8월 5일 코스피는 1,946.98포인트로 하락했고, 코스닥지수는 569.79포인트로 하락했다. 이처럼 주식시장이 하락하자 원달러 환율도 17.3원 급등한 1,215.3원으로 상승했다.

이러한 가운데도 상승하는 주식이 있다. 반도체와 디스플레이는 한국의 주력 수출상품인데, 이들 상품 소재의 상당수는 일본에서 수입되고 있다. 일본이 화이트 리스트에서 한국을 배제하면서 이들 상품 소재를 공급받는 데 차질이 생기자, 반대급부로 국내에서 이들 상품 소재를 생산하는 SK머트리얼즈와 솔브레인 등 기업들의 주가가 오르게 되었다. 화이트 리스트로 코스피지수와 코스닥지수가 큰 폭으로 하락했는데도 상승하는 주식이 있는 것이다.

이제 부동산을 살펴보기로 하자. 얼마 전까지 서울 등 수도권 집값은 크게 상승했는데, 문재인 정부가 들어서면서 2017년 '8·2 부동산 대책'과 2018년 '9·13 부동산 대책'이 발표되면서 실제로 집값이 하락했다. 정부의 규제정책으로 2주택자가 집을 팔면 양도차익의 최대 57.2%, 3주택 이상자는 최대 68.2%를 양도세로 내야 한다.

만약 양도세를 피하기 위해 부동산을 계속 갖고 있으면 어떻게 될까? 그러면 종부세를 내야 한다. 또 앞으로 정부는 부동산 공시가격을 올릴 것이고, 종부세 과세표준도 달라질 것이다. 정부는 그동안 부동산 공시가격의 80%를 종부세 과세표준으로 삼았다. 하지만 2019년 85%, 2020년 90%, 2021년 95%로 종부세 과세표준이 달라진다. 게다가 2022년부터는 공시가격 자체를 과세표준으로 삼는다. 따라서 다주택자의 종부세 부담이 커질 수밖에 없으므로, 투자수요가 줄어들 것이다.

현 정부는 양극화 문제를 가장 큰 사회 문제로 보기 때문에 집값이 또다시 오르려 할 기미가 보이면 또 다른 부동산 규제정책을 내놓을 것이다. 2022년 대선 전까지는 이러한 규제정책이 이어질 것이다.

2022년 대선 전까지는 부동산 규제정책이 이어질 것이다.

　그런데 정권이 바뀌면 상황은 달라질 수 있다. 새 정부가 들어서고 경기부양을 위해 부동산 규제를 풀어주면 이야기가 달라진다. 또 주식시장과 마찬가지로 부동산시장도 장기적으로 몇 차례 침체기를 거쳤지만 상승국면을 이어갔다. 그리고 불황에도 상승하는 부동산이 있다. 최근 몇 년간 지방에는 집값이 하락한 곳이 많지만 서울에는 집값이 오른 동네도 있다. 왜 그럴까? 부동산은 입지에 따라 명암이 갈리기 때문이다.

　서울은 대한민국의 수도이고 자본과 일자리가 가장 많이 몰려 있는 도시다. 서울에는 대기업 본사뿐만 아니라 유명대학 등도 있다. 물론 인구는 부동산시장에 큰 영향을 끼치고, 서울 인구가 갈수록 줄어들고 있지만 서울에서 살고 있는 사람들은 어떻게든 서울을 벗어나려 하지 않고 수도권 혹은 지방에 거주하는 사람도 기회가 생긴다면 서울 주택을 매수하고 싶어 한다.

그렇다면 서울 부동산 중에서 투자가치가 뛰어난 것은 무엇일까? 모든 부동산은 입지에 따라 가치가 달라지는데, 좋은 학군이나 생활편의시설, 교통시설 등이 형성되어 있는 아파트는 선호도가 높다. 또 서울에는 천 세대 이상의 대단지 아파트가 많지 않은데, 이런 아파트는 단지 내에 주차장, 도로, 교육시설, 공원 등을 갖추고 있으므로 장기적으로 투자가치가 있다. 또 불황일수록 부자들이 선호하는 강남 아파트도 유망할 것이다.

10년 후 한국경제
Report

1. 현재 상황이 지속될 경우의 미들 시나리오

2019년 7월 18일 한국은행은 경기둔화를 우려해 기준금리를 연 1.75%에서 1.50%로 인하했다. 금리를 인하하면 투자활성화를 기대할 수 있지만 이러한 기대와 달리 2019년 8월 5일 코스피지수 2,000선, 코스닥지수 600선이 붕괴되었다.

단기적으로 볼 때 한국은행은 경기둔화를 고려해 추가로 기준금리를 인하할 수 있을 것이다. 하지만 기준금리를 계속 내리더라도 미중무역전쟁과 한일무역분쟁 등으로 경기둔화가 당분간 지속될 것을 감안하면, 금리인하로 증시를 끌어올리기는 어려울 것이

다. 경기가 좋지 않은 현재 상황이 지속된다면 기업은 금리인하에
도 불구하고 섣불리 설비투자를 확대하기 어렵다. 기업의 투자가
위축되면 주식시장도 앞으로 1~2년간 회복하기 힘들 것이다. 또
부동산시장이 다시금 상승세를 보일 기미가 보이면 정부가 추가
규제를 내놓을 것이므로 향후 1~2년간 회복되지 않을 것이다.

부동산 추가규제가 시행
되면 재건축 시장이 위축
될 수 있다.

그러나 장기적으로 볼 때 경기는 하락할 때도 있고 상승할 때
도 있다. 앞으로 10년간 한국경제가 1% 후반대의 경제성장률을
기록할 것을 고려한다면, 10년 후 코스피지수와 집값은 지금보다
10% 후반대 또는 20% 초반대가량 오를 것이다.

2. 현 상황이 개선될 경우의 베스트 시니리오

G2 국가인 미국과 중국은 세계경제를 무시할 수는 없다. 두 국가
가 대립하면 세계경제가 침체되고 결국에는 자국에도 피해를 끼

칠 수밖에 없다. 미중무역전쟁은 세계경제의 불확실성을 높일 것이므로, 두 국가는 1~2년 내에 동반성장을 모색할 것이고, 그 여파는 유럽과 일본과 한국 등 전 세계 주식시장에 미칠 것이다.

한편, 장기적으로 볼 때 부동산시장은 여전히 기회가 있다. 예를 들어 신도시 중에서 최근 정부가 발표한 3기 신도시가 유망할 것이다. 2기 신도시는 서울과 멀리 떨어져 있고, 교통망도 좋지 않은 반면 3기 신도시는 서울과 가깝고 평지에 직교형 도로망 체계를 갖추고 있어 입지가 좋다. 또 교육·문화 및 엔터테인먼트 등 생활편의시설과 GTX 등 광역교통망이 완비된 이후에 입주하므로 살기 좋은 곳이 될 것이다. 1기 신도시에 투자할 때처럼 높은 수익률을 올릴 수 없겠지만 10년 이상 장기투자를 목표로 한다면 3기 신도시가 유망할 것이다. 또 새 정부가 들어서고 규제를 완화하면 인구가 밀집되고 일자리가 많은 서울 등 수도권의 집값이 회복세로 돌아설 것이다.

미중무역전쟁과 일본의 수출규제 등 대외여건이 개선되고 정부의 경기부양책이 지속적으로 시행된다면, 앞으로 10년간 코스피지수와 집값은 지금보다 20% 이상 오를 것이다.

3. 현 상황이 악화될 경우의 워스트 시니리오

2020년에는 미국에서 대선이 치러진다. 트럼프 대통령이 또다시 집권하면 자국의 경제활성화를 꾀하겠지만 외교에서 중국과 통

큰 합의를 이루지 못한다면 미중무역전쟁은 장기화로 치달을 수 있다. 만약 미국의 경기부양책이 효과를 거두지 못한다면 미국 기업들의 설비투자와 수출은 감소세를 보일 것이다. 당연히 고용지표와 물가도 악화될 것이다. 이로 인해 세계증시 등 세계경제가 침체기로 접어들 것이다.

트럼프 대통령이 또다시 집권하고 보호무역을 고집하면 미중무역전쟁은 장기화로 치달을 수 있다.

이러한 가운데 한국의 부동산시장은 지금과는 달리 새로운 변화를 맞게 될 것이다. 현재 한국에는 1955년생부터 1963년생까지의 베이비붐 세대, 1963년생부터 1980년생까지의 X세대, 1980년대에 태어난 에코세대가 전체인구의 50%를 차지하는데, 이들은 주택시장의 주요 소비자다. 베이비붐 세대는 자식이 아직 분가하지 않아서 집이 필요하고, X세대는 결혼 이후 가족이 늘어나므로 집이 필요하며, 에코세대는 결혼 또는 부모로부터 독립해 살아야 하므로 집이 필요하다.

그런데 앞으로 경기가 좋지 않고 주머니사정이 나쁘면 주택을 구매하는 수요자가 크게 줄 것이다. 10년 후 베이비붐 세대는 은퇴하여 자녀를 분가시키고 1, 2인 가구가 된다. 은퇴하여 수입이 줄어드니 예전처럼 넓은 집이 필요하지 않게 된다. 또 에코세대 중 상당수는 경제적 부담 때문에 결혼하지 않고 혼자 살거나 결혼하더라도 자녀를 낳지 않고 작은 집에서 살 것이다. 따라서 서울 강남 등 일부 지역을 제외하고 대형 평수의 주택 가격은 하락할 것이다.

앞으로 10년간 한국의 경제성장률이 1%대 이하로 추락하고 현 정부의 부동산 규제정책이 계속된다면, 앞으로 10년간 코스피지수와 집값이 지금보다 오르기는 힘들 것이다. 물가상승률을 감안한다면 투자자들은 크게 손해 볼 것이다.

07 환율과 금리, 변화의 신호를 미리 읽어라

우리나라의 경제성장률은 1994년 8.8%, 1995년 8.9%, 1996년 7.2%, 1997년 5.8%였는데도 불구하고 경상수지는 마이너스였다. 그로 인해 IMF 외환위기가 벌어졌다. IMF 직후인 1998년의 경제성장률은 -5.7%를 기록했다.

IMF 외환위기 직후 두 자릿수였던 금리가 한 자릿수로 내려갔고, 환율은 2,000원대로 올랐다. 국민들은 나라를 살려야 한다는 일념으로 '금 모으기 운동'에 동참했다. 원달러 환율이 오르자 우리나라의 수출경쟁력이 상승하고 해외에서 달러가 유입되었다. 시중에 자금이 유입되고 경기가 살아났다.

그리고 또다시 위기가 찾아왔다. 2008년 금융위기 당시에는 환율뿐만 아니라 금리까지 올라서 우리의 살림살이가 말이 아니었다. 수익이 줄고 소비가 감소되면서 경기가 악화되었다. 2008년 하반기에 정부는 경기부양을 위해 금리를 1%나 낮추었다.

금리는 빌려준 돈이나 예금 등에 붙는 이자 또는 그 비율이다. 일반적으로 경기가 좋으면 금리가 상승하고, 경기가 안 좋으면 금리는 하락한다. 경기가 좋으면 투자와 소비를 위한 자금수요가 늘어나므로 금리가 상승하고, 경기가 안 좋으면 자금수요가 줄어들어 금리가 하락하는 것이다.

환율은 자기 나라 돈과 다른 나라 돈의 교환 비율이다. 원달러 환율은 미국의 1달러를 한국의 원과 교환할 때의 비율인데, 2019년 9월 20일 기준 원달러 환율은 1,188.00원이다. 일반적으로 원달러 환율이 오르면 원화의 가치가 떨어지니 우리나라의 수출경쟁력은 상승한다. 수출경쟁력이 높아지면 수출이 늘어나므로 경기가 좋아지는 것이다.

그런데 오늘날에는 이러한 일반론이 통용되지 않고 있다. 2019년 9월 23일 기준 원달러 환율은 1,194.00원으로 올랐다. 그렇다면 수출에 청신호가 들어왔을까? 자본시장연구원의 「환율이 수출 및 내수에 미친 영향에 대한 재고찰」에 따르면 "2000년대 이후 수출에는 환율 상승보다 글로벌 경기가 더 큰 영향을 미쳤다."

1990년 이후부터 외환위기 직후까지(1990~1998년) 원달러 환율이 크게 상승했고 수출도 늘었다. 하지만 이후에는 환율이 하락해도

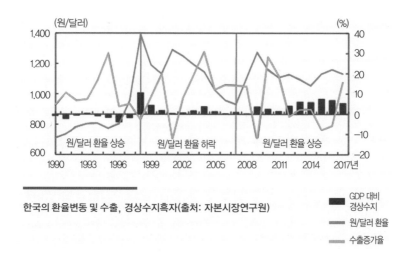

한국의 환율변동 및 수출, 경상수지흑자(출처: 자본시장연구원)

■ GDP 대비 경상수지
— 원/달러 환율
— 수출증가율

수출이 줄지 않고, 환율이 상승해도 수출이 늘지 않았다. 금융위기 직전(1999~2007년)까지는 환율이 크게 하락했지만 글로벌 경기호조로 오히려 수출이 늘었다. 금융위기 이후(2008~2017년)에는 환율이 상승했지만 오히려 수출은 줄어들었다. 다시 말하면 환율이 하락한 금융위기 직전(1999~2007년)에 수출이 연평균 12.7%로 가장 많이 증가했다. 금융위기 이후(2008~2017년)에 환율이 연평균 1.6% 상승했는데도 수출증가율은 5.2%에 그쳤다. 2000년대 이후 우리나라 수출에 환율 상승보다는 글로벌 경기가 더 큰 영향을 미치고 있는 것이다.

2000년 이후 금리가 경기에 미치는 영향력이 줄어들었다

한국은행은 2019년 7월 18일 수출과 투자가 갈수록 줄어들 것을 우려해 기준금리를 연 1.75%에서 1.50%로 0.25% 낮추었다. 2000

년대 이후 환율 상승이 수출에 미치는 효과가 미비해진 것을 고려하면 앞으로 수출과 투자가 늘어날지는 미지수이다.

2000년 이후 글로벌 경기의 영향력은 더욱 커졌다. 세계경제는 2008년 금융위기 이후 잠시 회복세를 보였지만 2011년 유럽 재정위기 이후 저성장 기조에 접어들었다. 그러자 주요국들이 금리를 인하했는데, 중국의 경우 정부가 나서서 빚을 늘려 기업으로 하여금 과잉투자를 하도록 했다. 금리를 인하해 자금의 유동성을 늘렸고, 위안화의 가치를 절상했으며, 여러 규제완화정책도 내놓았다. 그로 인해 부채가 상당히 늘어났지만 한편으로는 중국에 세계의 자본이 모여들었다. 2014년 2,500포인트에 불과했던 중국 상하이지수는 2015년 6월 두 배 이상 상승했다.

2008년 금융위기는 부채에 비해 투자가 지나쳤기 때문에 발생한 것이다. 이러한 일이 또다시 벌어질 것을 막고자 중국 정부는 주식 담보대출을 규제하기 시작했다. 대출을 받아 주식을 사려는 수요를 줄이려 한 것이다. 이후 중국 상하이지수는 급락했다.

이러한 가운데 미국연방준비제도(Federal Reserve System)는 미국 경기가 호조되자 거의 10년 만인 2015년 12월에 기준금리를 인상했다. 그러자 저성장 기조와 저금리를 유지하던 중국과 일본, 유럽 등의 주식시장이 약세를 보였다. 세계 금융시장이 혼란을 빚자 불황의 그림자가 미국 나스닥지수에도 부메랑이 되어 날아왔다. 이후 미국연방준비제도는 당초 계획했던 네 차례의 금리 인상 계획을 수정했다.

미국연방준비제도

세계 금융시장을 고려해 금리를 천천히 인상하기로 한 것이다.

최근 2년간 미국경제는 상승세를 맞았다. 미국 경기는 2019년 7월까지 121개월간 사상 최장 상승세를 이어갔고, 실업률이 49년 만에 최저 수준으로 낮아졌으며, 주가는 사상 최고치를 갱신했다. 또 국내총생산(GDP)의 70%를 차지하는 소비도 늘었다. 그러자 미국에 수출하는 국가들도 수출이 늘어나게 될 거라는 기대감을 키웠다.

하지만 트럼프 대통령은 미국의 이익이 중국 등 다른 국가들로 빠져나가는 것을 원치 않았다. 미국 혼자서만 잘살기 위해 달러 강세를 고집하는 환율 정책을 펼쳤다. 중국 등 신흥국가들은 힘들어졌고 미중무역전쟁이 벌어지게 되었다. 이로 인해 세계경제는 또다시 위기를 맞게 되었다.

그러자 미국경제에도 적신호가 들어오기 시작했다. 2019년 2

분기(4~6월) 미국 기업의 설비투자는 -0.6%로 3년 3개월 만에 마이너스로 바뀌었다. 수출도 -5.2%로 감소세를 보였다. 결국 2019년 7월 31일 미국연방준비제도는 기준금리를 연 2.25~2.50%에서 2.00~2.25%로 인하했다.

미국이 기준금리를 내려 시장에 유동성이 공급되면 달러의 가치는 하락하는데, 달러 약세로 신흥국들의 투자를 장려해 세계경기를 부양할 수 있다. 미국이 경기부양에 적극적으로 나서면 장기적으로 미국 다우지수뿐만 아니라 일본 니케이지수, 중국 상하이지수, 한국 코스피지수도 상승할 것이다.

그런데 얼마 전까지 미국은 금리를 인상하는 추세였다. 2019년 7월 31일 미국연방준비제도가 갑자기 금리를 인하하니 '금리역전'을 우려하는 목소리도 커졌다. 왜냐하면 일반적으로 경기가 안 좋을 것에 대비해 금리를 인하하기 때문이다. 하지만 국제금융센터의 「최근 美 장단기 금리역전의 함의」에 따르면 "2000년대 이후 '금리역전=경기침체'의 인과관계가 약화되었다." 금리를 갑자기 인하한다고 해서 경기가 나빠진다고 볼 수 없게 되었다.

앞으로 국내경기와 세계경기가 안정되면 미국은 또다시 기준금리를 인상할 수 있다. 그렇게 되면 다음과 같은 일이 벌어질 것이다.

1. 현재 상황이 지속될 경우의 미들 시나리오

최근 미국은 금리를 인하했지만 1~2년 이후에는 기준금리를 인상할 것으로 예측된다. 미국이 금리를 인상하면 한국에는 다음과 같은 영향을 끼칠 것이다.

미국 1달러

대외경제정책연구원의 「미국 금리 인상이 자본유출입에 미칠 영향」에 의하면 "미국이 기준금리를 2020년 3.5%로 인상할 경우 환율이 5.3% 상승하는 등 한국 금융시장이 전반적으로 약세를 보이겠지만 자본유출입 측면에서는 GDP 대비 0.1%로 소폭 유출될 것이다. 외국인의 국내증권투자는 상당수 해외로 유출(채권투자: GDP 대비 2.1%, 주식투자 4.6%)되지만 내국인의 해외증권투자는 상당수

유입(채권투자: 3.9%, 주식투자: 2.6%)되어 자본유출 규모는 소폭에 그칠 것으로 예상된다."

반면에 한국은행은 기준금리를 추가로 인하할 수 있다. 미중무역전쟁과 한일무역분쟁 등 대외여건이 우리나라의 성장세에 악영향을 끼칠 것으로 보기 때문이다. 만약 기준금리를 더 내리면 원달러 환율이 상승할 수 있지만 경기둔화에 대처할 수는 있을 것이다.

하지만 한국은행은 기준금리를 큰 폭으로 인하하지는 않을 것이다. 만약 한국은행이 기준금리를 0.25% 인하하면 사상 최저점인 연 1.25%까지 도달하는데, 장기적으로 미국의 기준금리가 인상되고 원달러 환율이 상승할 것을 고려하면 1.25%가 마지노선이 될 것이다.

2. 현 상황이 개선될 경우의 베스트 시니리오

2000년대 이후 우리나라 수출에 환율 상승보다는 글로벌 경기가 더 큰 영향을 미치고 있다. 미중무역전쟁 등 대외여건이 개선되면 한국의 수출도 개선될 것이다. 또 남북경제협력 등 남북관계가 개선되면 경제지표가 좋아질 것이다. 앞으로 10년간 한국경제가 2% 이상의 경제성장률을 기록하고 원화 가치가 높아지면 원달러 환율은 1,100원 가까이 낮아질 것이다. 금리는 순차적으로 1.75%까지 높아질 것이다.

남북관계가 개선되면 개성공단이 재가동될 것이다.

3. 현 상황이 악화될 경우의 워스트 시니리오

2019년 8월 5일 중국의 위안화 환율이 '1달러=7위안대'를 돌파했다. 그러자 트럼프 대통령은 중국이 환율을 조작했다고 주장했고, 미국 재무부는 중국을 환율조작국으로 지정했다. 위안화의 가치가 급락하자 원달러 환율도 1,200원대로 상승했다. 미중무역전쟁이 미중환율전쟁으로 확산되어 장기전으로 치달아 글로벌 금융위기가 발생하면 원달러 환율은 1,300원 가까이 상승할 것이다. 그렇게 되면 외국인의 국내증권투자는 상당수 해외로 유출될 것이고, 실물경제 전반을 위축시킬 것이다.

대외경제정책연구원의 「미국 금리 인상이 자본유출입에 미칠 영향」에 의하면 "글로벌 금융위기가 또다시 닥친다면 국내 금융시장은 환율이 8.0% 상승할 것이다."

이처럼 원달러 환율이 오르면 금과 달러 등 안전자산에 투자하는 사람이 늘 것이다. 달러에 투자하는 방법은 원화를 달러로 바꾸어 금고에 보관하는 방법도 있지만 원금을 보장받을 수 있는 금융상품인 달러 예금도 있다. 달러 예금은 만기 1년 기준 대략 2.5%대의 금리를 준다. 달러 예금은 만기 시 환차익은 비과세되고 금융소득 종합과세 대상에서도 제외되므로 세제 혜택도 누릴 수 있다. 이보다 높은 수익률을 원한다면 달러 보험이 있다. 달러 보험에 가입하면 연 3.5~4%대의 금리를 준다. 이 정도 수익에도 만족하지 못한다면 달러 상장지수펀드(ETF)와 달러 채권을 추천한다.

다음으로 금에 투자하는 방법은 한국거래소(KRX) 또는 은행권 골드뱅킹을 통한 장내 거래와 금 선물 및 관련 기업 주식에 투자하는 금펀드, 금은방을 통한 장외 실물 투자가 있다. 만약 소액투자를 하고 싶다면 금 상장지수펀드(ETF)가 바람직하다. 이 금융상품은 주식처럼 자유롭게 사고팔 수 있고, 주당 1만 원 미만에 살 수 있어 소액으로도 투자할 수 있다.

골드바

남북경협, 짐 로저스가 한반도에
주목한 이유는?

짐 로저스(Jim Rogers)는 1969년 조지 소로스(George Soros)와 함께 글로벌 투자사인 퀀텀 펀드(Quantum Fund)를 설립하고, 10년 동안 4,200%라는 경이적인 수익률을 올리며 월가의 전설이 되었다.

짐 로저스는 지금까지 리먼 사태, 중국의 부상, 트럼프 대통령 당선 등 수많은 예언을 적중시켰다. 그는 다가올 세기는 아시아의 시대가 되리라 예견하고 가족과 함께 싱가포르에 정착했는데, 최근 "통일된 한국이 세계가 주목하는 투자처가 될 것"이라고 발언해 주목받고 있다. 그는 '5년 후 아시아에서 가장 행복한 나라'로 한국을 꼽았는데, "앞으로 10~20년간 한반도의 통일국가가 세계에서 가장 자극적인 나라가 될 것"이라고 말했다. 당대 제일의 투자가는 왜 한

짐 로저스가 부산대학교에서 명예철학박사 학위를 받고 기뻐하고 있다.(출처: 부산대학교)

반도에 주목한 것일까?

짐 로저스는 2014년부터 북한에 관심을 가졌다. 미국 CNN머니와의 인터뷰에서 요즘 북한경제를 어떻게 보고 있는가에 대해, "세게 눌린 용수철 같아 보인다. 누르는 힘만 약해지면 아주 빠르게 튄다. 누르는 힘은 군사 갈등이다. 하지만 이제 나도 평화를 원하고 당신도 평화를 원하고 북한 김정은도 원하고 있다. 좋은 기회가 될 듯하다"고 말했다.

그는 2018년 4월 중앙SUNDAY와의 인터뷰에서 "나는 다른 사람들이 두려워하는 곳에 투자해 적잖은 수익을 올렸다. 앞으로 전 재산을 북한에 투자하고 싶다. 북한 화폐를 사들이면 큰돈을 벌 수 있다"고 말하기도 했다.

2016년에 그는 "지금 북한은 1980년대 초 중국과 비슷하다"고 말했는데, 2018년 4월 중앙SUNDAY와의 인터뷰에서 "북한에는 자유무역지대가 10여 곳이나 있다. 이제 막 시장경제가 시작되고 있다. 최근 중국 사람들이 북한에 많이 투자하고 있다. 그들은 나중에 중국에서 가장 큰 부자가 될 것"이라고 말했다. 남한의 자본과 경영 기술이 북한의 풍부한 천연자원과 값싸고 숙련된 노동력을 활용하면 엄청난 기회가 열릴 것이라고 본 것이다.

짐 로저스는 "세계경제가 이미 붕괴조짐을 보이고 있다. 북한경제가 개방되면 한국은 다른 나라에 비해 세계경제 붕괴의 영향을 덜 받게 된다. 북한경제가 개방될 것에 대비해 관련 주식에 투자하고 있다"고 밝힌 적도 있다.

그렇다면 그는 어떤 업종에 투자하고 있을까? 짐 로저스는 "북한은 방대한 천연자원과 값싸고 교육받은 노동력이 있으며, 중국과 국경을 마주하고 있다. 일본 기업과 경쟁할 필요도, 미국 기업과 경쟁할 필요도 없는 곳을 생각해 봐라. 남북이 서로 경제를 개방하면 굉장한 결합이 될 것이다. 그런 결합은 역사적으로 매우 드물게 일어난다. 결합이 되면 한국에서 중국, 러시아, 로마, 파리로 엄청난 물류 이동이 있을 것"이라고 말했다. 짐 로저스는 북한의 경제개방이 이뤄질 경우 혜택을 받을 만한 중소기업을 신규 투자처로 찾고 있는데, 특히 철강과 인프라 업종에 주목하고 있다. 남북협력이 이루어지고 철도와 산업시설이 늘면 철강 생산이 늘고, 도로와 통신 등 인프라도 늘기 때문이다.

2019년 1월 짐 로저스는 "남한과 북한에 아주 엄청난 기회들이 오고 있다. 북한이 개방되면 앞으로 20년 동안 한반도가 세상에서 제일 주목받는 나라가 될 것"이라고 말했다. 그는 왜 북한의 경제개방이 이루어질 것이라고 단언하는 것일까? 그는 북한을 여행하기도 했는데, 북한 사람들의 속마음을 간파했기 때문이다.

"북한의 모든 사람들이 변화를 원하고 있다. 모두가 더 나은 삶을 바란다. 북한은 드디어 변화할 준비가 되었고, 변화는 이미 진행 중이다. 개성공단사업, 금강산관광사업, 철도연결사업은 모두 원래 있었던 것이어서 중단되었던 사업이 재개된다면 우선 일자리가 생길 것이다. 부산에서 베를린까지 철도가 연결된다면 한국에 좋은 일이 될 것이다."

남북경협이 이루어지면 어떤 일이 벌어질까?

국책연구기관인 대외경제정책연구원(KIEP)이 발표한 「남북한 경제통합 분석모형 구축과 성장효과 분석」에 따르면 "앞으로 30년간 남북경협으로 한국이 얻을 수 있는 경제성장 효과는 169조 4,000억 원에 달한다. 이것은 금강산개발사업, 개성공단사업, 경수로사업, 남북철도 및 도로연결사업, 한강하구 공동이용 사업, 조선협력단지사업, 단천지역 지하자원 개발사업 등 7대 남북경협사업을 분석한 결과다."

한국에 가장 큰 이익을 안길 사업은 개성공단사업으로, 북한의 값싼 노동력을 활용할 수 있기 때문에 159조 2,000억 원 규모의 이익을 안길 것이다. 대외경제정책연구원에 의하면 "경제협력단계를 넘어 남북경제통합을 추진하면 남한은 346조 6,000억 원, 북한은 416조 9,000억 원의 경제적 이익을 얻을 수 있다."

민간연구기관인 IBK경제연구소도 비슷한 보고서를 발표했다. IBK경제연구소 북한경제연구센터에 따르면 "앞으로 20년간 남북경협사업에는 총 63조 5,000억 원이 투입될 것이다. 남북경협사업으로 한국은 379조 4,000억 원, 북한은 234조 1,000억 원의 이익을 얻을 것이다. 또 한국에서는 연간 신규 일자리가 16만 3,000개 창출되며, 경제성장률도 4.6%로 높아질 것이다."

그런데 이러한 전망이 실현되기 위해서는 과거와 달리 보다 긴밀한 남북경협이 필요하다. 2019년 2월 14일에 열린 '2019 경제학 공동학술대회'에서 서울대 김병연 교수는 '남북경협과 경제통합'을 주제로 발표했는데, "2012년 개성공단이 남한의 국민총소득(GNI)에 미치는 효과를 추정한 결과 0.012~0.043%에 그쳤다"고 말했다. 김병연 교수는 "개성공단과 같은 특구가 10개 생기더라도 남한의 GNI가 0.1~0.5%가량 증가하는 데 그칠 가능성이 높다. 낮은 단계의 경협만으로는 철도·도로·항만 등 인프라 건설 비용과 공단조성 비용 등이 많이 들기 때문에 전체적으로 대박 가능성은 제한적"이라고 분석했다.

앞으로 남북 간에 보다 긴밀한 남북경협이 이루어지면 한국은 다

마그네사이트

시 아시아의 용으로 부활할 것이다. 우선 북한은 풍부한 광물자원을 가지고 있다. 북한에는 매장량이 세계 10위 안에 드는 지하자원이 많은데, 마그네사이트(1위), 아연(3위), 납(3위), 흑연(4위), 텅스텐(4위), 무연탄(4위), 철(7위), 망간(7위), 금(8위) 등이 대표적이다.

한국광물자원공사가 발표한 「북한의 광물자원 통계」에 의하면 "북한에 매장된 주요 광물자원의 가치는 3조 9천억 달러(약 4,170조 원) 가량으로 추정된다. 이는 남한에 있는 지하 광물자원의 약 15배에 이르는 규모다." 북한 광물자원의 가치를 보다 높게 평가한 기관도 있는데, 북한자원연구소는 6조 2천억 달러에 이를 것으로, 미국 온라인매체 퀴츠(Quartz)는 약 7조 달러에 달할 것으로 추정했다.

재단법인 여시제의 「북한의 지하자원과 남북자원협력」에 따르면 "북한 지하자원의 가치는 통일 비용을 충당하고도 남을 정도이다. 북한 지하자원의 가치는 석유, 희토류를 제외하더라도 약 7천조 원으로 추정된다. 2015년에 국회예산정책처는 통일 비용이 30~40년 간 2,300~4,800조 원가량 발생할 것으로 추산했는데, 7천조 원이면 통일 비용을 충당하고도 남는다.

남한은 세계 5위 광물자원 수입국으로 광물 수입의존도가 88.4%에 이른다. 남북이 광물자원 하나만 협력해 개발하더라도 남한과 북한 모두 충분한 이익을 얻을 것이다.

1. 현재 상황이 지속될 경우의 미들 시나리오

얼마 전까지만 해도 남북정상회담, 북미정상회담 등 한반도에 봄날이 오는 듯했다. 하지만 2019년 2월 27~28일 베트남 하노이에서 열린 2차 북미정상회담에서 북한에 대한 '제재 완화' 등을 둘러싼 양측의 합의가 실패되어 협상은 결렬되고 말았다. 이후 북한은 또다시 미사일을 발사하는 등 남북관계에도 장마가 시작되었다.

미국이 궁극적으로 원하는 것은 북한의 핵폐기이다. 하지만 북한은 제재 완화부터 먼저 해줄 것을 요구하고 있다. 따라서 현재 상황이 지속될 경우 남북은 군사적으로 대치해야 하므로 군사 비용을 지출하게 될 것이다. 또 트럼프 대통령은 자국의 이익을 최

2차 북미정상회담 이후 북미관계와 남북관계가 교착 상태에 빠졌다.

우선으로 하므로 주한미군 주둔 비용을 인상하려 할 것이다.

현재의 남북관계를 고려할 때 남북경협이 전면적으로 추진되기는 힘들다. 국회예산정책처의 「남북교류협력 수준에 따른 통일비용과 시사점」에 의하면 "남북한이 2026년에 통일이 된다고 가정하면, 남한과 북한이 남북경협을 전면적으로 할 경우에는 2,316조 원의 통일 비용이 든다. 반면에 남북한이 교착 상태를 지속하고 극히 제한적인 수준의 교류협력만 하게 되면 4,822조 원의 통일 비용이 든다." 남북경협을 전면적으로 할 때보다 통일 비용을 2,506조 원이나 더 부담해야 하는 것이다.

이 정도 비용이면 남한에 큰 부담이 될 것이다. 정치적으로 다시금 화해 분위기가 조성되고 북한 광물자원 개발 등 남북경협부터 진행되어야 통일이 가능할 것이다.

현재 한국의 국가신용등급(A2a, 2019년 무디스 기준)과 국가브랜드 가치(2조 달러, 세계 10위, 브랜드 파이낸스 기준)는 북미정상회담, 남북정상회담의 진척 여부에 따라 등락을 거듭하게 될 것이다.

2. 현 상황이 개선될 경우의 베스트 시나리오

미국 국가정보위원회(National Intelligence Council, NIC)는 4년마다 한 번씩 미국 대통령 당선자에게 보고하는 미래보고서 「NIC Global Trend(NIC 글로벌 트렌드)」를 발행한다. 「NIC Global Trend 2025」에 의하면 "2025년까지 한국의 통일이 가능할 것으로 보인다. 만약 단일국가가 아니면 남북 연합형태로 통일될 수 있다."

현재 남북정상회담과 북미정상회담이 진척되지 않고 있지만 미국 대선(2020년 11월) 전에는 3차 북미정상회담이 개최될 것이고, 만약 이 회담에서 북한의 핵폐기와 대북제재 개선 등이 합의되면, 남북정상회담에서도 남북경협과 문화스포츠 교류, 관광 등 구체적인 합의가 이루어질 것이다. 이러한 일이 실현되면 정치, 경제, 군사, 사회, 문화 등 모든 분야에서 엄청난 변화가 생길 것이다.

북한의 자원과 우수한 노동력, 한국의 자본과 기술력이 융합되면 해외 자본이 한반도로 유입될 것이다. 한반도는 중국, 러시아, 유럽으로 향하는 물류 전진기지가 될 것이며, 최고의 관광 메카가 되어 관광객 수는 3배 이상 증가하고, 연간 관광 수입은 450억 달러로 예상된다.

일단 개성공단이 재가동되면 120개 기업에서 5만 5천 개의 일자리가 창출되고, 북한 전역에 수백 개의 공단이 설립되면 건설업과 제조업이 활성화되어 120만 개의 일자리가 창출될 것이다. 통일연구원에 의하면 "해외 투자자들이 몰려 208조 원이 유입되고,

한반도에 평화가 무르
익으면 DMZ는 세계
적인 관광지가 될 수
있다.

많은 병력과 장비를 감축해 군사비를 200조 원가량 절감할 것이
다. 남북경협으로 가장 활성화될 산업은 건설업으로 북한의 낙후
된 도로, 철도, 항만, 공항, 전력 등 기반시설을 개발하게 될 것이
다. 부동산업은 관광산업보다 더 활성화될 것이다."

3. 현 상황이 악화될 경우의 워스트 시나리오

남북정상회담과 북미정상회담이 교착 상태에 빠지자 북한은 미사
일을 발사하는 등 군사적 위협을 가하고 있다. 2019년 한국의 국
방예산은 2018년보다 8.2% 증가한 46.7조 원이다. 한반도가 통일
되지 않는 한 국방예산은 해마다 증가할 것이고, 군사적 긴장감이
고조되면 현재 3번째 등급 수준인 국가신용등급(A2a 2019년 무디스 기
준)과 국가브랜드 가치(2조 달러, 세계 10위, 브랜드 파이낸스 기준)에도 악영향
을 미쳐, '코리아 디스카운트'(Korea discount, 우리나라 기업의 주가가 비슷한
수준의 외국 기업의 주가에 비해 낮게 형성되어 있는 현상)가 더 악화될 수 있다.

한반도에 군사적 긴
장감이 고조될 때마다
코스피지수가 하락한
다.

가뜩이나 세계경제의 앞날이 불투명한 가운데 한반도에 군사
적 위기가 찾아오면 해외 투자자들이 빠져나갈 것이고, 코스피지
수 등 금융 시장이 불안해질 것이다. 북한의 군사적 위협에 어떻
게 대응할 것인지를 놓고 국내 정치권이 대립하면 결국 돈으로는
환산할 수 없는 국가적인 기회손실 비용이 발생할 것이다.

09 신흥시장, 베트남과 인도 등 기회의 땅에 투자하라

2007년 세계은행(World Bank)은 『An East Asian Renaissance: Ideas for Economic Growth(동아시아 르네상스: 경제성장을 위한 생각들)』을 발간했는데, 이 책자에서 '중진국 함정'(Middle Income Trap)이라는 말을 처음 언급했다. 중진국 함정은 저소득국가에서 중진국으로 접어든 국가가 선진국으로 발전하지 못하거나 저소득국가로 퇴보하는 현상을 일컫는 말이다. 세계은행에 따르면 중진국은 1인당 국민소득이 1,006달러 이상 12,235달러 이하인 국가이다. 브라질과 멕시코 등 남미국가들은 30년 이상 중진국 함정에 빠진 국가이다.

2012년 세계은행은 『Avoiding Middle-Income Growth Traps(중진국 함정을 피하려면)』이라는 보고서를 발표했는데, 이 보고서에 의하면 중진국 함정은 5단계로 나타난다. "1단계에서는 저소득국가가 중저소득국가로 진입하면서 노동집약적인 제조업이 발전하고, 2단계에서는 선진국의 기술을 도입해 생산성이 증대되며, 3단계에서는 비숙련노동 집약적인 산업이 가장 발전한다. 4단계에서는 제조업이 발달해 1인당 국민소득은 늘지만 선진국에서 도입한 기술들이 더 이상 경제성장에 큰 도움을 주지 못한다. 5단계에서는 생산성이 더 이상 향상되지 않으면서 중진국에 머물게 된다."

어제까지만 해도 선진국을 향해 내달리던 중국경제는 이제 주춤하고 있다. 블룸버그통신(Bloomberg News)에 의하면 "시진핑 주석은 2049년까지 중국이 세계 최강국이 되겠다고 했지만 미중무역전쟁 등으로 중진국 함정에 빠질 가능성이 높아지고 있다. 트럼프 대통령으로부터 가해지는 압력과 부채 상승, 오염의 심화, 인구고령화 등의 문제는 중국을 중진국 함정에 빠뜨릴 위험을 높이고 있다."

2013년 11월 2일 시진핑 주석은 "중국은 중진국 함정에 빠지지 않을 것"이라고 말한 바 있다.

그러자 얼마 전부터 중국 대신 인도와 인도네시아, 베트남 등 아시아 신흥국으로 눈길을 돌리는 글로벌 기업이 늘고 있다. 인도, 인도네시아, 베트남은 인구도 많고 경제성장률도 높다. 게다가 다른 신흥국과 달리 이들 국가는 내수가 탄탄해 미중무역전쟁 등 대외변수에 영향을 덜 받는 편이다. 따라서 이들 국가에 글로벌 생산기지를 설립하는 기업과 이들 국가의 주식에 투자하는 개인이 늘고 있다. 이들 세 나라에 대해 알아보기로 하자.

1. 인도

인도는 인구 13억 명의 거대한 내수시장을 갖고 있으며, 인도 인구는 2030년에 14억 7천만 명을 돌파해 중국을 제치고 전 세계에서 가장 인구가 많아질 것이다. 현재 인도의 남자와 여자의 중위연령(총인구를 연령순으로 나열할 때 정중앙에 있는 사람의 해당 연령)은 각각 26.8세, 27.8세로 젊은 인구가 전체 인구에서 차지하는 비중이 높다. 게다가 교육수준이 높으며, 노동비용이 중국의 70% 수준에 불과하다.

인도에서는 2019년 4월 11일부터 5월 19일까지 총선이 치러졌는데, BJP(인도국민당)가 압승을 거두어 모디 총리가 재집권했다. 5월 24일 인도의 센섹스지수는 장중 40,124.96포인트까지 오르며 역대 최고치를 기록했다. 모디 총리는 모디노믹스 정책을 추진하고 있는데, 2024년까지 100조 루피 규모의 인프라를 투자해 제조업을 육성할 계획이다. 현재 인도의 경제성장률은 7% 이상이다. 2019년 4

월 2일 IMF가 발표한 「World Economic Outlook Reports(세계경제전망)」에 따르면 "2020년 인도의 경제성장률은 7.5%가 될 것이다. 중국은 6.1%, 미국은 1.9%, 독일은 1.4%, 프랑스는 1.4%, 이탈리아는 0.9%가 될 것이다."

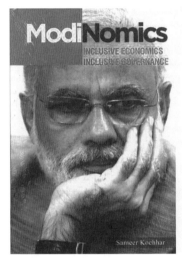

모디 총리는 경제정책으로 모디노믹스를 추진하고 있다.

친기업·친시장적인 모디 총리가 재집권하면서 장기적으로 인도는 7% 내외의 경제성장률을 기록할 것이다. 모디 총리는 현재 16%인 GDP 내 제조업 비중을 2025년까지 25%로 확대할 것이다.

한국무역협회 국제무역연구원의 「최근 인도 경제동향 및 진출 유망 분야」에 따르면 "인도는 서비스산업의 성장을 바탕으로 향후 수년간 G20 국가 중 가장 높은 경제성장률을 기록할 것이다. 2017년 한국과 인도의 무역액은 200억 달러이며, 한국은 무역수지로 102억 달러 흑자를 기록했다. 인도는 한국의 7위 수출대상국으로, 한국의 주요 수출 품목은 철강판, 무선통신기기, 패션잡화 등이다." 인도 진출 유망 분야는 다음과 같다.

- 건설 및 인프라 분야는 정부와 민간의 투자에 힘입어 향후 10년간 연평균 6.2% 성장할 것이다. 인도 정부는 인프라를 확충하기 위해 외국인투자 지분한도를 확대하고, 최소투자 기준을 완화하며, 투자 승인을 간소화하고 있다.
- 사물인터넷 분야는 인도에서 인터넷 사용자가 증가하고, 인도 정부의 4차산업혁명 육성정책으로 매년 가파른 성장세를 보이고 있다. 특히 칼로리 소모량, 심박수, 운동량 등을 측정하는 웨어러블 사물인터넷 제품의 수요가 늘어나는 추세이다.
- 웰빙식품 분야도 크게 성장하고 있다. 인도네시아 소비자들의 소득이 증가하면서 건강에 대한 관심이 커져 '웰빙포장식품'의 수요도 늘고 있다. 웰빙포장식품은 도심에 위치한 슈퍼마켓과 하이퍼마켓을 중심으로 판매가 늘고 있다.

2. 인도네시아

한국무역협회 국제무역연구원의 「TRADE BRIEF 20호」에 의하면 "인도네시아의 인구는 약 2억 6,000만 명으로 세계 4위이다. 생산가능 인구가 67.2%로 높은 데 비해 고령 인구 비중은 5.3%에 불과하다. 39세 이하 인구가 전체의 61.4%를 차지하기 때문에 인도네시아 소비 시장 규모는 지속적으로 증가할 것이다."

인도네시아에서는 2019년 4월 17일 치러진 대선에서 조코 위도도 대통령이 55.5%를 득표해 재선에 성공했다. 인도네시아 역시 향후 5년간 조코 위도도가 집권하게 되면서 매력적인 투자처로 떠오르고 있다. 조코 위도도는 2014년 취임 이후 연 5% 이상의 탄탄한 경제성장률을 유지했다. 인도네시아의 고질적인 문제였던 높은 빈곤율을 역대 최저치인 10% 미만으로 낮췄고, 열악한 국가 인프라를 크게 개선했다.

최근 들어 한류문화의 인기에 힘입어 인도네시아에서 우리나라

조코 위도도 대통령이 취임한 이후 인도네시아는 5% 이상의 탄탄한 경제성장률을 유지했다.

의 이미지가 좋아졌다. 인도네시아에서는 젊은 소비층이 핵심 소비계층인데, 이들 사이에 한국에 대한 관심이 커지고 있다. 「TRADE BRIEF 20호」에 의하면 인도네시아의 젊은 소비자들은 다음과 같은 특징이 있다.

- 시간을 절약하고 편의성을 선호한다. 인도네시아에는 "Sabar itu subur(참으면 좋은 일이 생긴다)"라는 속담이 있을 정도로 기다림을 미덕으로 생각하는 경향이 있다. 그러나 도시화되어 바빠지면서 젊은 세대에서는 이러한 인식이 변하고 있다. 일례로 인도네시아의 스타트업 고젝(Go-Jek)은 스마트폰을 통해 오토바이 택시를 호출하는 서비스를 제공한다. 고젝은 교통체증으로 인한 시간낭비를 줄이려는 젊은이들에게 선풍적인 인기를 끌고 있다. 현재 고젝은 음식, 식료품, 의약품, 택배 등을 배송하는 서비스로 사업을 확장하고 있으며, 고객을 찾아가는 마사지, 청소, 자동차 정비, 미용 등과 연계되는 O2O(Online to Offline) 사업에도 진출하고 있다.

- 식음료 시장에서도 이러한 트렌드가 나타나고 있다. 직접 재료를 갈아 전통소스를 만들었던 과거 세대와는 달리 완제품을 선호하는 젊은 소비자가 늘어나면서 칠리소스 시장은 13.0%, 간장소스 시장은 12.5% 성장했다. 소스로(Sosro)는 차를 우려먹는 시간을 줄이려는 소비자를 공략해 간편하게 섭취할 수 있는 액상차를 제조해 인기를 끌고 있다.

고젝(Go-Jek)은 스마트폰을 통해 오토바이 택시를 호출하는 서비스를 제공한다.

■신제품의 선호도가 증가하고 있다. 인도네시아의 날씨는 1년 내내 비슷한데, 이러한 기후의 영향을 받아 소비자들은 같은 제품을 계속 사용하는 경향이 있었다. 그런데 젊은 소비자를 중심으로 이러한 트렌드가 변하고 있다. 액센추어(Accenture)는 인도네시아 소비자를 대상으로 설문조사를 했는데, 응답자의 73%가 보다 나은 품질을 위해 기존에 가입했던 통신사를 바꿀 의향이 있다고 답했다. 또한 자신이 현재 사용하고 있는 브랜드의 스마트폰을 다음에도 구매할 용의가 있다고 답한 응답자는 16%에 불과했다. 익숙함보다는 새로움과 다양한 경험을 선호하기 때문이다.

■인도네시아는 세계에서 가장 많은 할랄(Halal, 이슬람어로 '허용된'이라는 뜻. 이슬람교에서는 할랄 식품만 허용하고 있다.) 인구를 보유한 국가이다. 인도네시아 식약청(BPOM)에 따르면 대학생 중 87%가 제품 구매 시 할랄 인증 라벨을 확인할 정도로 젊은이들 사이에서도 할랄 제품에 대한 선

호도가 높다. 할랄 제품은 식품뿐만 아니라 화장품과 목욕용품 등으로도 확산되고 있다. 따라서 인도네시아 등 이슬람국가 소비자들을 대상으로 하는 제품을 판매할 경우에는 할랄 인증을 받아야 한다.

3. 베트남

한국은 아세안(ASEAN) 국가들 중 베트남과 경제 교류가 가장 활발하다. 한국은 베트남의 4대 수출국이며, 2대 수입국이다. UN에 따르면 "2018년 기준 베트남 인구는 9,742만 9,061명이며, 30~40대가 전체 인구의 50%를 차지한다." 현재 베트남에는 '박항서 열풍'이 불고 있는데, 한국에 우호적인 분위기가 조성된 베트남도 유망 투자처로 각광받고 있다.

베트남은 1980년대 이후 개방정책을 실시한 이래 시장경제를 적극적으로 수용해 왔다. 최근 들어 베트남은 중국의 뒤를 잇는 대표

삼성전자 베트남 공장

적인 신흥국으로 부상하고 있다.

한국경제연구원의 「포스트 차이나의 선두주자, 베트남의 성장 가능성에 주목하자!」에 따르면 "베트남은 글로벌 생산기지로 최적의 조건을 갖추었다. 현재 베트남은 6% 이상의 경제성장률을 기록하고 있고, 물가도 낮으며, 실업률도 2%대로 안정적이다. 또 제조업 수출에 힘입어 경상수지 흑자를 기록하고, 성장 잠재력이 풍부하다. 게다가 근로자의 노동비용이 중국에 비해 크게 낮은데다 노동력의 질도 높다. 지속적인 경제성장과 이에 따른 소득수준 향상은 중산층 증가로 이어지고 있다. 앞으로 도시화가 진전되고, 양질의 인프라에 대한 수요가 늘면서 대규모 SOC 투자가 늘 것이다."

베트남 진출 유망 분야는 다음과 같다.

■제조업 분야에서는 전자·섬유·식품 등이 유망할 것이다. 최근 베트남은 제조업의 수출 호조로 경상수지 흑자를 지속하고 있다. 경상수지는 2011년 흑자로 전환된 이후 지속적으로 흑자를 기록하고 있다. 얼마 전까지 섬유·의류산업이 수출을 주도해 왔고, 최근에는 휴대전화 등 전기전자 제품이 섬유·의류 제품을 제치고 최대 수출 품목으로 부상했다. 또 베트남에서는 식품산업도 유망할 것이다. 일례로 저출산국가인 우리와 달리 베트남에서는 한국의 3배 수준인 연간 100만 명 정도가 출산된다. 2019년 6월 18일 롯데푸드는 이 점에 주목해 베트남 현지 영유아식품 판매업체인 바이어트 오스트레일리아

(Viet Australia)와 출시·판매 계약을 체결했다.

■ 유통 분야에서는 편의점과 마트 등이 유망할 것이다. 베트남에는 1억 명에 가까운 인구가 있지만 편의점 수는 아직 2,000개에 불과해 성장 잠재력이 매우 크다. 무엇보다 베트남 정부는 산업을 육성하기 위해 외국인투자를 늘리려 하고 있다. 윤주영 GS25 베트남 법인장에 의하면 "베트남 유통업계는 아시아에서 가장 빨리 성장하고 있으며, 편의점 시장은 한국보다 시장 기회가 50배는 더 클 것이다."

> **10년 후 한국경제**
> **Report**

1. 현재 상황이 지속될 경우의 미들 시나리오

최근 인도 총선에서 모디 총리의 BJP가 압승했다. 왜냐하면 인도 국민들은 '인도의 성장과 발전 가능성'을 보여준 모디 총리의 리더십에 매력을 느꼈기 때문이다.

대외경제정책연구원의 「인도 모디 2기 정부 출범의 의의와 경제정책 방향」에 따르면 앞으로 "모디 총리는 모디노믹스 1기 정책을 지속적으로 발전시키는 산업정책을 추진할 것이다. 우선 거시정책으로 GST 개혁(통합된 단일 세율 변경 및 제외품목 포함 과세)을 통해 세수를 확대하고 재정 적자를 감소할 것이다. 산업정책으로는 제조업 산업클러스터를 구축하고, 디지털 생체인증 플랫폼인 '아드하르'

(Aadhaar) 등을 이용한 디지털 산업정책과 스마트시티 개발정책 등으로 4차산업혁명 시대의 일자리를 창출할 것이다. 또 노동 및 토지 개혁을 가속화할 것이다. 무역정책으로는 통관 절차를 간소화하는 무역환경 개선정책을 추진하는 한편, 제조업을 육성하기 위한 정책을 지속적으로 추진할 것이다." 이러한 정책을 기반으로 앞으로 10년간 7% 내외의 경제성장률을 기록할 것이다.

'아드하르'(Aadhaar)는 인도어로 '기반'이라는 뜻을 가지고 있는데, 지문이나 홍채 등 생체정보를 디지털화한 인도 정부의 디지털생체인증 플랫폼이다.

UN에 따르면 2018년 기준 인도네시아 인구는 2억 6,953만 6,482명인데, 젊은 소비층만 1억 명 이상이다. 최근 몇 년간 외환보유고가 늘고 경상수지가 개선되었으며, GDP의 50%를 차지하는 민간소비도 양호한 편이다. 현재의 상황이 지속될 경우 인도네시아의 경제성장률은 앞으로 10년간 5%대를 유지할 것이다.

끝으로 문재인 정부는 베트남 등 아세안 국가와 협력을 강화하기 위해 신남방정책을 추진하고 있다. 현재 한국 기업들은 베트남에서 한류를 발판으로 중산층 소비 시장을 공략하고 있는데, 한국에 대한 이미지가 크게 악화되지 않는 한 앞으로도 베트남은 매력적인 투자처가 될 것이다. 베트남은 그 자체로도 성장잠재력이 충분하지만, 아세안 진출을 위한 교두보로 삼기에도 적합하다. 현재 미중무역전쟁 등을 피해 중국에서 베트남으로 생산기지를 옮기는 글로벌 기업이 늘고 있는데, 베트남의 경제성장률은 앞으로 10년간 7%대를 유지할 것이다.

2. 현 상황이 개선될 경우의 베스트 시니리오

현재 인도는 7% 이상의 경제성장률을 기록하고 있는데, 앞으로 10년간 탄탄한 내수를 바탕으로 고성장할 것이다. 세계은행에 따르면 "2018년 인도의 GDP는 2조 7,263억 달러로 세계 6위인데, 2030년 미국, 중국에 이어 G3가 될 것이다." 한국무역협회 국제무역연구원의 「최근 인도 경제동향 및 진출 유망 분야」에 따르면 "서비스산업의 성장을 바탕으로 인도는 향후 수년간 G20 국가 중 가장 높은 경제성장률을 기록할 전망이다." 모디 총리의 경제정책인 모디노믹스가 성공적으로 추진되고, 제조업의 비중이 낮은 인도가 미중무역분쟁 등 대외여건에 큰 영향을 받지 않는다고 가정한다면, 앞으로 10년간 8% 내외의 경제성장률을 기록할 것이다.

인도와 달리 인도네시아는 제조업의 비중이 높고, 에너지원인 석유와 천연가스 등을 수출하고 있다. 내부적으로 조코 위도도 대통령의 경제정책이 성공하고, 미중무역분쟁 등 대외여건이 개선되고 세계경제가 점차 회복세로 돌아선다면 인도네시아의 경제성장률은 앞으로 10년간 6% 이상을 기록할 것이다.

2018년 신흥국들이 위기를 맞았는데도 베트남의 경제성장률은 7.08%였다. 베트남은 2014년 이후 6% 이상 고성장하고 있다. 현재 베트남 증시에서 우리나라 투자금이 차지하는 비중은 약 15%에 달하는데, 베트남 정부가 적극적으로 외국인 투자유치에 나서면 이 비중은 더 늘 것이다. 현재 베트남 정부는 '외국인 지분 한도법'(Foreign Limited Ownership)에 따라 외국인이 국영기업 주식을 소유할 수 있는 한도를 최대 49%까지 제한하고 있다. 그런데 베트남 재무부는 외국인 지분 한도법을 개정하려 하고 있다. 만약 이 개정안 2019년 4분기 내에 의회에서 통과된다면 외국인투자가 더 늘 것이다.

또 장기적으로 보면 미중무역전쟁 등 글로벌 리스크가 커지면

빠른 속도로 성장하는 베트남

서 중국에 있던 생산기지들이 베트남으로 이전되고 있으므로 성
장 가능성도 크다. 게다가 베트남에는 석탄, 원유, 아연, 구리, 금,
은, 망간, 철 등 천연자원이 풍부해 산업생산기지로 제격이다. 베
트남에 글로벌 자본이 몰리고, 내수 등이 활성화되면 베트남의 경
제성장률은 앞으로 10년간 지금보다 1~2% 상승할 것이다.

3. 현 상황이 악화될 경우의 워스트 시나리오

정치는 한 치 앞을 내다보기 힘든 것 같다. 성원과 지지를 보냈던
지지자들이 언제 그랬냐는 듯 등을 돌릴 수도 있기 때문이다. 최
근 모디 총리는 재집권에 성공해 2기 정부를 출범했지만 그동안
1기 정부가 추진했던 노동 및 토지법 개정은 정치권, 노조, 농민
들의 반발로 진전되지 못했다. 만약 모디 총리의 지지율이 하락

2015년 8월 25일 모디 총리의 고향인 구자라트 주에서 하층민인 카스트 계층을 우대하는 정책에 항의하는 50만 명 이상의 파티다르(자영농·상공인) 계층이 대규모 시위를 벌였다. 이 시위로 경찰과 시위대가 충돌해 8명이 사망하고 100여 명이 부상을 입었다.

하고 다음 선거에서 야당이 집권한다면 모디노믹스는 중단될 수도 있다.

또 모디 총리는 자국 산업을 보호하려는 경향이 있고, 인도가 만성적인 무역적자 등에 시달리고 있는 것을 감안하면 관세인하 등 시장개방이 소극적으로 이루어질 수도 있다. 대외경제정책연구원의 「인도 모디 2기 정부 출범의 의의와 경제정책 방향」에 따르면 "인도의 2009~2013년 평균 무역적자는 약 120억 달러, 2014~2018년은 약 110억 달러로 무역적자가 지속되었다. 인도의 제조업 제품 수입관세는 평균적으로 약 10%이고 농산품의 경우 약 30%를 유지하고 있는데, 2000년 이후 빠르게 감소하던 수입관세가 모디 총리가 집권한 이후 줄어들지 않고 있다."

그래서 현대-기아자동차, 파나소닉, 하이얼, 볼타스, 폭스콘, 샤오미 등 글로벌 기업들이 그에 대한 대안으로 인도에 현지생산기지를 늘리고 있다. 하지만 미중무역전쟁 등 글로벌 리스크가 커지면 글로벌 기업들의 생산량도 줄어들 것이다. 최악의 시나리오가 펼쳐진다고 가정하면 인도의 경제성장률은 앞으로 10년간 지금보다 1~2% 하락할 것이다.

다음으로 인도네시아의 주요 수출 품목은 석유와 천연가스 등 원자재이다. 미중무역전쟁 등으로 경기둔화가 장기화되면 원자재 가격이 하락하고 수출에 적신호가 들어올 것이다. 또 현재 인도네시아의 경상수지 적자는 GDP의 3%에 육박하는데, 이 문제가 해결되지 않는다고 가정한다면 인도네시아의 경제성장률은 지금보다 1~2% 낮아질 것이다.

끝으로 베트남은 성장잠재력이 있기는 하지만 베트남 주식시장은 아직까지 발달하지 않았다. 베트남 주식시장은 시가총액이 GDP의 60%에도 미치지 못할 정도로 규모가 작고 회계 투명성 등에도 문제가 있다. 또 베트남의 국영기업들은 사업실적이 부진하고, 경영방식도 글로벌 기업들과 다르다. 베트남 주식시장이 선진화되지 않는다면 투자자 입장에서는 다양한 위험이 도사리고 있는 셈이다. 현재로서는 가능성이 크지는 않지만 만약 베트남 주식시장이 정체된다면 외국인 투자자들이 빠져나갈 것이다.

제2부

산업과 기술,
4차산업혁명이
산업지형도를 바꾼다

2030
The Korean economy

10 인공지능, 기계와의 경쟁이 시작된다

소프트뱅크(SoftBank)의 손정의 회장은 선견지명이 뛰어나다. 20여 년 전에 그는 김대중 대통령의 초청으로 한국을 방문했는데, "첫째도, 둘째도, 셋째도 초고속인터넷에 집중하라"고 강조했다. 그 후 한국은 세계 최고의 초고속인터넷 환경을 구축하고 정보통신 강국이 되었다.

2019년 7월 4일 손정의 회장은 문재인 대통령의 초청으로 청와대를 방문했다. 그는 문재인 대통령이 "한국이 4차산업혁명을 선도하기 위해서는 무엇에 집중해야 하는가"라고 질문하자 "앞으로 한국이 집중해야 할 것은 첫째도 인공지능, 둘째도 인공지능, 셋째도 인공지능"이라고 말하며 인공지능(AI) 분야를 전폭적으로 육성하라고

레이 커즈와일은 인공지능이 우리의 능력을 증강시켜 인류의 미래에 도움이 될 것이라고 했다.

했다.

『특이점이 온다(Singularity is near)』라는 책을 쓴 구글(Google)의 인공지능 책임자 레이 커즈와일(Ray Kurzweil) 등 미래학자들은 인공지능이 우리의 능력을 증강시켜 인류의 미래에 도움이 될 것이라고 했다. 하지만 인공지능에 대한 시선은 그리 곱지만은 않다. 엘론 머스크(Elon Musk)와 스티븐 호킹(Stephen Hawking) 등은 인공지능이 결국 인간을 지배하게 될 것이라고 경고했다.

인공지능 시대에는 인공지능이 화가 대신 그림을 그리고, 작가 대신 글을 쓰며, 요리사 대신 요리하고, 택시기사 대신 운전하고, 의사 대신 인간을 진료할 것이다. 인공지능과의 경쟁에서 살아남지 못하는 사람은 일자리를 잃게 될 것이다. 미국 보스턴컨설팅그룹(BCG: The

Boston Consulting Group)은 "2025년에 로봇과 소프트웨어 등 인공지능이 전 세계 일자리의 25%를 대체할 것"으로 전망했다. 한국노동연구원의 「기술진보에 따른 노동시장 변화와 대응」에 따르면 "2025년에 기계로 대체될 위험이 높은 우리나라 일자리의 비중은 70.6%로 전망되고, 특히 단순노무직의 90.1%가 기계로 대체될 위험이 높다. 인공지능의 영향을 적게 받을 관리직도 9.2%, 전문직도 56.3%가 기계로 대체될 수 있다."

우리나라에서 인공지능이 화두가 된 것은 2016년 3월이었다. 이세돌이 인공지능 알파고(AlphaGo)에 패하자 우리나라에서도 4차산업혁명과 인공지능이 화두가 되었다. 한국고용정보원의 「4차 산업혁명 미래일자리 전망」에 따르면 "인공지능을 구현하는 핵심 기술은 머

2016년 3월 구글이 개발한 인공지능 화가 '딥 드림(Deep Dream)'이 그린 그림

신러닝(machine learning, 기계학습)이다." 머신러닝은 인간이 경험을 통해 지식을 축적하는 것처럼 기계를 학습시켜 인간의 일을 대신하도록 하는 것이다. 오늘날의 인공지능은 인간이 알려주지 않은 데이터까지 스스로 추출해내는 수준으로 발전했다.

그런데 국내 기업들은 구글 등 글로벌 기업들에 비해 인공지능산업에 늦게 뛰어들었다. 현대경제연구원에 따르면 "2018년 국내 인공지능산업 규모는 6조 4,000억 원으로 세계 인공지능 시장에서 차지하는 비중은 3%에 불과했다. 구글은 지난 14년간 인공지능 관련 기업을 인수하는 데만 3조 7,000억 원 상당을 투자한 반면 삼성전자는 2014년 이후 인공지능 분야에 480억 원 상당을 투자했다."

한국경제, 인공지능산업을 육성해야 승산이 있다

지금 미국, 중국, 일본 등 세계 각국은 인공지능을 국가의 주요 어젠다(agenda)로 정하고 대규모 투자계획을 발표하면서 국가 간 경쟁이 심화되고 있다.

2018년 5월 10일 미국 정부는 「AI for American People(미국인을 위한 인공지능)」 보고서를 발표하고 인공지능 R&D를 우선 지원하고, 인공지능 교육을 강화하며, 관련 규제를 개선하는 등 인공지능 정책추진 방향을 제시했다.

2016년 5월 중국 국가발전개혁위원회는 '인터넷+AI 3년 행동실시방안'을 발표하며 "인공지능을 3년 내에 세계적인 수준으로 발전시키고, 1,000억 위안 규모의 시장을 창출하겠다는 목표를 세웠다. 현재 중국에서는 인공지능 교육을 고등학교 교과과정에 포함시켰다. 중국 대학생들은 국제대학생 프로그래밍 콘테스트(ICPC)에서 미국 대학생들보다 뛰어난 성적을 거두고, 세계 대학평가 순위에서도 컴퓨터사이언스 부문의 상위 20위 안에 중국의 3개 대학이 이름을 올렸다.

중국을 대표하는 기업들인 BAT(Baidu, Alibaba, Tencent)는 풍부한 자금력을 바탕으로 인공지능을 활용한 신규 산업에 투자하고 있다. 바이두(Baidu)는 2013년 베이징에 IDL(Institute of Deep Learning)이라는 연구소를 설립했고, 2014년 약 300억 위안을 투자해 실리콘밸리에 200명 규모의 인공지능 연구소를 설립했다. 알리바바(Alibaba)는 과학기술부와 양자컴퓨터 전문 실험실을 공동 설립해 인공지능을 개발 중이며, 텐센트(Tencent)는 '스마트컴퓨팅 검색 실험실'(TICS LAB)을 설립하고 인공지능 연구에 주력하고 있다.

일본 정부는 '사람·산업·지역·정부 모든 분야에 AI'라는 슬로건을 내걸며 'AI전략 2019'를 수립했다. 이 전략에 따라 앞으로 일본에서는 초등학교부터 단계별로 인공지능 능력을 기를 수 있는 실무교육을 도입한다. 매년 초·중·고생 100만 명, 대학생 50만 명에게 인공지능을 교육하고, 전문 실무인재 25만 명을 양성할 계획이다. 2020년부터는 모든 초등학교와 중학교 교과과정에 프로그래밍 교육을 의무화해 연간 100만 명에게 인공지능을 교육할 것이다. 2022

년부터는 고등학교 교과과정에서도 프로그래밍과 인공지능을 교육하고, 이 과목의 성적을 대학입시에 반영하는 대학을 늘릴 것이다.

그렇다면 현재 우리나라의 인공지능 개발 수준은 어떠할까? 2016년 11월 한국전자통신연구원(ETRI)은 자체 개발한 인공지능 '엑소브레인'(Exobrain)을 선보였다. 엑소브레인은 인간 퀴즈왕과 대결해 승리를 거둔 바 있는데, 앞으로 엑소브레인은 AI 법무사, AI 상담사, AI 변리사 등으로 활용될 것이다.

또 2016년 10월 삼성전자, SK텔레콤, 네이버, LG전자, KT, 한화

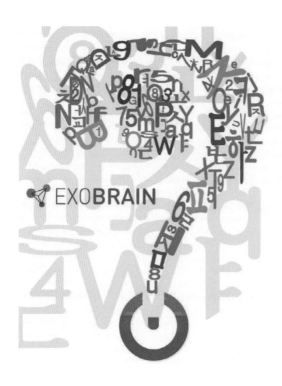

한국전자통신연구원은 자체 개발한 인공지능 엑소브레인을 선보였다.

생명, 현대자동차 등 7개 대기업이 참여해 지능정보기술연구원(AIRI)을 설립했다. 지능정보기술연구원은 인공지능 연구개발뿐만 아니라 중소·중견·벤처기업 및 스타트업 등과 협력해 인공지능 관련 산업을 육성할 계획이다. AI 공통 플랫폼을 개발하고, 차세대 AI 기술을 개발하며, AI 서비스(테러·범죄 신속 대응 시스템, 국방경계 시스템, 노인 돌보미 로봇 등)을 개발할 것이다.

미국과 중국 등 다른 나라와 경쟁해 승리하기 위해서는 무엇보다 교육이 중요하다. 소프트웨어정책연구소(SPRi)의 「유망 SW 분야의 미래 일자리 전망」에 따르면 "2022년까지 인공지능·클라우드·빅데이터 등 4대 미래 유망 분야에서 3만 1,833명의 신규인력이 부족할 것으로 예상된다. 그중에서도 인공지능 분야는 대학원 졸업 이상의 고급인력이 7,268명가량 부족해, 클라우드(1,578명) 빅데이터(3,237명) 분야에 비해 고급인력이 많이 부족하다." 일례로 미국 스탠퍼드대학교 컴퓨터공학과의 정원은 739명인데, 서울대학교 컴퓨터공학과의 정원은 15년째 55명이고, 연세대학교와 고려대학교, 카이스트, 포항공대의 정원을 모두 합쳐도 365명밖에 안 된다.

다른 나라에 비해 다소 늦은 감이 있지만, 우리나라 정부는 2019년 10월쯤 1조 7천억 원 규모의 '인공지능 국가전략'을 발표할 계획이다. 이 국가전략이 발표되면 인공지능이 차세대 국가 성장 동력원으로 육성될 것이고, 관련 교육 역시 늘지 않을까 싶다.

최근 소프트뱅크 손정의 회장은 니혼게이자이 신문과의 인터뷰에서 "인공지능산업은 이제 막 혁명의 입구에 들어섰다. 인공지능 기술은 학술연구 단계를 마치고 일상생활에 응용하는 활용기에 접어들었다. 앞으로 10년 안에 인공지능은 기업 비즈니스모델과 의료, 교통 분야를 중심으로 큰 영향을 미칠 것"이라고 말했다. 지난 20년간 한국경제가 초고속인터넷을 기반으로 성장했듯이 앞으로는 인공지능을 활용해야 기회가 열릴 것이다.

10년 후 한국경제
Report

첫째, 인공지능을 활용하지 못하는 기업의 상당수가 사라질 것이다. 2015년 존 챔버스(John Chambers) 시스코 시스템스(Cisco Systems) 회장은 "미국 500위 기업 가운데 40%가 10년 내에 사라질 것이다. 500개 기업 가운데 70% 이상이 디지털 시대에 맞춰 사업 방향을 전환할 것이고, 이 가운데 살아남는 기업은 오직 30%에 그칠 것"이라고 예측했다.

이 예측은 맞아떨어졌다. 현재 세계 시장에서 가장 기업가치가 높은 6대 기업은 아마존(Amazon), 애플(Apple), 마이크로소프트(Microsoft), 구글, 버크셔 해서웨이(Berkshire Hathaway), 페이스북(Facebook)이다. 버크셔해서웨이를 제외한 기업은 모두 IT기업이다. 반면에 전통적인 제조업, 에너지 기업들은 이제 자취를 감추었다.

2010년에 등장한 우버(Uber)의 기업가치는 1,200억 달러로, 전통적인 제조업 강자인 GM의 기업가치를 추월했다.

　이러한 변화는 국내에서도 일어나고 있다. 이제까지 한국경제를 세계 10위권 선진국으로 이끌었던 조선, 중공업, 자동차, 반도체, 석유화학 등 주력산업이 쇠퇴하고 있다. 산업연구원(KiET)의 「2019년 13대 주력산업 전망」에 따르면 "2019년 13대 주력산업은 전년 대비 증가세가 둔화해 3.6% 증가할 전망이다."

　앞으로 우리 기업들이 살아남기 위해서는 각 분야에서 파괴적 혁신 기술인 인공지능과 융합해야 할 것이다. 현재 자동차업체들은 인공지능을 활용한 자율주행차를 개발하면서 변화에 대비하고 있다.

　앞으로 인공지능을 활용하는 기업은 살아남고 그렇지 않은 기업은 사라질 것이다. 미래학자 리치 칼가아드(Rich Karlgaard)는 '포브스 글로벌 CEO 컨퍼런스'(Forbes Global CEO conference)에서 "인터넷의 발전에 따라 스마트폰, 온라인 쇼핑, SNS가 매년 30%씩 성장했듯이 인공지능과 클라우드 컴퓨팅 시장이 매년 60%가량 성장할 것"이라고 예측했다.

리치 칼가아드는 기업이 인공지능 시대에 살아남기 위한 3가지 방법을 제시했다.

- CEO는 디지털 트랜스포메이션(Digital Transformation)을 직접 주도하라.
- CEO부터 말단직원까지 모두 동일한 목표를 공유하라.
- 팀워크를 갖춰라. 아마존의 CEO 제프 베조스(Jeffrey Bezos)는 최고의 팀워크를 만드는 노하우로 '피자 두 판의 법칙'(two pizza rule)을 정립했다. 피자 두 판의 법칙은 팀원이 피자 두 판 이상을 먹을 인원보다 적어야 한다는 것이다. 2017년 12월 기준 아마존의 직원은 566,000명이나 되는데, 아마존은 회사 내부를 작은 팀들로 구성해 각 팀들이 민첩하게 움직여 놀라운 성과를 거두고 있다.

리치 칼가아드는 인공지능과 클라우드 컴퓨팅 시장이 매년 60%가량 성장할 것으로 예측했다.

인공지능 시대에 기업들은 아마존처럼 민첩하게 움직여야 살아남을 수 있다. 줄리안 버킨쇼(Julian Birkinshaw) 런던비즈스쿨 교수는 『패스트 포워드(Fast Forward)』에서 "세계는 빨리 변하고 있는데 두세 명으로 구성된 스타트업은 빠르게 대처할 수 있지만 대기업은 그렇지 못하고 있다. 기업들이 민첩하게 대응하는 것이 중요하다"고 말했다.

버킨쇼 교수는 기업이 인공지능을 활용하면 다음과 같은 장점이 있다고 말했다. "인공지능은 기업 활동의 투명성을 높이는 데 도움이 된다. 그리고 근로자들을 감독하는 데도 활용될 수 있다."

인공지능은 기업의 업무 효율을 높이는 데 활용될 수도 있다. 우선 인공지능을 활용한 자율주행차에 탑승하고 출퇴근하면 운전하는 대신 휴식을 취할 수 있으므로 업무 효율이 높아질 것이다. 또 앞으로 사물인터넷이 확산되어 개인의 움직임, 선호 지역, 목표지점 등을 실시간으로 알 수 있는데, 그로 인해 생성되는 빅데이터는 소비자가 원하는 제품을 생산하거나 판매하는 데 활용될 수 있다. 일례로 인공지능은 식당의 재고 식자재가 상하기 전에 요리하도록 도움을 줄 수 있다.

둘째, 인공지능 시대에는 인공지능이 할 수 없는 일을 찾아야 한다. 한국고용정보원의 「기술 변화에 따른 일자리 영향 연구」에 의하면 "인공지능과 로봇 기술의 발전으로 2025년 취업자 2,561만 명 중 1,807만 명(71%)이 '일자리 대체 위험'에 직면한다."

그런데 전공별로 살펴보면 일자리 대체 위험이 가장 큰 전공은 의약 계열이다. 의약 계열은 전체 졸업생의 51.7%가 일자리를 잃을 것이다. 반면에 인공지능의 영향을 가장 적게 받는 전공은 인문 계열(40.2%)이다. 인문 계열은 철학과 문학 등을 전공하는데, 이 분야는 인공지능이 아무리 발전한다 해도 인간을 대체하기는 힘들다.

한국고용정보원의 「2030 미래직업세계연구」에 따르면 "대인관계나 감정과 관련된 것처럼 변수가 많은 일의 경우 인공지능이 인간의 역할을 대체하기 힘들 것이다. 교사의 경우 단순히 지식을 전달하는 것보다는 학생들의 인성교육이나 상담도 해야 한다. 공무원의 경우 대부분의 단순 업무는 인공지능이 대체할 수 있겠지만 사회복지사 등 현장 소통업무는 인간을 대체하기 어렵다."

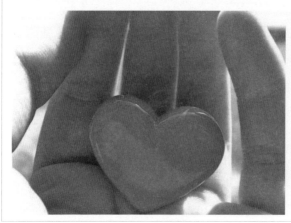

인공지능 시대에는 사람냄새가 나는 일이 유망할 것이다.

11 사물인터넷, 6G 세상과 만난다

소프트뱅크 손정의 회장은 투자의 왕이다. 그는 차량공유기업인 우버(Uber), 디디추싱(滴滴出行), 그랩(Grab), 사무실공유기업 위워크(WeWork), 반도체기업 ARM, 한국의 유통기업 쿠팡 등에 투자했다.

그런데 그는 무엇보다 인공지능(AI)과 사물인터넷(IoT) 분야에 집중 투자하고 있다. 2016년에 1천억 달러 규모의 비전펀드를 만들었는데, 비전펀드는 첫 투자로 사물인터넷 프로세서 설계 분야에서 압도적인 점유율을 자랑하는 영국의 ARM을 인수했다. 그리고 최근에는 "1천억 달러 펀드도 적다"고 말하며, 1,080억 달러 규모의 비전펀드 2호를 조성할 계획이다.

2005년에 미래학자 레이 커즈와일(Ray Kurzweil)은 『특이점이 온다

(The Singularity Is Near)』라는 책에서 "2045년에 특이점이 올 것"이라고 예측했다. 특이점은 기술이 양적으로 팽창하다가 질적으로 도약하는 특정시점을 뜻한다. 앞으로 우리는 인공지능(AI)이 인류의 지능을 초월해 스스로 진화하는 특이점의 시대를 맞을 것이다. 손정의 회장은 사물인터넷과 인공지능이 결합되어 슈퍼 인텔리전스를 만드는 특이점의 시대가 열릴 거라고 전망한다. 인공지능이 자신보다 더 뛰어난 인공지능을 만들어내고 인간은 더 이상 인공지능을 통제할 수 없는 시대가 열린다고 본 것이다.

사물인터넷은 인공지능과 더불어 가장 중요한 미래 먹거리다. 모건 스탠리(Morgan Stanley)는 "2020년에 인터넷에 연결된 사물인터넷 기기가 750억 개가 될 것"으로 예측했다. 이는 80억 인구 한 명당 9.4개의 사물인터넷 기기를 보유하는 셈이다. 마키나 리서치(Machina Research)에 따르면 "세계 사물인터넷 시장은 2022년까지 연평균 2.8% 성장할 것이며, 1조 2,000억 달러 규모가 될 것이다."

사물인터넷은 이미 우리 생활에 이용되고 있는데, 몇 가지 예를 살펴보자.

■ 아마존(Amazon)은 2016년 12월 미국 시애틀에서 스마트폰으로 신원을 인증하면 매장에 들어가서 원하는 상품을 집어 들고 나오기만 하면 되는 무인점포 아마존 고(Amazon Go)를 선보였다. 매장 입구에서 고객이 스마트폰으로 아마존 고 앱을 실행하면, 매장에 설치된 카메

라가 고객의 동선을 추적하고 카트에 담는 상품을 식별한다. 고객이 구매한 물건은 선반의 센서가 자동으로 파악한다. 고객이 물건을 들고 매장을 나서면 구매상품 결제가 자동으로 이루어진다. 아마존 고에서는 사물인터넷을 활용해 자동으로 결제되기 때문에 계산대 앞에서 줄을 설 필요도 없다. 당연히 아마존 고에는 계산원이 없는데, 이러한 무인점포가 우리나라에도 확산되면 상당수의 계산원 일자리가 사라질 것이다.

무인점포 아마존 고

■ 국내에서는 2017년 7월부터 초고속정보통신건물인증 기준에 사물인터넷 항목을 추가하고 심사등급을 늘렸다. 초고속정보통신건물인증은 초고속정보통신 및 홈네트워크 서비스 등의 통신 설비를 갖춘 건물에 대해 등급을 부여하는 인증제도인데, 초고속정보통신건물은

AAA등급의 아파트에서는 집 안의 벽면에 설치된 월패드뿐만 아니라 집 밖에서도 집 안 기기들의 상태를 확인하고 제어할 수 있다.

특등급, 1등급, 2등급, 홈네트워크건물은 AAA등급, AA등급, A등급으로 분류하고 있다. 2017년 7월 이후 홈네트워크건물은 사물인터넷 기기와 연동되어야 AAA등급을 받을 수 있다.

AA등급보다 AAA등급을 받은 아파트가 당연히 소비자에게 인기가 높다. 현재 현대건설 등 건설사들은 KT 등 통신사와 협력해 AAA등급을 받은 아파트를 분양하고 있다. 2019년 3월 기준 AAA등급을 받은 아파트는 총 7단지, 6,401세대인데, 앞으로 사물인터넷 환경을 갖춘 AAA등급의 아파트가 늘어날 것이다.

국내 사물인터넷 생태계가 확산되기 위해

사물인터넷 생태계가 확산되기 위해서는 필연적으로 초고속인 터넷이 필요하다. 2019년 4월 3일 오후 11시 국내 이동통신 3사는 갤럭시S10 5G 스마트폰을 개통했다. 그리고 이보다 2시간 늦은 4일 오전 1시에 미국의 이동통신사 버라이즌 커뮤니케이션스(Verizon Communications)는 5G 스마트폰을 개통했다. 불과 2시간 먼저 개통한 덕분에 우리나라는 세계 최초로 5G 상용화에 성공한 것이다.

현재 5G 스마트폰을 비롯해 커넥티드 홈(Connected Home), 스마트 미터(Smart Meter), 커넥티드 카(Connected Car), 스마트 그리드(Smart Grid) 등 사물인터넷 생태계가 확산되면서 우리나라에서도 삼성과 LG 등 가전업체들이 사물인터넷을 이용한 플랫폼과 서비스를 개발하고 있다.

국회입법조사처가 발표한 「사물인터넷(IoT) 산업 현황과 시사점」에 따르면, "국내 사물인터넷업체는 1,991개(2016년 기준)이며, 종사자 수는 50인 미만의 중소형업체가 80% 이상을 차지하고 있다. 분야별로는 서비스업체가 1,089개(54.7%)로 가장 많고, 그 다음으로 디바이스업체(24.7%), 네트워크업체(11.3%), 플랫폼업체(9.4%) 순으로 많다. 사물인터넷 매출액은 6조 6천억 원(2017년 기준)이며, 디바이스업체가 3.4조 원(52%)으로 가장 많은 매출을 차지하고 있다. 그 다음으로 네트워크업체(24%), 플랫폼업체(13%), 서비스업체(12%) 순으로 많다."

현재 우리나라의 사물인터넷 기술력은 최고 기술국가인 미국

(100%) 대비 82.9%로 일본(84.5%)보다는 낮고 중국(75.8%)보다는 높다. 분야별로는 네트워크 분야가 85.1%로 가장 기술력이 높고, 그 다음으로 서비스(83.5%), 디바이스(83.2%), 플랫폼(79.6%) 순으로 높다.

아직까지 국내 사물인터넷산업은 기업 규모가 작고, 미국 등 선진국에 비해 기술력이 낮은 편이다. 이러한 한계를 개선하기 위해서는 다음과 같이 해야 한다.

우선 국내 사물인터넷 기업의 80% 정도가 종사자 50인 미만 규모인 것을 감안한다면, 이들 기업들이 안정적으로 중견기업으로 성장하는 데 필요한 지원을 아끼지 말아야 한다. 특히 사물인터넷 서비스 분야의 경우 사업체 수(1,089개)와 종사자가 많지만 매출(국내 사물인터넷 매출 중 12%)이 작아서 문제이다. 따라서 사물인터넷 서비스 분야의 경쟁력을 강화하기 위한 지원책이 마련되어야 한다. 또 사물인터넷 서비스 및 관련 산업의 시장 진출을 가로막는 법적 규제를 완화해주고, 공공부문이 사물인터넷 서비스를 도입하는 것도 바람직하다.

10년 후 한국경제
Report

첫째, 앞으로 10년 후 6G가 상용화될 것이다. 손정의 회장은 "자율주행차와 사물인터넷 등이 급속히 발전하면 향후 30년 이내에 전 세계에서 이용되는 데이터의 규모가 현재의 100만 배 수준으로 폭증할 것"이라고 했다. 이용되는 데이터가 늘면 당연히 초고속인터넷이 필요하다.

2017년 7월 시스코(Cisco)가 발표한 「비주얼 네트워킹 인덱스(Cisco Visual Networking Index)」에 따르면, "전 세계 인터넷 사용자 수는 2016년 33억 명에서 2021년 46억 명으로 늘어나며, 개인기기 및 M2M(Machine to Machine) 연결 건수는 2016년 1억 건에서 2021년 271억 건으로 증가하고, 2021년 IP 트래픽은 2016년보다 약 3배 늘 것이다."

2019년 4월 3일 오후 11시 국내 이동통신 3사는 세계 최초로 5G를 상용화했는데, 10년 뒤에는 6G 시대가 열릴 것이다. 현재 우리나라는 세계 최초로 5G를 상용화하는 데 성공했지만, 개통 초기에는 커버리지가 부족해 이용하는 데 불편함을 느꼈다.

5G는 2020년부터 안정적으로 이용할 수 있을 것인데, 현재 국내외에서 6G를 연구하고 있으므로 앞으로 10년 후 6G가 상용화될 것이다. 미국 국방부의 방위고등연구계획국(Defense Advanced Research Projects Agency)은 2018년부터 6G 기술 개발에 착수했고, 중국은 2030년 전까지 6G를 상용화하기 위해 2018년 하반기부터 6G 기술 개발 계획을 발표했다. 또 국내에서는 과학기술정보통신부 산하기관인 정보통신기술진흥센터(IITP)에서 '6G 통신 인프라 핵심 기술 개발 사업'의 예비 타당성 조사를 하고 있으며, 한국전자통신연구원(ETRI)에서도 6G 기술 개발을 하고 있다.

현재 5G는 6GHz 이하 저속 광역망 주파수와 초고속 통신을 위한 밀리미터파 주파수를 활용하는데, 국내에서는 저속 광역망 주파수는 3.5GHz, 밀리미터파 주파수는 28GHz다. 그런데 6G는 이보다 높은 초고주파수 대역을 활용해야 한다. 6G는 100GHz에서 10THz 사이의 테라헤르츠(THz) 대역의 주파수를 활용한다. 한국전자통신연구원(ETRI)은 '비욘드 5G'(beyond 5G·b5G)라는 명칭으로 6G 기술 개발을 하고 있는데, 5G보다 높은 200GHz의 초고주파수 대역을 활용하려 한다. 따라서 2030년 전까지 한국, 미국, 중국 등에서 6G가 상용화될 것이다.

2030년 전까지 한국, 미국, 중국 등에서 6G가 상용화될 것이다.

둘째, 사물인터넷이 확산되면 센서 시장이 커질 것이다. 센서는 아날로그 데이터를 감지해 디지털 신호로 변환하는 장치인데, 사물인터넷이 확산되면 모든 사물에 센서가 부착될 것이다.

센서 시장은 스마트폰 덕분에 폭발적으로 성장하게 되었다. 스마트폰 한 대에는 10개 이상의 센서가 들어 있기 때문이다. 2007년에 스마트폰이 출시된 이후 센서 수요는 연평균 150%씩 증가하고 있다. 이러한 추세를 고려하면 2025년에는 1,000억 개 이상의 기기가 서로 연결되고 각 기기마다 12개 이상의 센서들이 데이터를 수집할 것이다. 그로 인해 1조 개의 센서가 필요해진다. 시스코(Cisco)에 따르면 "사물인터넷은 19조 달러의 가치를 새로 창출할 것"인데, 센서산업이 성장할 수밖에 없다. 사람이 오감을 통해 사물을 인지하듯이 사물이 센서를 통해 주변환경을 인지하는 환경을 만들어야 하기 때문이다.

'센서의 아버지'라고 불리는 야누즈 브라이젝(Janusz Bryzek)은 "2020년 이후에는 1조 개의 센서가 필요하고, 2030년대 중반에 이르면 100조 개의 센서가 필요한 세상이 되어, 센서 분야에서 수백만 개의 일자리가 새로 생길 것"으로 예측했다.

포스코경영연구원의 「4차산업혁명을 이끄는 센서-시장구조는 어떻게 바뀌나?」에 따르면, "앞으로 10년 후까지 매년 1조 개가량의 센서가 생산될 것이다. 일례로 2015년 기준으로 자동차 한 대당 센서가 200개가량 부착되는데, 앞으로는 이 수가 크게 늘 것이다. 또 차세대 휴대폰에는 20개 이상의 센서가 사용될 전망이다."

현재 센서산업은 글로벌 하드웨어업체가 독과점하고 있다. 소자설계부터 부품생산까지 밸류체인을 통합한 IDM(Integrated Device

Manufacturer)업체들이 시장을 장악하고 있는데, 이들 업체들은 시장에서 강한 지배력을 행사한다. 일례로 제너럴일렉트릭(GE)은 GE 센싱(GE Sensing), 보쉬(Bosch)는 보쉬 센서텍(Bosch Sensortec)이라는 자회사를 통해 설비 및 자동차용 센서사업을 주도하고 있다.

그런데 앞으로는 센서 시장에 기존 하드웨어업체는 물론 소프트웨어업체와 사용자 그룹(센서를 이용하는 제품을 생산하는 기업)이 새롭게 진입할 것이다. 기존 강자인 하드웨어업체는 소프트웨어 역량을 강화하거나 전문 생산업체(Foundry)와 제휴 등을 통해 왕좌를 유지하려 할 것이고, 소프트웨어업체 또는 사용자 그룹은 사물인터넷 기기업체들과 제휴해 정보를 수집하고 기존 서비스 플랫폼의 방대한 정보와 접목해 새로운 가치를 창출할 것이다.

일례로 2017년 4월 구글(Google)은 슈퍼 센서(Super Sensor) 역할을 하는 구글 렌즈(Google Lens)를 공개했다. 구글 렌즈는 인공지능 기술을 기반으로 하고 있기 때문에 렌즈를 통해 인식한 정보를 스스로 학습해 사용자가 카메라에 담는 것이 무엇인지 인지하고 이를 이해한다. 예를 들면 사용자가 와이파이를 연결하기 위해 와이파이 비밀번호를 카메라로 찍으면, 구글 렌즈는 그것이 와이파이 비밀번호라는 것을 스스로 인지하고 와이파이에 연결시킨다. 강아지를 비추면 강아지에 대한 정보를 제공하고, 식당 간판을 찍으면 해당 식당에 대한 정보도 제공한다.

하지만 우리나라의 센서업계는 경쟁력이 낮은 편이고, 대부분의

구글 렌즈로 강아지를
비추면 강아지에 대한
정보를 제공한다.

센서를 수입에 의존하고 있다. 현재 국내 생산업체의 85%가 매출
액 300억 원 미만의 중소기업이고, 설계역량은 있지만 생산 인프
라가 부실해 경쟁력이 낮은 편이다. 또 국내 센서 수요 규모는 약
70억 달러나 되는데, 그중 90%를 해외에서 수입하고 있다. 따라
서 우리나라가 센서산업을 키우기 위해서는 국내 생산 인프라부
터 확충해야 한다.

셋째, 클라우드 컴퓨팅(cloud computing) 못지않게 에지 컴퓨팅(edge
computing)이 널리 활용될 것이다. 클라우드 컴퓨팅은 자신의 컴퓨
터가 아닌 인터넷으로 연결된 다른 컴퓨터로 데이터를 처리하는
기술이다. 사물인터넷 시대에는 가전제품뿐만 아니라 자동차와
로봇, 신호등, 매장의 물건 등 우리 주위의 모든 사물들이 엄청나
게 빠른 속도로 많은 데이터를 생성한다. 이렇게 생성된 데이터들
은 데이터 분석을 위해 데이터센터로 모이게 될 것이다.

하지만 데이터센터가 처리할 수 있는 데이터의 양은 한정되어 있으므로 데이터 정체현상이 발생할 수 있다. 클라우드 컴퓨팅은 우선적으로 데이터를 클라우드 서버에 모은 후 처리하는 중앙집 중화 방식인 반면에 에지 컴퓨팅은 네트워크 내의 여러 기기들이 실시간으로 데이터를 직접 처리하는 분산화 방식이다. 사물인터 넷 시대에는 클라우드 컴퓨팅만으로는 한계가 있으니 에지 컴퓨 팅이 각광받을 것이다.

자율주행차를 예로 들어보자. 한경비즈니스 제1216호 '실시간 데이터 처리 늘어난 사물인터넷, 에지 컴퓨팅 새 화두로'에 따르면 "자율주행차는 신속하게 데이터를 처리해야 주행 안전성을 확보 할 수 있다. 자율주행차는 무선통신으로 연결되는 클라우드 컴퓨 팅을 활용해 차간거리, 도로여건, 장애물 등과 관련된 데이터를 처 리할 수 있다. 이때는 무엇보다 자율주행차와 클라우드 서버 간의 데이터 송수신과 컴퓨팅 수행 시간이 매우 짧아야 한다.

하지만 클라우드 컴퓨팅은 이런 요건을 충족하기 어려울 수 있 다. 고층 빌딩 숲이나 오지 등 무선통신 환경이 양호하지 않은 지 역에서는 데이터 송수신 시간이 상당히 지연될 수 있기 때문이다. 게다가 자율주행차는 초당 1기가바이트 이상의 엄청난 속도로 데 이터를 산출해야 한다. 아무리 고성능의 클라우드 컴퓨팅이더라 도 수많은 자율주행차가 동시에 데이터를 전송한다면 원활한 데 이터 처리가 어려울 수 있다. 만일 이런 상황이 실제로 발생한다면 자율주행차가 도로 위를 달리기는 쉽지 않을 것이다.

사물인터넷 기기와 클라우드 서버 사이에 데이터 송수신이 원활하게 이루어지기 위해서는 무엇보다 데이터를 수용하는 네트워크 인프라 용량이 확대되어야 하지만 현실적으로 쉽지 않은 문제다. 그래서 에지 컴퓨팅은 이런 문제를 해결할 수 있는 핵심 기술로 떠오르게 되었다. 클라우드 서버 대신 에지 컴퓨팅을 활용하면 클라우드 서버로 전송해야 할 데이터의 양도 줄일 수 있기 때문에 데이터 병목현상도 상당히 감소시킬 수 있다.

게다가 에지 컴퓨팅을 활용하면 보안성도 강화할 수 있다. 클라우드 컴퓨팅은 다수의 사용자가 언제 어디서나 편리하게 데이터를 보관하고 관리할 수 있도록 지원하지만 모든 데이터가 한곳으로 모이기 때문에 사이버공격의 집중 표적이 될 수 있다. 실제로 애플(Apple)의 클라우드 컴퓨팅 서비스 아이클라우드(iCloud) 등 다수 기업의 클라우드 서버가 해커들의 공격으로 정보 누출, 작동 불능 등의 피해를 입었다."

에지 컴퓨팅은 이미 국내외에서 활용되고 있다.

■2018 평창동계올림픽 개막식에서 화려한 드론 쇼가 펼쳐졌다. 이 드론 쇼에는 총 1,218대의 드론이 투입되었는데, 각 드론에는 GPS, 카메라 센서, 컴퓨터 비전 기술을 탑재했다. 각 드론들은 3D 스냅샷으로 사물의 입체감, 거리감, 크기, 바람 등을 인지하고, 이를 기반으로 실시간으로 다른 드론의 위치

를 스스로 판단해 드론 간의 충돌을 방지할 수 있었다. 이는 에지 컴퓨팅을 활용해 각 드론들이 데이터를 스스로 처리했기 때문에 가능한 것이다.

2018 평창동계올림픽 개막식에서 화려한 드론 쇼가 펼쳐졌다.

■ 미국 포틀랜드시의 교통안전 센서 프로젝트 역시 에지 컴퓨팅을 활용했다. 연구진들은 도로에 스마트 가로등을 설치해 차량 및 자전거의 이동 및 주차, 보행자 통행, 도로 환경 데이터를 수집 및 분석했다. 또한 안면 인식, 차량 번호 판독 등도 에지 컴퓨팅으로 수행했다.

■ 제너럴일렉트릭(GE)은 산업용 컴퓨팅 플랫폼인 프레딕스(Predix)의 데이터 분석 소요 시간을 단축하기 위해 에지 컴퓨팅 기술을 적용했다. 2019년 5월 28일 엔비디아(NVIDIA)는 실시간으로 인공지능 수행이 가능한 가속 컴퓨팅 플랫폼 '엔비디아 EGX'(NVIDIA EGX)를 공개했는데, 이 역시 에지 컴퓨팅을 활용한 것이다. 휴렛팩커드(HP)는 에지 컴퓨팅을 구축한 기기를 개발하고 있고, 아마존과 마이크로소프트(Microsoft) 등도 자사의 플랫폼에 에지 컴퓨팅을 도입하고 있다.

앞으로 에지 컴퓨팅이 확산되면 관련 하드웨어·소프트웨어·서비스 등을 개발하는 ICT 기업이 늘 것이다.

넷째, 사물인터넷이 확산되면 사이버보안 분야가 발달할 것이다. 사이버해킹은 악성코드를 심어 넣고 개인정보를 유출하는 데 그치지 않고 갈수록 정교해지고 있다.

- 2016년 닛산(Nissan)은 리프(Leaf) 승용차를 제어하는 앱인 닛산 커넥트 EV(Nissan Connect EV)가 해킹에 이용될 수 있다는 사실을 발견하고 이 앱의 사용을 금지시켰다.
- 북한은 핵무기와 미사일 개발자금을 조달하기 위해 17개국을 상대로 최소 35차례 사이버해킹을 했다. 2019년 8월 13일 AP통신은 다음과 같은 기사를 발표했다. "북한은 최근 몇 년간 세계 각국의 금융기관과 암호화폐거래소를 공격해 20억 달러 상당을 탈취했다. 2017년부터 최근까지 한국의 암호화폐거래소 빗썸을 최소한 4회 이상 공격했다. 북한은 빗썸을 공격해 2017년 2월과 7월에 각각 700만 달러를, 2018년 6월에는 3,100만 달러, 2019년 3월에는 2,000만 달러를 탈취했다. 북한은 암호화폐거래소에서 탈취한 자금을 여러 나라를 통해 최소한 5,000번 이상 거래하는 방식으로 세탁했다. 그래서 북한이 탈취한 돈을 추적하는 것이 대단히 어렵다."

사물인터넷이 널리 확산되면 개인정보와 자금이 유출되는 경

이란의 사이버 해킹 그룹인 'APT39' (Advanced Persistent Threat 39)은 이스라엘과 중동 지역의 국방 및 IT 기업을 사이버공격했다.

우가 느는데, 기업은 소비자의 개인정보를 보호하는 데 막대한 비용을 투자해야 할 것이다. 사물인터넷이 확산되면 우리 주위의 사물들에 많은 센서가 부착될 것인데, 이 센서를 통해서도 사이버해킹이 가능하다. 전자상거래를 하는 기업뿐만 아니라 자동차 등을 생산하는 기업들도 사이버보안을 강화할 것이므로, 사이버보안 시장이 성장할 것이다.

12
빅데이터, 플랫폼 경제가 경영과 마케팅을 바꾼다

2030년에는 이 세상의 거의 모든 사물이 네트워크로 연결되는 초연결사회가 될 것이다. 미래에는 전자제품뿐만 아니라 자동차, 식품, 의류, 장신구 등 모든 사물이 데이터를 주고받으며, 사람의 움직임을 하나하나 추적해 기록하고 전송하는 일을 반복할 것이다.

바야흐로 우리는 데이터의 홍수 시대에 살고 있다. 오늘날 우리가 이용하는 소셜 미디어와 유튜브 등에서는 막대한 양의 데이터가 새로 만들어진다. 인터넷 쇼핑몰에서는 빅데이터를 활용해 우리 개개인에게 적합한 추천상품을 권해 준다. 또 보험사들은 운전자의 주행거리와 운전습관 등을 바탕으로 보험료를 산정하는데, 이때에도 빅데이터를 활용한다. 금융사들은 소비자들의 카드결제 데이터를

빅데이터는 데이터의 크기가 크며, 다양한 속성이 있고, 변화의 속도가 빠른 특성이 있다.

바탕으로 경기를 예측한다.

그런데 우리 대부분은 빅데이터의 개념을 정확히 이해하지 못하고 있다. '데이터의 크기가 큰 것'을 '빅데이터'라고 여기는 사람이 많은데, 한국정보화진흥원이 발표한 「빅데이터 시장 현황과 전망」에 의하면 "빅데이터는 Volume(용량), Variety(다양성), Velocity(속도), 3V의 특성이 있다." 즉 빅데이터는 단순히 큰 데이터를 의미하는 것이 아니라 데이터의 크기가 크며, 다양한 속성이 있고, 변화의 속도가 빠른 특성이 있다.

빅데이터는 일단 Volume(용량, 데이터의 크기)이 커야 한다. 일반적으로 데이터의 크기가 테라바이트(1조 바이트)에서 페타바이트(1천조 바이트) 정도여야 빅데이터라고 부른다.

다음으로 빅데이터는 Variety(다양성)가 있다. 오늘날에는 뉴스와

SNS, 유튜브 등에서 수많은 데이터가 새로 생겨나는데, 사진과 동영상, 음악, 글 등 데이터들의 내용과 형식이 갈수록 다양해지고 있다.

마지막으로 빅데이터는 데이터의 Velocity(속도)가 빠르다. 빅데이터 시대에는 많은 데이터들이 쏟아지는데, 이를 전송 및 처리하기 위해서는 5G가 필요하다.

앞으로는 빅데이터를 활용하는 사람이나 기업이 승자가 된다. 빅데이터는 데이터의 유형과 패턴 등을 분석해내고 새로운 의사결정을 내리는 데 필요한 가장 기본적인 원재료이다. 4차산업혁명 시대에 빅데이터는 인공지능과 융합되어 혁신적인 플랫폼을 개발하는 데 이용될 수 있다. 이러한 플랫폼은 정치·경제·사회 등에서 미래를 예측하는 데 이용될 수 있고, 이를 기반으로 한 다양한 신산업들이 등장할 수 있다.

그런데 현재 우리나라의 빅데이터 활용 수준은 선진국에 비해 낮은 편이다. 스위스 국제경영개발대학원(IMD)의 「World Digital Competition Ranking 2018(2018년 세계 디지털 경쟁력 순위 보고서)」에 따르면 "한국의 빅데이터 활용 순위는 63개국 중 31위이다. 빅데이터 활용 수준은 국가경쟁력에 긍정적인 영향을 미치는데, 그 영향은 경제 규모가 큰 국가에서 상대적으로 더 강하다. 또 1인당 GDP가 2만 달러 이상인 31개 국가를 분석한 결과 빅데이터 활용 순위가 1단계 올라갈 때 국가경쟁력 순위는 0.5단계 향상하는 것으로 나타났다."

빅데이터를 잘 활용해야 국가경쟁력도 높일 수 있는데, 선진국에서 빅데이터를 활용하는 사례를 알아보자.

- 일본 정부는 사물인터넷과 빅데이터 발전을 최우선 과제로 삼고 있다. 2020년 하계올림픽이 개최되는 도쿄에서 드론을 상업적으로 활용하고 자율주행차를 운행하기 위해 '스마트일본 ICT전략'을 세우고 사물인터넷과 빅데이터에 투자를 늘리고 있다. 또 일본인들은 전통적으로 고객과의 소통을 중시하기 때문에 고객의 요구를 들어주기 위한 리사스(Resas)와 같은 플랫폼을 구축하고 있는데, 이 플랫폼에도 빅데이터가 활용된다.

- 애플(Apple)은 750여 개 금융기관 및 비자·마스터·아멕스 등 3대 카드사와 제휴해 NFC(Near Field Communication, 근거리 무선통신) 기반의 결제 기술을 바탕으로 한 빅데이터 플랫폼을 고객에게 제공하고 있다.

- 알리바바(Alibaba)는 빅데이터를 활용해 알리바바닷컴(B2B), 알리익스프레스(B2C), 알리페이(O2O), 마이뱅크(은행)를 운영하고 있다. 알리페이의 가입자는 8억 명 이상인데, 중국 모바일 결제 시장의 50% 이상을 차지하고 있는 세계 최대 결제 시스템이다. 알리페이에 충전된 금액을 위어바오 펀드(MMF) 상품과 연계해 운영함으로써 은행보다 1~2% 높은 금리를 지급한다. 그래서 금융 투자자들이 몰려들었고, 1년 만에 100조 원의 자금을 끌어 모았다. 알리바바는 대출심사 및 신용도 평가 과정에서 오랜 기간 전자상거래업체로 활약하며 보유

2018년 4분기 기준 알리페이의 중국 시장점유율은 53.78% 이다

한 방대한 고객 빅데이터를 분석 및 활용해 기존 은행에 비해 경쟁우위를 확보하고 있다.

■ 몬산토(Monsanto Company)는 옥수수와 대두 등을 계약재배하고 있는 세계 전역의 농부들에게 빅데이터를 활용한 '처방식 재배'(prescriptive planting) 방식을 보급하고 있다. 이에 따라 몬산토는 연간 200억 달러의 부가가치를 창출하고 있다.

■ 핀란드 정부는 1950년대부터 국민들의 모든 진료기록을 수집해 왔다. 현재 이 진료기록의 98%를 디지털 데이터로 만들었다. 진료기록이나 검진결과, 처방전, X레이·CT 사진, 환자 동영상 등 시청각 자료까지 필란드 정부의 의료정보시스템에 모인다. 핀란드인 550만 명의 의료 빅데이터가 자동으로 만들어지는 것이다. 이 빅데이터는 정부기관이나 국공립병원뿐 아니라 민간기업, 연구자들도 자유롭게 활용할 수 있다.

일례로 이 빅데이터를 활용해 핀란드의 의료 스타트업인 뉴로 이벤트 랩(Neuro Event Labs)은 '인공지능 환자 모니터링 시스템'을 개발했다. 이 시스템은 환자의 동영상을 인공지능이 분석해 질병을 진

단하는 서비스이다. 현재 헬싱키대학병원에 시범 도입되어 소아 뇌

성마비를 조기에 발견해 치료하고 있다. 또 다른 기업 아이포리아

(Aiforia)는 '신체 조직 자동분석 시스템'을 개발했는데, 이 시스템은 신

체 조직 사진 한 장만 있으면 1분도 안 되어 이상여부를 발견해낸다.

이 시스템 역시 핀란드 정부가 구축한 빅데이터를 활용하고 있다.

뉴로 이벤트 랩(Neuro
Event Labs)의 CEO
카아포 안날라(Kaapo
Annala)

플랫폼에 자본이 몰리고 있다

이제까지 우리나라는 하드웨어 제품으로 성장해 왔지만 선진국

은 소프트웨어를 기반으로 하는 플랫폼(platform, 네트워크 기반 경제를 구성하

는 시장이다. 수요자와 공급자, 개발자와 사용자 등이 서로 원하는 것을 주고받는 공간이므로 참여

자가 많아질수록 네트워크 효과가 발생하고 이로 인한 가치가 높아진다.)에 집중해 성장하

고 있다. 현재 우리나라는 휴대폰 제조강국이기는 하지만 앞으로는

후발주자인 중국, 인도 등이 맹추격할 것이고, 시장점유율이 하락할

수도 있다.

빅데이터는 소프트웨어를 기반으로 하는 산업인데, 4차산업혁명 시대에 빅데이터는 인공지능과 연계되어 새롭고 혁신적인 플랫폼을 개발하는 데 이용될 수 있다. 이러한 플랫폼은 다양한 신산업을 창출하고 일자리도 늘릴 수 있다. 현재 우리나라에서는 공공기관과 금융사에서 회원들을 위한 편의 시스템에 한정되어 빅데이터를 활용하고 있지만 구글(Google)과 애플, 아마존(Amazon) 등은 고객을 위해 국가와 시공간을 초월하는 플랫폼 서비스를 제공하고 있다. 또 이러한 플랫폼을 이용하는 사람들이 기하급수적으로 늘어나자 다양한 신산업도 창출하고 있다.

앞으로는 스마트 홈 가전제품과 스마트 카, 스마트 팩토리에서 수집되는 빅데이터를 활용하는 플랫폼을 보유한 기업이 세상을 이끌 것이다. 수천 킬로미터 이상 떨어진 국가와 지역의 소비자 성향을 파악하면, 소비자에게 인기 있는 상품을 보다 빨리 개발할 수 있을 것이다. 따라서 우리도 빅데이터를 활용하는 플랫폼을 많이 개발해야 한다.

10년 후 한국경제
Report

첫째, 2022년 우리나라의 데이터산업은 18조 원 규모로 성장한다. 한국데이터산업진흥원의 『2018 데이터산업 백서』에 따르면,

"국내 데이터산업 시장은 2010년 이후 연평균 7.5% 성장하고 있다. 2022년이면 18조 원 시장으로 성장할 것이다." 또 현재 세계 데이터 시장의 규모는 110억 달러인데, 향후 5년 동안 32%씩 성장할 것으로 예측된다. 맥킨지 앤 컴퍼니(McKinsey & Company)에 의하면 "미국에서만 14~19만 명의 데이터 분석 전문가가 부족해질 것이며, 빅데이터 분석을 기반으로 의사결정을 하는 빅데이터 전문가가 150만 명가량 필요해질 것"이다.

우리나라 역시 빅데이터 전문 인력이 부족한 상황이다. 국회입법조사처의 「국가경쟁력의 기반, 빅데이터의 활용 현황과 향후 과제」에 따르면 "2018년 국내 기업·기관의 빅데이터 도입률은 평균 10%에 불과하다. 업종에 따라서는 금융업의 도입률이 32.9%로 가장 높고, 그 다음으로 공공·통신/미디어·제조·유통/서비스 업

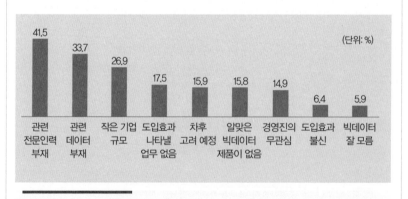

국내 기업·기관의 빅데이터 미도입 이유(출처: 한국데이터산업진흥원, 「2018 데이터산업 현황 조사」)

종의 도입률이 10%대이고, 의료·물류·교육 업종의 도입률이 4%대이다. 국내 기업·기관들이 빅데이터를 도입하지 않는 이유는 빅데이터 전문 인력이 부족하기 때문이다."

미국, 유럽, 일본 등은 글로벌 경쟁력을 강화하기 위해 빅데이터산업에 국가 차원의 예산을 투입하고 있다. 우리나라 정부 역시 빅데이터산업을 미래성장동력산업으로 선정하고 있지만 아직까지는 산업 전반에서 활용도가 낮은 편이다. 하지만 앞으로 빅데이터가 확산될 것이므로 빅데이터 전문가가 인기 직종으로 부상할 것이다.

둘째, 민간 부문에서는 플랫폼 경제가 성장할 것이다. 플랫폼은 우선적으로 마케팅서비스, 유통서비스, 운수서비스, 여행레저서비스, 요식업서비스, 교육서비스 등 서비스업에서 활용될 것이다.

현재 월마트(Walmart)는 치약이나 우유 같은 제품에 센서를 부착해 사용량과 이용 빈도를 빅데이터로 수집하는 기술도 개발했다. 무선주파수(RF: radio frequency)나 블루투스 바코드 스캐너를 이용해 고객이 제품을 거의 다 사용하면 자동으로 추가 주문하도록 도와주고 있다.

미래의 소비자들은 자신들이 원하는 것을 기업에게 보다 적극적으로 요구하는 성향을 보일 것이다. 따라서 유통 기업은 소비자들과 실시간으로 연결할 수 있는 시스템을 구축하고, 고객 개인의 성향과 니즈를 알아보기 위해 노력해야 할 것이다. 그러기 위해 고객과 실시간으로 소통할 수 있는 플랫폼을 만들어야 한다.

앞으로는 서비스업뿐만 아니라 제조업에서도 플랫폼을 활용할 것이다. 소비자를 대상으로 제품을 생산하는 제조업체는 소비자가 참여할 수 있는 플랫폼을 구축해야 할 것이다.

그리고 지금부터 5년 후까지 플랫폼 경제는 많은 일자리를 창출할 것이다. 현재 구글, 페이스북(Facebook), 아마존 등 글로벌 기업의 ICT 플랫폼을 비롯해 차량공유플랫폼 우버(Uber)와 숙박공유플랫폼 에어비앤비(Airbnb), 음식배달플랫폼 푸드플라이(Foodfly) 등 플랫폼이 늘어나자 플랫폼 근로자들이 크게 늘고 있다. 미국에서는 플랫폼 근로자들이 전체 노동인구의 20~30%를 차지할 정도이다. 맥킨지(McKinsey)에 따르면 "플랫폼으로 거래되는 일자리의 경제적 가치는 2025년 2조 7,000억 달러"에 달할 것인데, 앞으로 5년 후까지 우리나라에서도 플랫폼 근로자들이 늘어날 것이다.

우버는 음식배달플랫폼인 '우버이츠'(Uber Eats)도 운영하고 있다.

하지만 앞으로 5년 후부터는 이야기가 달라질지도 모른다. 드론과 로봇, 자율주행차 등 기계가 인간의 일자리를 빼앗기 때문이다. 마켓 앤 마켓(Market & Market)에 의하면 "세계 배달 로봇시장은 2018년 1,190만 달러에서 2024년 3,400만 달러로, 매년 19.2%의 성장세를 기록할 것이다." 드론과 배달로봇 등이 확산되면 운송과 배송 등 플랫폼 근로자들의 일자리가 사라질 수 있다.

일례로 아마존은 2019년 8월 6일부터 자율주행 로봇 '스카우트'(Scout)로 캘리포니아 주 어바인 지역에서 상품배송을 시작했다. 포드(Ford)는 자사의 자율주행 택배차가 목적지에 도착하면 차에서 내려 배달하는 로봇 '디지트'(Digit)를 상용화할 계획이다. 우버는 음식배달플랫폼인 '우버이츠'(Uber Eats)도 운영하고 있는데, 앞으로 우버이츠는 맥도날드 등 식당음식들을 드론으로 배달하는 서비스를 시작할 것이다. 또 국내에서는 '배달의 민족'을 운영하는 '우아한 형제들'이 배달로봇인 '딜리'(Dilly)와 '캐리로'(Carriro)로 시

아마존의 자율주
행 로봇 '스카우트'
(Scout)

범 배송하고 있다.

　플랫폼을 운영하는 기업 입장에서는 인간 대신 기계를 활용하면 인건비 등을 절약할 수 있고, 노사갈등도 문제되지 않을 것이다. 앞으로 5년 후에는 인간 대신 기계를 활용하는 플랫폼이 크게 늘 것이므로, 상당수의 운송 및 배송 일자리가 사라질 것이다.

13
블록체인과 핀테크, 금융의 미래를 바꾼다

오늘날 은행원은 가장 많은 월급을 받는다. 2019년 상반기(1~6월)에만 은행원들은 평균 5,000만 원 이상의 급여를 받았다. 하반기에도 비슷한 수준의 급여를 받게 되면 은행원들의 평균연봉은 1억원이 넘는다. 신한·KB국민·우리·KEB하나·씨티·SC제일은행 등 6대 은행의 2019년 상반기 1인당 평균 급여액은 5,150만 원이었다. 이는 전년(4,750만 원)보다 8.4%나 급여가 인상된 것이다.

하지만 은행 영업점과 일자리가 줄고 있다. 2019년 상반기에 4대 시중에서 정규직 일자리 1,052개가 줄었으며, 영업점 43개가 문을 닫았다. 모바일뱅킹이 늘고 비대면거래가 활성화되면서 은행들이 비용 감축에 나서고 있기 때문이다.

모바일뱅킹이 늘고 비
대면거래가 활성화되
면서 은행들이 은행
원과 영업점을 줄이고
있다.

　현재 금융업은 가장 높은 임금을 받는 직종이지만 4차산업혁명
시대에 일자리를 잃을 위험성이 가장 높은 직종이기도 하다. 금융의
중심이 오프라인에서 온라인으로 이동하면서 모바일뱅킹이 늘고,
IT 기술을 기반으로 하는 신기술인 핀테크(FinTech, '금융·Financial'과 '기술
Technology'의 합성어로 정보기술IT로 진화된 금융 서비스 기술)가 발전하면서 카카오
뱅크 등 인터넷은행이 늘고 있기 때문이다.

　맥킨지(Mckinsey)가 발표한 「Mckinsey Global Banking Annual
Review」에 따르면 "2025년까지 핀테크를 도입하지 않는 은행은 매
출의 약 40%와 수익의 약 60%가 감소할 것이다." 이처럼 변하는 세
상에서 살아남기 위해 은행들은 경쟁적으로 핀테크를 도입하고 있다.

　액센츄어(Accenture)가 발표한 「analysis on CB insights data」에
따르면 "세계 핀테크 투자는 2010년 이후 연평균 약 70% 이상 성
장하고 있다." 한국투자증권의 「핀테크 산업분석」에 의하면 "휴대

폰 간편결제 등 핀테크 이용자가 최근 2년 사이에 2배 이상 늘었다. 또 2013년 연간 23조 원이던 신규 투자 규모는 2018년 134조 원으로 연평균 42.7%씩 늘어났다."

그런데 미국과 중국 등에 비해 우리나라의 핀테크산업은 아직 발전하지 않았다. EY(Ernst & Young)의 「Fintech Adoption Index 2017」에 따르면 "전 세계 핀테크 도입률은 33%이며, 한국의 핀테크 도입률은 이보다 낮은 32%이다. 반면에 중국의 도입률은 69%, 인도는 52%이다." 또 KPMG는 2018년에 전 세계 100대 핀테크 기업을 선정해 「FinTech 100」를 발표했는데, "100대 핀테크 기업 중 1, 2, 3위가 모두 중국 기업이며, 상위 10개 기업 중 5개가 중국 기업이었다. 반면에 우리나라는 100대 기업 중 단 하나만 선정되었다."

그렇다고 국내 핀테크 전망이 나쁜 것은 아니다. KPMG의 「FinTech 100」에 의하면 "그전까지만 해도 순위에 들지 못했던 한국 기업은 2018년에 처음으로 100대 핀테크 기업에 이름을 올렸다." 미국과 중국에 비해 출발은 늦었지만 후발주자로서 발전하고 있는 것이다.

산은조사월보 제754호에 따르면 국내에서 핀테크는 다음과 같이 발전하고 있다.

■ 결제 및 송금을 간편하게 할 수 있는 핀테크 서비스를 이용하는 사람이 크게 늘고 있다. 국내 간편결제 이용금액은 2017년 기준 하

루 평균 672억 원인데, 2016년보다 158.4% 늘어났다. 국내 간편송금 이용금액은 2017년 기준 하루 평균 352억 원인데, 2016년보다 417.3% 늘어났다. 간편결제 서비스 분야에서는 삼성페이, 간편송금 서비스 분야에서는 카카오페이가 시장을 주도하고 있다.

간편송금 서비스 분야에서는 카카오페이가 시장을 주도하고 있다.

카카오페이 **QR결제**

■은행들은 **로보어드바이저**(Roboadviser, '로봇Robot'과 자산운용가를 의미하는 '어드바이저Advisor'의 합성어. 인공지능으로 이루어진 소프트웨어 알고리즘으로, 투자자가 맡긴 자산을 대신 운용하거나 투자자의 자산운용을 자문해 주는 서비스)를 출시하고 있다. KEB하나은행은 2017년 7월 인공지능 자산관리 로보어드바이저 하이로보를 출시했다. 출시 9개월 만에 4만 명이 가입했다. 신한금융그룹은 2016년 11월 모바일 자산관리 서비스인 엠폴리오를 출시했다. 우리은행은 2016년 10월 우리로보알파를 출시했다. KEB하나은행에 따르면 "국내 로보어드바이저 시장은 2020년 5조 원, 2025년 30조 원 규모로 성장할 것이다."

■ 보험업계는 인공지능과 빅데이터를 결합해 질병을 예방하는 인슈테크(InsurTech, '보험Insurance'과 '기술Technology'을 결합한 것)를 활용해 신상품을 개발하고 있다. 인슈테크를 활용하면 리스크 예측, 보험사기 예방 등이 가능하다.

블록체인이 금융업의 미래를 바꾼다

이처럼 금융사들은 소비자의 편익을 위해 다양한 핀테크 기술을 개발하고 있는데, 앞으로 금융사들은 블록체인(Blockchain) 기술을 적용한 서비스를 늘릴 것이다. 블록체인은 비트코인의 거래 내역이 기록된 공개 장부인데, 블록체인은 비트코인 등의 가상화폐가 거래될 때 발생할 수 있는 해킹을 막아준다. 2017년 비트코인이 2만 달러로 치솟으면서 블록체인에 대한 관심도 크게 늘었다. 하지만 2018년 가상화폐 시장이 처참하게 붕괴되면서 블록체인에 대한 관심도 시들어졌다.

그럼에도 불구하고 블록체인은 여전히 매력적이다. 블록체인은 중개자가 없더라도 당사자끼리 직접 거래할 수 있으며, 중앙 서버가 아닌 체인으로 블록들이 연결되어 있기 때문에 '분산형 공개 장부'라고 부르기도 한다. 이 분산형 공개 장부는 투명하고 보안성이 뛰어나다. 블록체인 기술을 이용하면 중앙전산망을 갖추지 않아도 되고, 저비용으로 안전하게 전 세계 어디에서나 편리하게 금융 거래를 할 수 있다.

블록체인 기술을 이용하면 중앙전산망을 갖추지 않아도 되고, 저비용으로 안전하게 전 세계 어디에서나 편리하게 금융 거래를 할 수 있다.

IDC에 따르면 "기존 시스템을 이용하는 금융 기업의 전산 비용은 연평균 4.6%씩 증가하고 있는데, 블록체인 기술을 활용하면 금융업계는 2022년에 약 200억 달러의 비용을 줄일 수 있다." 또 맥킨지에 의하면 "블록체인을 금융 시스템에 활용하면 고객 데이터베이스 관리와 보안 등 금융 비용을 연간 23조 원가량 줄일 수 있다."

현재 국내 기업들은 블록체인 기술을 다음과 같이 활용하고 있다.

■ 카카오는 블록체인 플랫폼 '클레이튼'을 만들었다. 클레이튼은 카카오가 개발한 블록체인 기술을 제공받은 국내외 20여 개 스타트업이 제작한 앱을 선보이는 플랫폼이다. 네이버의 자회사인 라인도 블록체인 플랫폼인 '링크체인'을 선보였다.

■삼성전자는 갤럭시S10 시리즈에 '블록체인 키스토어'라는 앱을 탑재했다. 이 앱은 해킹으로부터 가상화폐를 안전하게 보호해 준다. 갤럭시S10 이용자는 스마트폰에 가상화폐를 저장했다가 필요할 때마다 지인에게 송금하거나 가상화폐로 물건을 파는 상점에서 결제도 할 수 있다. 앞으로 삼성전자는 갤럭시S10을 비롯해 다른 스마트폰 모델에도 블록체인을 확대 적용할 계획이다.

블록체인 키스토어

■삼성SDS는 2018년부터 물류산업에 블록체인을 적용하기 시작했다. 삼성SDS의 블록체인 플랫폼인 '넥스레저'는 관세청이 시범운영하는 블록체인 기반 수출통관 서비스에도 도입되었다. 관세청은 넥스레저를 도입해 수출서류 위조사기를 예방할 수 있게 되었다. 삼성SDS는 다수의 참여자가 해운물류 정보를 공유하는 블록체인 플랫폼 '딜리버'를 로테르담항만청, ABN-AMRO은행 등과 함께 개발하기도 했다.

- KT는 블록체인 기반 식품 관리 플랫폼인 '기가 체인 바스'를 구축하고 있다. 농심데이터시스템의 식품 이력 관리 솔루션을 결합해 블록체인 기반의 식품안전 이력 관리 플랫폼을 구축할 계획이다. 이를 통해 생산, 가공 등 식품 유통의 모든 과정을 안전하게 블록체인으로 관리할 것이다.
- 현대오토에버는 자동차용 부품 생산부터 조립, 완성차 주행 이력, 수리 현황 등을 블록체인으로 관리하는 기술을 개발하고 있다.

10년 후 한국경제
Report

첫째, 핀테크를 활용해 편의성이 뛰어난 서비스를 제공하는 은행과 보험사 등 금융사는 미래에도 살아남을 것이다. 현재 국내 핀테크 시장은 간편결제와 간편송금 분야만 활성화되어 있는데, 앞으로는 대출과 로보어드바이저 분야도 성장할 것이다.

일례로 해외에는 대출 분야에서 성공한 핀테크 기업이 있다. 미국의 그린스카이(GreenSky)는 주택 개보수 자금이 필요한 사람들에게 대출 중개 서비스를 제공하는 핀테크 기업이다. 그린스카이는 고객이 모바일 앱을 통해 운전면허증을 전송하고 대출을 신청하면 40초 이내에 대출 승인 여부를 알려준다. 이처럼 간단하고 편리하게 대출을 받을 수 있으므로 고객이 꾸준히 늘었다. 2017

년 1억 3,900만 달러의 순이익을 달성했고, 최근에는 나스닥에도 상장했다. 이러한 성공사례가 국내에서 나타날 수도 있다.

EY(Ernst & Young)의 「Fintech Adoption Index 2017」에 의하면 "핀테크 이용자들은 가격보다 편의성을 더 고려한다. 핀테크 이용자들의 절반 이상은 가격이 저렴하지 않더라도 가장 편리한 금융 서비스를 이용하겠다고 답변했다." 실제로 세계 최대 간편결제 서비스인 페이팔(PayPal)과 중국의 알리페이(Alipay)는 쉽고 편리한 금융 서비스를 제공했기에 성공했다.

마찬가지로 카카오페이도 편의성으로 승부했기에 성공했다. 카카오페이는 공인인증서나 별도의 프로그램을 설치하지 않아도 예금과 대출, 송금이 가능하다. 카카오페이는 K뱅크보다 늦게 출범했고 총자산도 5분의 1 수준이었지만 전세를 역전시켰다. 2018년 6월 기준 카카오페이의 총자산은 9조 6천억 원으로 K뱅크(1조 8천억 원)보다 월등히 많다.

한편 산은조사월보 제754호에 따르면 "2022년 전 세계 로보어드바이저 시장은 1조 4,373억 달러 규모로 성장할 것이다." 로보어드바이저 분야는 시장을 먼저 선점한 로보어드바이저 스타트업보다 기존 금융회사가 주도권을 잡을 것이다. 금융회사는 이미 많은 고객을 확보해 신뢰를 쌓았고, 자금력도 막강하기 때문이다. 신뢰도가 부족한 로보어드바이저 스타트업은 살아남기 위해 금융회사와 협업해야 할 것이다.

둘째, 앞으로 10년 동안 블록체인은 금융을 비롯해 물류, 유통, 에너지 등 여러 분야에서 활용될 것이다.

현재 우리나라 정부는 블록체인을 미래 신산업으로 인정하고 투자를 늘리고 있지만 2017년 가상화폐 가격이 치솟자 가상통화공개(ICO) 금지 등 규제를 강화했다. ICO는 주식 시장의 기업공개(IPO)와 마찬가지로 블록체인 스타트업이 가상화폐를 발행해 자금과 고객을 끌어들이는 절차다. 하지만 국내에서 ICO가 금지되어 자금을 모으기 어려워지자 많은 인재와 자본이 해외로 유출되고 있다.

최근 카카오는 블록체인 개발 자회사 그라운드X를 일본에 설립했다. 네이버 역시 일본에 라인파이낸셜을 설립해 블록체인 프로젝트를 진행하고 있다. 한국과 달리 일본에서는 관련 사업을 진행하기가 수월하기 때문이다.

우리나라와 달리 일본과 미국 등은 가상화폐에 대한 규제를 완화하고 있다. 미국의 증권거래위원회(SEC)는 '레귤레이션 A+'(Regulation A+)를 만들어 가상화폐 투자 기준을 마련했다. 레귤레이션 A+는 부적절한 투자 유치나 투기에 노출되지 않는 한 가상화폐에 투자할 수 있도록 허용하고 있다. 또 미국 상원 의회는 2019년 7월 블록체인 진흥법을 승인했다. 이처럼 정부가 확실한 가이드라인을 내놓자 투자자들의 관심을 끌기 시작했다.

미국의 증권거래위원회(SEC)는 레귤레이션 A+를 만들어 가상화폐 투자 기준을 마련했다.

2018년 10월 8일 세계은행은 세계 최초로 블록체인 채권을 발행했다. 이 채권의 발행, 지급, 양도 및 관리 등은 블록체인 기술을 통해 이루어지고 있다.

이처럼 정부와 금융기관이 블록체인을 활성화하는 기미가 보이자 2019년부터 글로벌 기업들이 블록체인 기술을 실생활에 활용할 수 있는 형태로 내놓기 시작했다. 그러자 비트코인 가격도 하락세를 멈추고 상승세로 돌아섰다.

블록체인 기술은 아직 상용화 단계에 이르지는 않았지만 10년 후에는 금융을 비롯해 여러 분야에서 활용할 것이다. 블록체인은 2016년 1월 세계경제포럼(World Economic Forum, WEF)에서 4차 산업혁명을 이끌 기반 기술의 하나로 선정되었다. 세계경제포럼에 의하면 "2025년에는 전 세계 GDP의 10%가 블록체인에 의해 발생할 것이고, 전 세계 은행 중 80%가 블록체인 기술을 도입할 것이다."

우리나라 정부는 이러한 추세를 무시할 수 없을 것이다. 머지않아 미국과 일본처럼 관련 규제를 완화할 것이다. BC카드 디지털연구소와 KT경제경영연구소가 발표한 「블록체인 기술의 현황과 금융권 활용방안 전망」에 따르면 "앞으로 블록체인은 금융뿐만 아니라 다양한 분야에서 활용될 것이다. 금융 분야에서는 채권, 주식, 파생상품, 보험, 유언장, 복권 등 모든 자산을 블록체인에 기록하고, 스마트계약의 대상으로 사용할 것이다. 또 환자 데이터 공유, 에너지 판매, 자격증 인증, 농수산물 등 유통 이력 추적 등 비금융 분야에서도 블록체인 기술이 활용될 것이다."

14
자율주행차, 임박한 파국에 대비하라

자동차가 처음 세상에 모습을 드러낼 때 영국에서는 1865년 '붉은 깃발 법'(Red Flag Act)을 만들었다. 붉은 깃발 법은 자동차를 도심에서 시속 3.2㎞ 이상으로 못 달리게 하고, 한 대의 자동차에는 반드시 운전사, 기관원, 기수 등 3명이 있도록 제한하는 법이다. 당시 자동차는 증기기관차였기에 크기와 중량도 엄청나서(폭 2.7m, 무게 14t) 도로를 막기 일쑤였고 소음도 굉장했다. 당시에는 도로에 말과 마차가 주로 다녔는데, 이 법은 마차협회 등 기득권에 의해 만들어졌다. 영국은 가장 먼저 자동차산업을 출발시켰지만 이 법을 1896년까지 시행했다. 결국 후발주자인 독일과 미국에 뒤처지는 결과를 낳았다.

붉은 깃발 법이 시행된 영국에서는 기수가 자동차의 55m 앞에서 붉은 깃발을 들고 차를 이끌어야 했다.

그리고 이제 새로운 운송수단인 자율주행차(self-driving car)가 세상을 바꾸고 있다. 맥킨지 앤 컴퍼니(McKinsey & Company)에 의하면 "자율주행차가 본격적으로 도입되는 시점은 2020년부터이고, 2035년에는 세계 자율주행차 시장 규모가 약 743조 원에 이를 것이다. 또 자율주행차 세계 시장은 연평균 85%씩 성장할 것이다."

운전자가 핸들을 놓아도 스스로 운행되는 자율주행차는 주변 환경을 인지해 도로 상황의 위험요소를 판단하고 주행한다. 자동차가 자율주행을 하기 위해서는 도로 상황을 정확히 인지해야 하는데, 실제 교통환경에서 도로 상황은 수시로 변화한다. 앞차와의 거리, 다른 차량의 속도와 정체 상황, 교통신호의 변경 그리고 주변 보행자의 정보를 정확히 인지하는 기술이 필요하다. 미국의 도로교통안전국(NHTSA: National Highway Traffic Safety Administration)과 미국자동차기술협회(SAE: Society of Automotive Engineers)는 자율주행차의 기술단계를 레벨 0에서 5까지 규정하고 있는데, 현재까지 개발된 자율주행차는 레벨 4 수준이다.

단계	레벨 0	레벨 1	레벨 2	레벨 3	레벨 4	레벨 5
정의	운전자가 직접 운전 (수동 조작)	특정 제어기능, 자동화시스템 적용	2개 이상의 특정 제어기능, 자동화시스템 적용	조건적 자율주행자동화 시스템	고도의 자율주행차	완전 자율주행차
개요	운전자가 직접 운전	부분적인 운전 지원 시스템을 갖춘 자율주행차	두 종류 이상의 운전 지원 기능을 갖춘 자율주행차	일정한 시간과 장소에서 자동으로 운행되는 자율주행차	운전자의 개입 없이도 주행할 수 있고, 긴급상황에서는 운전자가 적절한 조치를 해야 하는 자율주행차	운전자가 필요 없는 완전한 자율주행차
상용화 시기	현재 사용 중	현재 사용 중	현재 사용 중	2020년 이후	2025년 이후	2026년 이후

자율주행차의 기술단계(출처: NHTSA)

브래드 템플턴(Brad Templeton)은 구글(Google)의 자율주행차를 창안했는데, "자율주행차가 세상을 바꾸고 있다"고 말했다. 그는 "미래의 자동차는 간단하고, 자율주행하며, 매우 저렴할 것"이라고 단언하고 있다. 자율주행차가 상용화되면 자동차를 소유하는 대신 빌려타는 사람이 많아질 것이다. 차량공유 서비스기업 우버(Uber)와 구글, 애플(Apple) 등은 이러한 변화를 미리 읽고 일찌감치 자율주행차

를 개발하는 데 뛰어들었다. 그리고 기존 자동차제조업체들은 자율
주행차를 개발하면서 차량공유 서비스도 하고 있다. 다임러(Daimler)
는 카투고(Car2Go), BMW는 드라이브 나우(DriveNow), GM은 리프트
(Lyft) 등 차량공유 서비스를 하고 있다.

구글이 개발한 자율주행차

미국 도로교통안전국(NHTSA)은 레벨 5 수준의 자율주행차가
2026년 이후에 상용화될 것이라고 전망했는데, 구글과 BMW 등 글
로벌기업들은 2025년 무렵에 레벨 5 수준의 완전한 자율주행차를
출시하는 것을 목표로 하고 있다. 현재 자율주행차 시장에서 앞서
나가고 있는 나라는 미국, 영국, 중국이다.

미국은 2011년 네바다 주에서 구글 자율주행차의 도로주행이 가
능하도록 하는 법안을 세계 최초로 통과시켰고, 영국은 2015년 자

율주행차 운행법을 제정하고 2017년 자율주행차량 사고 관련 보험 규정도 도입했다.

중국은 자율주행차 상용화와 자율주행 도시를 구축하기 위해 바이두(Baidu), 알리바바(Alibaba), 텐센트(Tencent) 등 BAT가 자율주행차산업에 집중 투자하고 있다. 보스턴 컨설팅 그룹(Boston Consulting Group)에 따르면 "2035년 전 세계 자율주행차 판매량은 1,200만 대에 이를 것인데, 그중 4분의 1 이상이 중국에서 판매될 것이다."

그런데 우리나라의 자동차산업은 내연기관과 수소연료 연구개발 능력은 세계적인 수준이지만 자율주행 기술은 미국에 비해 뒤처진 편이다. 시장조사업체인 내비건트 리서치(Navigant Research)에 따르면 "현재 자율주행 기술은 구글, 애플, 다임러, 아우디(Audi), BMW, GM이 선두주자이다. 그 뒤를 볼보(Volvo), 포드(Ford), 도요타(Toyota), 혼다(Honda)가 바짝 뒤쫓고 있고, 그 다음 그룹에는 폭스바겐(Volkswagen), 닛산(Nissan), 재규어 랜드로버(Jaguar Land Rover), 테슬라(Tesla), 현대기아자동차가 위치하고 있다."

현대기아자동차는 2020년 레벨 3 수준의 자율주행차를 상용화할 것이다. 그러기 위해서는 저렴한 가격에 출시해야 하는데, 10~20만 원대의 저렴한 레이더 센서를 활용한 자율주행차를 생산할 것이다.

현대기아자동차는 2009년부터 자율주행 기술을 연구하기 시작했고, 2016년 국내 최초로 도로 시험주행이 가능한 면허를 취득했다. 또 미국 네바다 주에서 제조사로는 처음으로 모든 도로와 기후환경에서 주행시험을 할 수 있는 면허도 취득했다. 2017년 1월 'CES(Consumer Electronics Show) 2017'에서는 야간도로 환경을 포함한 도심자율주행 기술을 선보여 세계의 주목을 받았다. 2018년 2월 자율주행차 연구 개발을 전담하는 '지능형안전기술센터'를 신설했고, 서울에서 평창까지 190㎞ 거리의 고속도로를 주행하는 데 성공했다.

2018년 12월 국토교통부는 교통안전공단 자동차안전연구원 내에 자율주행차 실험도시인 '케이-시티'(K-City)를 완공했고, 앞으로 이곳에서 자율주행 기술을 본격적으로 개발할 것이다.

자율주행차가 세상을 바꾸고 있다

세계보건기구(WHO)에 따르면 "세계 각국에서는 연간 135만 명

케이-시티 조감도(출처: 국토교통부)

이 자동차사고로 사망하고 있다. 24초당 1명꼴로 사망하는 셈인데, 중국에서 27만 명, 인도에서 23만 명, 미국에서 3만 명, 한국에서 5,800명이 사망하고 있다." 자동차사고의 94%는 인간의 실수와 과실로 발생하는데, 자율주행차가 상용화되면 교통사고를 획기적으로 줄일 것이다. 미국에서만 교통사고로 연간 2,770억 달러의 경제적 손실을 기록하는데, 이러한 손실도 줄일 것이다.

조만간 상용화될 자율주행차는 더욱 작아지고, 전기로 움직이며, 수백 개의 부품만으로 구성될 것이다. '블록체인AI뉴스' 기사에 따르면 "2030년 모든 신차는 전기자동차이자 자율주행차가 될 것이다. 누구나 자율주행택시를 이용하게 되므로 내연기관과 관련된 자동차업체의 80%가 사라지고, 고속도로의 80%와 주차공간의 80%가 필요 없어질 것이다. 자동차를 소유하는 사람이 줄면 자동차 보험산업도 위축될 것이다." 결국 자율주행차는 에너지산업, 자동차산업, 부동산에 이르기까지 모든 것을 바꿀 것이다.

구글이 선정한 세계 최고의 미래학자인 토마스 프레이(Thomas Frey)는 자율주행차가 가져올 8가지 파괴적인 시나리오를 제시했다.

■첫째, 소매산업 판매세의 감소: 소매산업 판매세의 10%는 자동차 판매로 발생하는데, 자율주행차가 확산되면 자동차 판매가 줄어들 것이다.

■둘째, 교통위반 범칙금의 감소: 뉴욕에서는 19억 달러의 교통위반 범

칙금을 징수하고 있는데, 자율주행차 시대에는 범칙금이 줄어들 것이다. 따라서 교통사고 담당 판사, 운전교육, 운전면허증이 불필요해진다.

- 셋째, 공항의 감소: 공항 수입의 41%는 주차 및 육상운송으로 발생하는데, 이 수입이 줄 것이다.
- 넷째, 대형매장 등의 주차장 감소: 대형매장은 자가운전자들을 위해 넓은 주자창을 보유하고 있는데, 주차장 면적이 줄 것이다.
- 다섯째, 병원의 감소: 교통사고가 획기적으로 감소하므로 교통사고 환자가 줄 것이다.
- 여섯째, 면허세, 등록세의 감소: 자동차를 소유하는 대신 공유하는 사람이 늘 것이므로 차량 등록대수가 줄 것이다.
- 일곱째, 지방세 수입의 감소: 자동차를 소유하는 사람이 줄면 지방세가 50% 감소할 것이다.
- 여덟째, 도시 경제의 변화: 물류 및 운송 분야를 비롯해 자동차보험, 카센터, 세차장, 운전학원, 교통경찰 등 많은 일자리가 사라지고, 도로와 주차장 등을 더 이상 늘릴 필요가 없어지므로 토지가치가 하락할 것이다.

현재 전 세계의 자동차는 평균 4%만 운행되고 있는데, 나머지는 주차장에 있다. 결국 미래에는 자동차를 더 이상 소유하지 않고 공유하게 될 것이다. 그렇게 되면 이산화탄소 발생량이 크게 줄어 지구온난화를 예방할 것이다.

자율주행차는 교통 및 운송산업뿐만 아니라 관광, 문화, 유통, 제조, 에너지, 부동산 등 모든 산업 분야에서 획기적인 변화를 가져올 것이다. 운전을 하지 않아도 되면 운전자가 자동차에서 이동하는 시간 동안 업무를 보거나 영화관람 등 취미활동을 할 수가 있다. 운전에 허비되는 시간이 줄면 도시 외곽에 거주하는 사람이 늘면서 도심과 외곽의 부동산 가치도 달라질 것이다.

자율주행차가 운행되면 휴식하거나 다른 일을 할 수도 있다.

또 집집마다 주차장이 없어도 될 것이다. 현재 미국의 경우 도시 면적의 3분의 1가량이 주차장이다. 아파트 주차장뿐만 아니라 도심에 있는 주차장 부지를 다른 용도로 개발하게 될 것이다. 미국 텍사스대학교에 따르면 "미국 차량의 10%만 자율주행차로 바뀌어도 연간 370억 달러가 절약될 것이다. 미국 뉴욕에 자율주행택시가 도입되면 현재 1마일당 4~6달러인 택시요금이 10분의 1 수준인 1마일당 40센트까지 내릴 것이다."

첫째, 차량을 소유하는 사람이 줄면서 자동차 생산량이 줄 것이다. 한국자동차산업협회에 따르면 "2016년 우리나라 자동차 생산량은 423만 대로 2015년(456만 대)에 비해 7.2% 감소했다." 그 결과 세계 5위 자동차 생산국 지위를 12년 만에 처음으로 인도에 내주었다. 우리나라 자동차 수출은 2012년 317만 대로 정점을 찍은 이후 2015년 297만 대로 줄어들었다."

현재 우리나라 자동차산업은 기술력을 자랑하는 미국, 유럽 등 선진국과 저렴한 가격을 내세운 인도와 멕시코 등 신흥국과 경쟁하고 있는데, 몇 년 전부터 세계 시장에서 경쟁력이 약화되고 있다.

게다가 자율주행차가 상용화되면 세계 자동차 생산량이 크게 줄 것이다. '블록체인AI뉴스' 기사에 따르면 "2015년 미국에서는 1,750만 대의 자동차가 팔렸는데, 자율주행차 1대가 전통적인 차량 15~20대를 대체할 수 있으므로, 100만 대의 자율주행차로 1,750만 대를 대체할 것이다." 이러한 트렌드가 국내에도 확산될 것이므로 자동차의 생산량이 줄 것이다.

우리나라 자동차산업이 임박한 파국에 대비하기 위해서는 자율주행차와 친환경차의 기술 수준을 높여야 한다. 현재 전 세계 자동차업계는 2025년 이후에 완전한 자율주행차를 출시하는 것을 목표로 삼고 있는데, 자율주행차 시장은 2020년부터 2025년까지 연평균 256.4% 성장할 것이다. IHS에 따르면 "2,035년까지 총 2,000만 대 이상의 자율주행차가 판매될 것"이고, 국제에너지기구(IEA)는 "2030년경 세계 신차 판매 중 전기자동차가 약 8%를 차지할 것"이라고 전망했다.

현재 미국 등 선진국과 기술격차를 보이고 있기는 하지만 현대기아자동차는 자율주행차와 친환경차를 개발하기 위해 투자를 늘리고 있다. 세계 시장뿐만 아니라 국내 시장에서 소비자를 사로잡으면 승산이 있다.

현대기아자동차는 자율주행 수소연료전지차 넥쏘를 출시했다. 넥쏘는 5분 만에 충전할 수 있고, 1회 충전으로 600㎞ 이상을 운행할 수 있다. 또 서울에서 평창까지 190㎞ 거리의 고속도로를 자율주행하는 데 성공했다.

둘째, 내연기관과 관련된 기업은 줄고 자율주행차 관련 기업은 늘 것이다. 산업연구원의 「i-KIET 제10호」에 따르면 또 "국내 자율주행차 관련 기업 수는 연평균 9.4% 증가하고 있는데, 이러한 추세는 더욱 확산될 것이다. 현재 우리나라에서는 자동차 완제품 제조(HW-1)와 네트워크 서비스 제공(SVC1) 분야에서 소수의 대기업이 시장을 지배하고 있으며, 자동차부품 제조(HW-2)와 정보제공 서비스(SVC-2) 분야에서 중소기업이 참여하고 있다."

그런데 얼마 전까지 우리나라 자동차산업의 국산화율은 90%에 달했는데, 현재는 자동차용 반도체, 센서 등과 같은 자율주행차 부품뿐만 아니라 중국 등에서 범용 부품이 수입되면서 국산화율이 낮아지고 있다. 최근 한일무역분쟁이 발발하면서 정부는 소재 및 부품산업의 중요성을 깨달았는데, 앞으로 자동차산업의 소재 및 부품산업에 투자를 늘릴 것이다.

그렇다면 앞으로 부품업체들은 어떤 제품을 생산하는 것이 좋을까? 자율주행차 시대에는 기존 내연기관 자동차에서 전기자동차로 트렌드가 바뀌면서 관련 부품의 수요가 늘 것이다. 산업은행의 「전기차시대 도래와 국내 자동차부품업계의 대응방안」에 따르면 "내연기관 자동차의 엔진과 변속기의 역할을 전기자동차에서는 배터리와 모터가 수행한다. 따라서 배터리와 모터 등 전기자동차 전용 부품을 생산하거나 자율주행차 관련 부품을 생산하는 업체는 신성장동력을 확보할 수 있을 것이다. 반면에 내연기관 자동차의 엔진과 미션 관련 부품을 생산하는 업체는 관련 부품의 수요 감소로 인해 매출이 줄어들 것이다."

셋째, 2020년부터 자율주행차가 상용화되면 많은 일자리가 사라질 것이다. 한국고용정보원이 국내 400여 개 직업을 대상으로 수행한 연구에 따르면 "자율주행차가 등장하면 물류 및 유통산업에서 오늘날의 일자리가 80.8% 사라질 것이다."

화물 운송비의 경우 인건비가 60% 이상을 차지한다. 회사 입장에서는 운송비를 대폭 줄일 수 있으니 화물차 운전기사를 채용하는 대신 자율주행차를 구입할 것이다. 결국 화물차 운전기사는 물론 택시기사와 버스기사, 대리운전기사 등도 일자리를 잃을 것이다.

하지만 자율주행차는 새로운 기회를 제공할 수도 있다. 자율주

현대기아자동차는 40톤 대형트럭을 레벨 3 수준의 자율주행을 하는 데 성공했다.

행차가 계속 운행되고 발전하려면 많은 데이터를 측정해야 한다. 차량 주변 환경과 도로 상황을 인식하려면 다양한 종류의 감지기와 센서 등이 필요하므로, 관련 부품을 생산하는 업체가 유망할 것이다. 또 자율주행차가 운행되면 사이버 해킹을 시도하는 사람이 늘 것인데, 이와 관련된 분야에서 새로운 기회가 열릴 것이다.

15
드론, 사람까지 실어 나른다

2018년 2월 평창동계올림픽 개막식에서는 화려한 드론 쇼가 펼쳐졌다. LED를 탑재한 소형 드론 1,218대가 다양한 문자와 그림으로 하늘을 수놓았다. 개막식에서 활용한 드론은 인텔(Intel)의 슈팅스타(Shooting Star)였다. 인텔은 중앙제어컴퓨터와 소프트웨어, 조종사 한 명만으로 수많은 드론을 동시에 조종했다. 조종사가 일일이 작동하지 않더라도 드론 스스로 장애물을 피하고 비행 궤도를 수정했기 때문에 이러한 일이 가능한 것이다.

드론은 원래 군사용으로 개발되었다. 지금 이 순간에도 미국에서는 군사용 드론 기술을 발전시키고 있는데, 얼마 전에 플리어시스템즈(FLIR Systems)는 손바닥 크기의 개인용 정찰 드론 블랙호넷 III(Black

Hornet III)를 개발했다. 이 드론은 길이 6.6인치(16.7cm), 무게 약 33그램에 불과해 주머니에 들어갈 정도로 작고 가벼우며, 최대 속도는 초속 6m이고, 최대 고도 1.24마일(2,000미터) 상공에서 30분 정도 거의 무소음으로 비행하며, 실시간으로 병사 개개인에게 고해상도의 영상을 전송해 준다. 게다가 블랙호넷 III는 GPS가 없는 환경에서도 위치를 찾을 수 있다.

블랙호넷 III는 주머니에 들어갈 정도로 작고 가볍다.

얼마 전부터 이 드론은 실전배치되었는데, 미국 육군은 저가무인비행체군집공격기술(LOCUST)도 개발하고 있다. 이 기술은 소형발사장치를 탑재한 드론을 여러 대 투입해 벌떼처럼 공격하는 것이다.

일본에서는 좁은 공간에서 자유자재로 모양을 바꾸며 비행할 수 있는 트랜스포머 드론도 개발했다. 이 드론은 도쿄대학교(University of Tokyo) JSK연구소에서 개발했는데, 용의 모습과 비슷하고 해서 '드래곤'(dragon)이라고 이름 붙였다. 드래곤은 공중에서 자유롭게 모양을 바꿀 수 있으므로, 좁은 공간에서도 장애물을 피하며 비행할 수 있다. 현재는 약 3분 정도만 비행할 수 있는데, 앞으로 도쿄대학교 JSK 연구소는 비행시간도 늘리고, 드론이 물체를 잡거나 조작할 수 있도록 만들 계획이다.

또 아사히 파워 서비스(Asahi Power Service)는 비와 햇빛을 막을 수 있는 우산 드론을 개발했다. 이 드론의 이름은 '플라잉 엄브렐러' (Flying Umbrella)인데, 사람이 우산이 들어야 하는 번거로움을 없애주는 획기적인 제품이다. 일본에서는 드론 기술이 발전하고 있는데, 드론은 농업, 건축 등의 분야에서 이미 활용되고 있다.

드래곤은 공중에서 자유롭게 모양을 바꿀 수 있다.

플라잉 엄브렐러는 우산 드론이다.

이처럼 SF영화에서나 가능한 일을 실현시켜주고 있는 드론이 군사용에서 상업용으로 확대되면서 수요가 급증하고 있다. 특히 가격이 하락하고 소형화되면서 수요가 크게 늘고 있다. 최대 1억 달러에서 최소 60달러 미만으로 가격이 하락하면서 대중적인 관심을 끌게 되었고, 10m 이상 길이에서 40㎜로 소형화되면서 보관 및 사용도 편해졌다.

드론은 교통체증을 피할 수 있고 지형의 영향도 크게 받지 않으므로 이동성이 뛰어나다. 그래서 의학, 기상, 과학, 방송 등 다양한 분야에서 활용되고 있다. 의학 분야에서는 응급환자 탐색 및 수송 등에 활용될 수 있고, 기상 분야에서는 태풍 등 기상변화를 실시간으로 관측할 수 있으며, 과학 분야에서는 멸종위기동물의 이동경로를 확인할 수 있고, 방송 분야에서는 다양한 공중촬영을 할 수 있다.

드론의 활용 분야가 늘어나자 2016년 6월 미국 연방항공청(FAA)은 상업용 드론 운행규정인 '파트 107'을 발효했다. 이에 따라 건물 반경 400피트(122미터) 내에서 지상 400피트(122미터) 이상의 운용이 허용되면서 각종 발전소, 공장, 재난상황 등을 실시간으로 점검할 수 있게 되었고, 운송, 자연보호, 촬영, 치안, 소방, 군사, 농업 등에서 드론의 활용 분야가 점점 늘어나는 추세다.

현재는 조종사 없이 스스로 움직이는 인공지능 드론이 보편화되지는 않았는데, 인공지능 드론이 보편화될 때까지는 드론 조종사의 수요가 크게 늘 것이다. 일례로 미국은 물론 우리나라에서는 갈수록 농업인이 감소하고 있는데, 드론을 이용해 농약 등을 살포하는 드론 농업전문가가 인기 직종이 될 것이다. 또 무인항공기 보안 전문가, 무인항공기 데이터 분석가, 무인항공기 관리자 등도 유망직업이 될 것이다.

현재 중국은 세계 민간 드론 시장의 70%를 차지하는데, 중국에서는 드론 택시도 등장했다. '이항 184'(Ehang 184)는 중국이 세계 최초로 개발한 드론 택시인데, 220kg의 하중을 감당할 수 있다. 프로펠러 8개가 달려 있고 30분간 50km를 날아갈 수 있다. 운전사는 없고 승객이 목적지를 입력하면 된다.

서비스업에서 드론을 활용하는 사례가 늘 것이다

드론은 물류 배송에도 활용될 수 있다. 아마존(Amazon)은 2016년 12월 영국에서 드론 배송 시험을 완료했다. 이 시험에서 사용자는

이항 184는 중국이 세계 최로로 개발한 드론 택시이다.

주문 후 13분 만에 물품을 전달받았는데, 앞으로 아마존은 드론을 통해 30분 배송 보장 서비스를 추진할 것이다. 2017년 6월 22일 아마존은 '무인항공기를 위한 다층 물류센터'라는 특허도 출원했다. 이 물류센터에는 기다란 원통 모양의 건물에 수십 개의 드론용 출입구가 설치되어 있다. 이 출입구를 통해 드론이 택배 배송을 할 수 있다. 아마존의 기존 물류센터는 대부분 교외에 있어서 배송시간이 오래 걸리는데, 앞으로 도심 한복판에 거대한 원통형 물류센터를 설치하면 배송시간이 줄어들 것이다.

DHL은 2016년 1월부터 3월까지 자동화 드론 배송 시스템인 '파셀콥터'(Parcelcopter) 시험을 완료했다. 이 시스템은 사용자가 드론에 물품을 적재한 뒤 원하는 장소까지 이동시키는 방식이며, 기존 차량 택배로 30분 걸리는 작업을 8분으로 단축했다. 또 우버(Uber)는 2021년까지 드론 음식 배달 서비스 '우버 익스프레스'(Uber Express)를 선보일 계획이다. 이러한 트렌드가 널리 확산되면 신문, 음식 등 다양한 택배 물품을 드론으로 배송하게 될 것이다.

KT경제경영연구소의 「국내외 드론 산업 동향」에 따르면 드론은 국내외에서 다음과 같이 이용되고 있다.

■ 중국의 JD닷컴은 산시성 지자체와 함께 드론 배송센터를 구축하고 있다. 2020년에 완공될 이 배송센터는 중대형 드론을 활용해 배송 범위를 반경 300㎞ 이상으로 늘릴 것이다.

- 2017년 2월에 UPS는 지붕에 드론을 도킹할 수 있는 택배용 차량을 공개했다. 드론 배송으로 기존 택배기사들을 대체하기보다는 택배기사와 협력하고, 그들의 업무량을 줄여주는 방향으로 드론을 활용할 방침이다.

- NTT 도코모는 전자업체 NEC과 함께 5G 이동통신을 활용한 드론 무인점검 서비스를 연구하고 있다. 드론을 통해 현장에서 공공시설물의 데이터를 실시간으로 수집하면, 전문 기술자는 사무실에서 여러 공공시설물을 편하게 관리할 수 있다. 고해상도의 카메라와 센서, 위치정보(GPS) 장치를 갖춘 드론을 활용하면 사람이 점검을 위해 일일이 사다리를 놓고 높은 곳에 올라갈 필요가 없어지고 비용도 크게 줄어든다.

- 우리나라의 KT는 2017년 5월에 국토교통부와 함께 드론 교통 관리 체계를 개발하기 시작했다. KT가 개발하고 있는 '저고도 무인항공기 교통관리'(Unmanned aerial system Traffic Management, UTM) 플랫폼은 드

NTT 도코모는 5G 이동통신을 활용한 드론 무인점검 서비스를 연구하고 있다.

론과 드론, 드론과 건물의 충돌이나 불법 드론에 의한 사생활 침해, 테러 등을 예방하기 위한 것이다. KT는 2021년까지 150미터 이하 상공을 운항하는 드론의 안전하고 효율적인 운영 관리 방침을 마련할 것이다.

10년 후 한국경제
Report

첫째, 우리나라 드론 시장은 2026년 4조 1,000억 원 규모로 성장할 것이다. 미국의 시장조사사업체인 틸 그룹(Teal Group)에 의하면 "세계 드론 시장은 2021년에는 110억 달러, 2025년에는 150억 달러로 성장할 것이다."

현재 드론은 항공촬영과 기상연구 등에서 이용되고 있는데, 앞으로는 활용 분야가 기하급수적으로 늘 것이다. 그리고 무엇보다도 인간이 기피하는 위험하고(Dangerous), 더럽고(Dirty), 어려운(Difficult) 3D업종에서 우리를 대신해 일할 것이다.

앞으로 드론이 확산되면 오늘날에 남녀노소 누구나 스마트폰을 사용하는 것처럼 '1인 1드론 시대'가 열릴 것인데, 현재 드론 시장은 미국과 중국이 장악하고 있다. 미국은 군사용 드론 시장의 70%를 점유하고 있으며, 중국은 민간 드론 시장의 70%를 점유하고 있다.

현재 우리나라의 드론 관련 업체는 150여 개다. 그중 플랫폼 제작업체는 50여 개이고, 부품 제작업체는 20여 개, 장비 제작업체는 20여 개, 소프트웨어 제작업체는 6개, 유통업체는 11개, 운용업체는 30여 개, 정보제공업체는 18개이다. 하지만 군사용 드론을 개발하는 한국항공우주산업주식회사와 대한항공, 한화, LGCNS, LG유플러스 등 대기업을 제외하고는 대부분 영세업체라서 전문 인력과 연구개발 비용이 부족한 실정이다.

이러한 상황을 개선하고자 국토교통부는 2022년까지 1조 2,000억 원을 투입해 우리나라 드론산업의 기술경쟁력을 세계 5위, 선진국의 90% 수준으로 발전시킬 계획이다. 국토교통부는 드론을 활용할 수 있는 8대 유망업종으로, '물품수송, 산림보호, 해안감시, 국토조사, 시설물 안전진단, 통신망 활용, 촬영·레저, 농업지원' 등을 선정했다. 국토교통부는 이 분야에 투자를 늘릴 것이고, 공공기관 등에서 드론을 5년간 3,000여 대 구매할 것이다. 아

한국의 강소기업 프리뉴가 개발한 루펠(RUEPEL)은 해상이나 바람이 강한 열악한 환경에서도 운영이 가능하며, 최대 10㎏의 물자를 싣고 60분간 비행할 수 있다. 이 드론은 재난지역 등에 긴급 물자를 이송할 수 있다.

울러 다른 산업과 드론산업을 융합해 세계시장에서도 경쟁할 수 있는 강소기업을 육성할 것이다.

앞으로 국토교통부는 드론이 자유롭게 비행할 수 있도록 하기 위해 150미터 이하 저고도 공역의 교통관리체계를 개편할 것이다. 비행수요가 많은 지역을 거점지역으로 정하고 이동방향과 속도, 비행수요를 고려해 이동경로를 선정해 관리할 계획이다. 또 드론 등록과 운영, 말소 등 드론의 안전관리체계도 구축할 예정이다.

국토교통부는 앞으로 드론산업이 활성화되면 "2025년까지 16만 4,000여 개의 일자리가 늘고, 20조 7,000억 원의 생산유발효과와 7조 6,000억 원의 부가가치효과가 발생할 것"이라고 전망했다. 우리나라의 드론 시장 규모는 2016년 704억 원(제작 153억 원, 활용 551억 원)인데, 2026년에는 4조 1,000억 원으로 성장할 것이다. 따라서 드론 관련 산업의 전망은 매우 밝다.

둘째, 운송·배송·유통 등 서비스업에서 드론을 활용하는 기업이 늘 것이다. 아마존은 물류 배송에 자율주행 트럭뿐만 아니라 드론을 활용할 것이다. 아마존은 2015년 12월에 '재고관리의 입고·출하 효율화'(Automated inventory management system)라는 특허를 등록했다. 실제로 아마존은 2016년 12월 7일에 영국 케임브리지에서 세계 최초로 조종사 없이 스스로 비행한 드론이 프라임 에어

(Prime Air)로 주문한 지 13분 만에 고객에게 배송했다. 앞으로 아마존은 드론을 이용해 택배 서비스를 할 것이고, 사람과 협업할 수 있는 협업로봇(Co-Bots) '키바'(Kiva)를 이용해 재고 및 입출고 관리를 할 것이다.

2016년 8월 도미노피자(Domino's Pizza)는 세계 최초로 피자를 드론으로 배달했다.

이러한 변화는 우리나라 운송·배송·유통 등 서비스업에 큰 영향을 끼칠 것이다. 현재 우리나라 운송·배송·유통 등 서비스업은 2000년 이후 온라인 쇼핑이 증가하고, 택배 서비스가 늘어남에 따라 양적으로는 급격히 성장했지만 생산성은 크게 향상되지 못했다.

현대경제연구원의 「4차산업혁명 시대 물류산업의 미래」에 따르면 "우리나라 운수업의 매출액은 2000년 40조 8천억 원에서 2015년 118조 2천억 원으로 연평균 7.3% 증가했고, 온라인 쇼핑

몰의 거래액은 2001년 3조 3,471억 원에서 2016년 65조 6,170억 원으로 증가했으며, 택배 매출액은 2001년 2,749억 원에서 2015년 4조 2,420억 원으로 늘었다. 같은 기간에 기업체 수는 10만 1천 개에서 20만 개로, 종사자 규모는 34만 4천 명에서 63만 5천 명으로 2배 가까이 증가했다."

하지만 질적으로는 크게 성장하지 못했다. "운수업의 기업당 평균 매출액은 2000년 4억 원에서 2015년 5억 9천만 원으로 연평균 2.6% 증가하는 데 그쳤고, 1인당 매출액은 같은 기간 1억 2천만 원에서 1억 9천만 원으로 연평균 3.1% 증가했다."

우리나라 운송·배송·유통 등 서비스업이 생산성을 높이기 위해서는 아마존처럼 자율주행 트럭과 드론 등을 활용해야 할 것이다. 하지만 현재 우리나라 기업들은 혁신 기술에 대한 투자 및 활용이 부진한 편이다. 현대경제연구원의 「4차산업혁명 시대 물류산업의 미래」에 따르면 "우리나라 물류기업의 정보화를 위한 투자비는 매출액 대비 1.0% 수준에 불과하다. 사물인터넷, 빅데이터 등 ICT에 대한 인지도도 각각 3.9%, 3.0%로 비교적 낮은 편이다. 우리나라의 물류 인프라 경쟁력은 3.45점(5점 만점 기준, 2016년)으로 세계 26위 수준이다."

그렇지만 지금부터 10년 후까지 우리나라 기업들도 아마존처럼 드론을 활용해 자동화 시스템을 구축할 것이다. 또 중국의 이항184(Ehang 184)처럼 하늘을 나는 드론 택시가 서비스를 시작할 것이다. 국토교통부에 따르면 우리나라에서 드론을 활용하는 기업은 "2017년 1,501개에서 2019년 상반기(6월 기준) 2,501개"로 크게 늘었다. 이러한 추세를 고려하면 운송·배송·유통 등 서비스업에서 드론을 활용하는 기업이 갈수록 늘어날 것이다.

16 생체인식, 간편결제 및 보안 시장이 성장한다

오늘날 우리가 스마트폰 등 네트워크 기기를 사용하고 사물인 터넷이 확산되면서 사이버 보안이 중요해지게 되었다. 사이버 보안 을 위해 공인인증서, OTP 등 안전장치를 마련했지만 사이버 해커들 은 갈수록 다양한 방법으로 우리의 지갑을 노리고 있다.

생체인식(Biometrics)은 지문, 홍채, 음성, 땀샘 구조, 손금, 정맥, 얼 굴 모양 등 개인마다 다른 생체정보를 활용한 인증 방식이다. 생체정 보를 활용해 개인을 식별하거나 인증하는 생체인식을 활용하면 공 인인증서나 OTP 등의 비밀번호를 일일이 입력하지 않아도 되고, 사 이버 공격으로부터 안전하다. 그래서 스마트폰을 비롯해 ATM(자동 현 금 인출기), 기밀시설 출입통제 시스템 등에 생체인식이 활용되고 있다.

현재 생체인식은 지문과 홍채, 얼굴 모양뿐만 아니라 정맥, 목소리, 서명, 걸음걸이까지 인식하는 것으로 확산되는 추세다. 국내외에서 생체인식을 활용한 사례는 다음과 같다.

- 2010년부터 인도는 13억 명에 이르는 국민을 대상으로 '아드하르' (Aadhaar) 프로젝트를 진행했다. 그 결과 지문, 홍채 등 생체정보를 디지털화한 디지털생체인증 플랫폼을 구축했다. 현재 인도에서는 아드하르를 활용해 통해 공공 및 금융기관 인증절차가 간소화되었다.
- 중국의 산둥성과 장쑤성 등에서는 안면인식 교통단속 시스템이 도입되었다. 행인이나 자전거 등을 탄 사람이 신호를 위반하면 횡단보도 근처의 카메라가 안면인식을 통해 개인정보를 파악하여 위반자의 이름, 현장사진 등을 전광판에 실시간으로 나타낸다. 이 시스템이 도입

인도에서는 아드하르를 활용해 통해 공공 및 금융기관 인증절차가 간소화되었다.

되면서 교통법규 위반 건수가 큰 폭으로 줄었다.

- 국내에서는 여러 생체인식 기업이 등장했다. 파이브지티는 얼굴인증 출입문 통제 시스템인 '지페이스봇'(GfaceBot)으로 홈 시큐리티 시장을 공략하고 있다. 이리언스는 홍채인식 알고리즘을 활용한 홍채인식 활용 제품을 공급하고 있다. 유니온커뮤니티는 지문과 얼굴 또는 홍채인식을 결합한 인증 시스템을 개발했다.

- 2019년 7월 14일 현대모비스는 운전자의 얼굴 모양을 분석하는 안면 인식을 활용해 운전 부주의 상황을 경고해 주는 '운전자 부주의 경보시스템'(DSW)을 개발했다. 이 시스템은 차량 실내에 장착된 적외선 카메라를 이용해 운전자의 안면을 인식하고 졸음운전, 주의분산, 피로누적 등으로 인한 교통사고를 예방해 준다. 운전자의 눈·코·입·귀·안면을 살피며 차선이탈 등이 발생할 것 같으면 클러스터 표시와 경보음, 진동 등으로 운전자의 주의를 환기시켜 사고를 예방한다.

- 2019년 4월부터 KB국민은행은 ATM에 손바닥만 대면 정맥을 인식해 출금할 수 있는 서비스를 시작했다. 이 서비스를 이용하면 비밀번호를 일일이 입력하지 않아도 되므로 편리하다. 이 서비스는 우선 영업점 50곳에서 시작했는데, 앞으로 전국 영업점으로 확대할 계획이다. 또 신한은행도 ATM 109대와 키오스크 51대에 정맥 인증 시스템을 도입했고, 우리은행도 정맥, 지문, 홍채인증 등이 가능한 키오스크 48대를 운영하고 있다. 한편 금융위원회는 2019년 6월 정례회의에서 은행 창구에서 정맥이나 홍채 등 생체인증을 거치면 통장이나

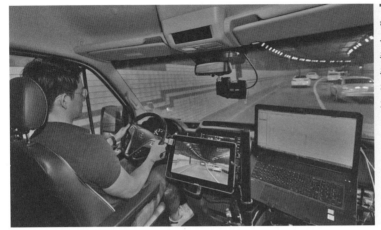

현대모비스는 안면인식을 활용해 운전 부주의 상황을 경고해주는 운전자 부주의 경보시스템(DSW)을 개발했다.

인감이 없어도 출금이 가능하도록 허용하는 은행업 감독규정을 개정했다.

- 2020년 1월부터는 국내 공항에서도 생체인식을 활용할 것이다. 개인이 은행에 등록한 생체정보를 국내 14개 공항이 공유하기로 했기 때문이다. 은행에 생체정보를 등록한 사람은 공항에서 신분확인과 탑승수속 등 복잡한 절차를 간편하게 마칠 수 있다. 면세점 결제나 환전, ATM, 식음료시설을 이용할 때도 생체인식으로 신분을 확인할 수 있다.

이처럼 생체인식은 다양한 분야에서 활용되고 있는데, 이를 악용한 범죄도 증가하고 있다. 최근 중국에서는 개인의 지문을 복제한 실리콘 지문막을 만들어 개인정보를 도용해, 협박과 금융사기 행각

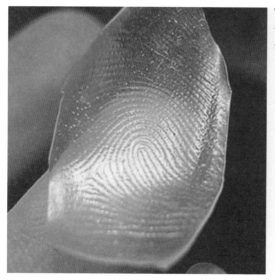

중국에서 복제한 실리콘 지
문막

등을 벌이기도 했다. 그런데 이 사건의 범죄자는 고작 1만 원 정도
의 비용으로 지문막을 만들 수 있었다.

공인인증서나 OTP의 비밀번호는 보안에 문제가 생기면 바꾸면
되지만 지문이나 홍채, 정맥 등 생체정보는 한 번 유출되면 답이 없
다. 생체정보는 바꿀 수 없으므로 한 번 유출되면 영구적으로 악용
될 수 있다. 따라서 무분별하게 생체인증 정보를 요구하는 서비스
제공 업체가 있을 경우 함부로 가입하지 말아야 하며, 서비스 제공
자는 고객의 생체정보를 안전하고 철저하게 관리해야 할 것이다.

첫째, 글로벌 시장조사업체 마켓 앤 마켓(Markets & Markets)에 따르면 "글로벌 생체인식 시장은 2018년 168억 달러(20조 4,000억 원)에서 연평균 20%씩 성장해 2023년에는 418억 달러(50조 8,000억 원) 규모로 성장할 전망이다." 또 한국과학기술정보연구원(KISTI)에 의하면 "국내 생체인식 시장은 2021년 5,634억 원 규모로 성장할 것이다."

최근 프로스트 앤드 설리번 한국 지사는 「2023 북미 생체인식 시장 분석 보고서(North American Biometrics Market, Forecast to 2023)」를 발표했다. 이 보고서는 지문과 얼굴, 홍채, 정맥, 음성 등 생체인식 기술의 성장요인과 시장전망 등을 분석했다. 이 보고서에 따르면 앞으로 생체인식 시장에서는 다음과 같은 일들이 벌어질 것이다.

■인증절차가 간편하면서 보안성을 강화한 다중인증 방식이 인기를 끌 것이다. 일례로 생체인식 기술을 보완하고 강화하기 위해 인공지능(AI)과 블록체인 등 ICT 기술을 융합하는 경우가 늘 것이다. 지문이나 홍채, 정맥 등 생체정보는 한 번 유출되면 영구적으로 악용될 수 있다. 따라서 서비스 제공자는 고객의 생체정보를 안전하고 철저하게 관리해야 하는데, 블록체인 기업과 협업해 개인의 생체정보를 안전하게 보호해야 할 것이다.

■앞으로 10년간 세계 각국의 공항 등 보안성에 특히 신경 써야 할 곳에서는

생체인식이 필수가 될 것이다. 또 많은 기업들이 산업기밀 등을 보호하기 위해 출입문 등에 생체인식 기기를 설치할 것이다. 또 가정의 침입자와 불청객을 막아주는 홈 시큐리티 시장도 성장할 것이다.

둘째, 생체인식 시장은 FIDO 얼라이언스 회원사가 주도할 것이다. 우리 주위에서 생체인식이 널리 활용되자 자연스럽게 표준화의 필요성이 커졌고, 국제 인증 기술 표준인 FIDO가 생겨났다.

2013년 2월 'FIDO 얼라이언스'가 세상에 공개되었다. 2014년 4월에는 구글(Google)과 유비코(Yubico), NXP 등이 FIDO 얼라이언스의 생체인증 솔루션에 합류했다. 2014년 12월 FIDO 얼라이언스는 FIDO 1.0을 발표했고, 2018년 5월 FIDO 2.0을 발표했다. 2018년 5월 기준 FIDO 얼라이언스는 전 세계 약 250개 회원사가 함께하고 있다. 글로벌피디(GlobalPD)에 의하면 "FIDO 얼라이언스의 회원사는 미국 회사가 83개로 가장 많고, 한국 회사는 30개

보안 전문기업 라온시큐어는 FIDO 2.0을 획득하는 등 생체인증 시장을 주도하고 있다.

로 그 다음으로 많다. 하지만 FIDO 인증 실적에서는 한국이 전체 인증의 45%를 차지해 미국(13%)보다 우수하다."

현재 FIDO 얼라이언스의 한국 회원사는 삼성전자와 BC카드, 라온시큐어, LG, SK텔레콤, 한국정보통신기술협회(TTA) 등 30여 개인데, FIDO 얼라이언스 회원사가 되어야 생체인식 시장에서 주도권을 잡을 수 있다.

17
헬스케어, 바이오 기술과 ICT 기술이 융합된다

고령화 시대에 사람들은 건강을 위해 많은 돈을 쓰고 있다. 사람들이 건강을 갈망하면서 치료, 예방, 건강관리 등과 관련된 헬스케어(health care)산업이 성장하게 되었다. 앞으로 헬스케어는 ICT 기술과 융합되어 언제 어디서나 건강관리를 받을 수 있는 원격의료 서비스 시대를 열 것이다.

이처럼 헬스케어가 미래 먹거리로 떠오르면서 구글(Google) 등 글로벌 ICT 기업들이 이 분야에 뛰어들었다. 구글은 자회사인 베릴리(Verily)를 설립해 이용자의 체중과 운동 등을 감지할 수 있는 신발, 백내장 진단용 스마트 렌즈, 당뇨병 관련 안구 질환 추적 기술도 개발하고 있다. 아마존(Amazon)은 버크셔해서웨이(Berkshire Hathaway Inc.),

J. P. 모건체이스 앤드 컴퍼니(J. P. Morgan Chase & Co.)와 함께 헬스케어 기업 헤이븐(Haven)을 설립했다.

국내에서는 네이버와 카카오 등 ICT 기업들이 헬스케어산업에 뛰어들었다. 2018년 12월 네이버는 대웅제약, 분당서울대병원과 함께 헬스케어 법인 다나아데이터를 설립했다. 앞으로 이 법인은 네이버의 인공지능(AI) 기술로 의료 데이터를 분석해 맞춤형 진단·치료·예방 서비스 등을 내놓을 것이다. 2019년 1월 카카오는 서울아산병원과 함께 인공지능 기반의 의료 빅데이터 기업 아산카카오메디컬데이터를 설립했다.

현재 헬스케어산업은 국내외에서 다음과 같이 발전하고 있다.

- IBM은 인공지능과 빅데이터를 융합한 슈퍼컴퓨터 '왓슨'(Watson)을 이용해 MD 앤더슨 암센터의 암 진단 정확도를 96%로 높였다. 또 신시내티 아동병원의 임상시험에 적합한 환자를 자동으로 찾아주어 업무 부담률을 92% 줄이고, 효율성을 450% 늘렸다. 왓슨은 보험 업무에서도 활용되어 3~5일이나 걸렸던 건강보험사 앤섬(Anthem)의 보험 허가 업무를 불과 몇 초만에 해냈다.

- 마이크로소프트(Microsoft)는 2017년부터 '헬스케어 넥스트(Healthcare NexT) 연구 프로젝트'를 시작하고, 의료 분야에 인공지능과 빅데이터 기술을 접목하고 있다. 일례로 인공지능으로 심정지 발생 확률을 예측해 의사에게 의료 정보를 실시간으로 제공하는 '옥스너 헬스 시스

IBM은 왓슨을 이용해 MD 앤더슨 암센터의 암 진단 정확도를 96%로 높였다.

템'(Ochsner Health System)을 개발했다.

- 2019년 3월 구글은 'AI with Google 2019'를 선포하며 바이오 기술과 인공지능을 접목한 신기술을 선보이고 있다. 구글은 인공지능에게 암, 심혈관 질환 등과 관련된 데이터를 학습시켜, 판독 수준을 의사와 비슷한 수준으로 끌어올렸다.

- 센스리(Sense.ly)는 인공지능 간호사 솔루션 '몰리'(Molly)를 선보였다. 몰리는 의사의 업무시간을 20% 줄여줄 수 있다. 몰리는 환자의 실시간 건강 데이터를 활용해 환자의 상태를 판단하며, 다음에 방문할 때까지 환자를 모니터링한다. 현재 몰리는 스마트폰 앱으로 이용할 수 있다.

- 현재 아프리카에서는 모기에 물려 발병하는 말라리아로 많은 사람들이 생명을 잃고 있다. 하지만 앞으로는 이러한 일이 사라질 수 있다. 과학자들은 유전자를 조작해 불임 모기의 수를 늘려 모기 개체가 더 이상 늘어나지 않도록 하는 기술인 '유전자 드라이브'(gene drive)를 발

인공지능 간호사 솔루션 몰리는 스마트폰 앱으로 이용할 수 있다.

표했다. 앞으로 유전자 드라이브 기술이 상용화되면 말라리아를 퇴치하는 것뿐만 아니라 광우병이나 구제역 등에 저항성을 가진 소나 돼지를 만드는 데도 이용될 수 있다.

■바이오 기술이 3D프린팅과 융합되어 바이오 프린팅(bioprinting)이 발전하고 있다. 바이오 프린팅은 3D프린터로 세포나 성장인자를 출력해 3차원의 조직이나 인공장기를 프린트하는 기술이다. 바이오 프린팅은 인체 조직이나 장기도 프린트할 수 있다. 미국 기업 오가노보(Organovo)는 간 조직을 만들어내는 바이오 프린터 '노보젠 MMW'

(NovoGen MMW)를 세계 최초로 상용화했다. 앞으로 바이오 프린팅이 발전하면 개개인에게 적합한 조직과 장기는 물론 의약품까지 생산할 수 있으므로, 저소득층의 희귀병도 적은 비용으로 치료할 수 있을 것이다. 의사들이 그저 컴퓨터 프로그램을 통해 처방약을 선택하기만 하면 바이오 프린터가 알아서 알약이나 주사액을 만들어줄 것이다.

■ 3D프린팅이 보철 및 여러 의료 도구를 제작하는 데 이용되고 있다. 영국의 오픈 바이오닉스(Open Bionics)는 저렴한 가격으로 의수를 제작하고 있으며, 덴마크의 의료장비 제조업체 위덱스(Widex)는 개인마다 서로 다른 귀의 모양을 3D 스캐너로 촬영한 후 개인에게 적합한 보청기를 생산하고 있다.

디지에코보고서의 「헬스케어 분야의 인공지능 기술·비즈니스 동향 및 시사점」에 의하면 앞으로는 신약 개발 비용과 시간도 줄어들 것이다. "제약업계에서는 신약을 개발하는 데 평균 10년의 개발 기간과 1조 원 이상의 비용이 소모된다. 신약 개발에 인공지능을 활용하면 수백만 건의 논문과 임상 데이터를 순식간에 분석할 수 있어서 상당한 시간과 비용을 줄일 수 있다."

이처럼 헬스케어가 ICT 기술과 융합되면서 이 분야의 일자리 역시 전망이 밝다. 미국 노동부는 구직자들을 위해 커리어원스톱(www.careeronestop.org)이라는 사이트를 만들었다. 이 사이트는 '가장

빠르게 성장하는 직업 순위'를 발표했는데, 1위부터 4위까지의 직업
은 모두 건강과 관련된 것이다. 따라서 헬스케어 관련 직업은 유망
할 것이다.

순위	직업	고용(명)		증가율(%)
		2012년	2022년	
1	노인 및 장애인 도우미	769,800	1,294,700	68
2	홈헬스케어 서비스	1,198,600	1,914,300	60
3	건강 관련 전문 사무소	114,200	181,800	59
4	사립 전문병원	251,600	392,400	56

가장 빠르게 성장하는 직업 순위(출처: 미국 노동부 커리어원스톱)

10년 후 한국경제
Report

첫째, 헬스케어가 ICT 기술과 융합되면서 디지털 헬스케어 시장
이 커질 것이다. 그랜드 뷰 리서치(Grand View Research)에 따르면 "전
세계 디지털 헬스케어 시장은 연평균 27.7%씩 성장해 2025년에
는 5,092억 달러 규모로 성장할 것이다." 우리나라 역시 디지털
헬스케어 시장 전망은 밝다. 식품의약품안전처에 따르면 "2012년
에 2조 2천억 원 규모에 불과했던 국내 디지털 헬스케어 시장은
2020년에는 약 14조 원 규모로 약 6배 성장할 것이다."

이처럼 전망이 밝자 최근 헬스케어산업에 ICT 기업들이 뛰어들고 있다. LG경제연구원의 「헬스케어는 IT 기업들의 새로운 성장 동력이 될 수 있을까」에 의하면 "디지털 헬스케어 시장은 병원·소비자·보험사 등이 새로운 ICT 기술의 필요성을 느끼고 있기 때문에 계속 성장할 것이다. 최근 구글, 애플(Apple), 아마존 등 ICT 기업들이 헬스케어 분야에 적극적으로 뛰어들고 있다. 앞으로 구글은 의료·건강 데이터 플랫폼 분야, 애플은 스마트폰·웨어러블 의료기기, 아마존은 의약·의료기기 유통과 의료서비스·보험 분야에서 시장을 주도할 것이다. 하지만 헬스케어 시장이 성장하기 위해서는 해결 과제가 많다. 우선 기술적으로 해결해야 할 문제들이 많고, 정부는 물론 의료계의 지지도 이끌어내야 한다."

헬스케어 시장이 성장하기 위해서는 정부의 규제가 완화되어야 한다. 일례로 우리나라의 경우 의사와 의사 사이의 원격의료(telemedicine)는 허용하지만 의사와 환자 사이의 원격의료는 금지되어 있다. 또 처방은 의사에게, 약은 약사에게 받기 때문에 원격의료가 허용되더라도 처방약을 받기 위해 약국에 가야 한다. 이외에도 국내에서는 여러 규제로 디지털 헬스케어산업이 성장하지 못했다.

하지만 정부는 헬스케어산업을 육성하기 위해 규제 완화에 나설 것이다. 데이터 규제 3법(개인정보보호법, 신용정보법, 정보통신망법) 개정과 함께 보건의료빅데이터 특별법을 제정할 것이기 때문이다. 물

론 일부 시민단체가 반대할 수도 있지만 세계적인 흐름을 무시할
수는 없을 것이다.

선진국들은 헬스케어산업을 발전시키기 위해 관련 법규를 제정
하거나 규제 완화를 하고 있다. 미국 FDA는 2017년 7월 'Digital
Health Innovation Action Plan'을 발표하면서 "디지털 헬스케
어 분야의 전문가를 충원하고, 재원도 늘릴 것"이라고 했다. 특히
고품질의 안전하고 효율적인 디지털 헬스케어 제품을 개발하는
업체를 '사전 인증 기업'으로 인증하고, 이러한 기업이 개발한 제
품은 인허가 과정을 면제해 주기로 했다.

미국 FDA는
2017년 7월
'Digital Health
Innovation
Action Plan'을
발표했다.

호주는 2008년에 '디지털 헬스 전략'을 수립했는데, 2016년에
이 전략을 추진하기 위한 'Australian Digital Health Agency'를
설립했다. 영국은 2016년에 'NHS Digital'을 설립했고, 2017년 5
월부터는 NHS Digital에서 공표한 국제표준을 준수한 디지털 헬
스케어 앱에는 'NHS Apps Library' 로고를 부여하고 있다.

이러한 흐름을 고려하면 국내에서도 디지털 헬스케어 관련 규제가 완화되고, 정부 지원도 늘 것이다.

둘째, 규제가 완화되면 원격의료와 유전자치료가 확산될 것이다. 우선 헬스케어는 ICT 기술과 융합되어 원격의료 시대를 열 것이다. 현재 우리나라에서 원격의료는 오지의 환자에게 주로 이용되고 있는데, 미국 등 선진국에서는 이용 범위가 점차 늘고 있다. 미래에셋대우의 「미국 바이오 행사를 통해 본 글로벌 트렌드 전망」에 따르면 "원격의료는 고령화로 인해 헬스케어 비용이 지속적으로 증가하면서 수요가 늘게 되었는데, 미국의 경우 원격의료로 1인당 의료비를 100달러 이상 줄일 수 있다."

아직까지 우리나라에서는 의사와 환자 사이의 원격의료가 허용되지 않고 있지만 몇 년 전부터 KT, LG, SK, 삼성 등 대기업들이 원격의료 서비스를 개발하는 데 뛰어들었다. 이들 대기업은 서울아산병원, 삼성서울병원, 서울대병원, 세브란스병원, 서울성모병원 등 대형병원과 함께 헬스케어 전문 합작회사를 설립하거나 시범사업을 추진하고 있다.

원격의료 시대에는 인공지능 헬스케어도 발달할 것이다. 한국보건산업진흥원의 「의료 인공지능 현황 및 과제」에 따르면 "우리나라의 CT, MRI, PET 등 고가의 진단 및 검사 영상장비 보유 수준은 OECD 평균보다 월등히 높다. 2014년 기준 인구 백만 명당 CT

의 보급대수는 37.09대로 OECD 평균인 25.6대보다 많고, MRI는 24.5대로 OECD 평균인 14.6대보다 두 배 가까이 많다." 따라서 인공지능 헬스케어가 발전할 환경을 잘 갖추고 있다.

시장조사업체 가트너(Gartner)는 "2025년에는 인구의 50%가 일상적인 1차진료를 인공지능을 기반으로 하는 '개인용 의료보조장치'에 의존하게 될 것"이라고 예측했다. 현재 IBM의 인공지능 슈퍼컴퓨터 왓슨은 암세포와 건강한 세포의 데이터를 10분 이내에 분석할 수 있다. 인간이 이 같은 일을 해내기 위해서는 160시간이 필요하다. 왓슨은 암세포와 건강한 세포의 차이를 구분하도록 훈련된 알고리즘을 통해 하루 만에 수백만 장의 사진(MRI, CT 등의 사진)을 샅샅이 뒤져 이상 여부를 판단한다.

앞으로 인공지능 헬스케어는 다음과 같은 분야에서 활용될 것이다. 진료 분야에서는 의료 데이터 등을 토대로 환자를 진단하고, 수술 및 치료 등을 수행할 것이다. 의약개발 분야에서는 빅데이터를 분석함으로써 부작용 등을 예측 및 분석하고, 최적화된 임상시험을 도출할 것이다. 의료서비스 분야에서는 개인별 유전자 정보와 결합한 정밀의료, ICT와 결합한 스마트 의료를 가능하게 할 것이다. 의료정보 분야에서는 보건의료와 관련된 각종 데이터를 수집하고, 이를 기반으로 새로운 정보를 생성해 제공할 것이다.

그리고 유전자 편집(genome editing, 유전체 안의 특정한 DNA를 인식해 자르고 교정하는 기술)을 이용한 유전자치료가 인기를 끌 것이다. 앞으로는 잘못된 유전자를 정상 유전자로 바꾸거나 치료 효과가 있는 유전자를 투입해 증상을 고치는 유전자치료제가 큰 인기를 끌 것이다. 미래에셋대우의 「미국 바이오 행사를 통해 본 글로벌 트렌드 전망」에 따르면 "2012년 세계 최초의 유전자치료제 글리베라(Glybera)가 등장하면서 유전자치료제 시대가 열렸다. 2017년 12월 미국 FDA는 유전성 망막형성 장애 치료제 룩스터나(Luxturna)를 첫 유전자치료제로 승인했고, 2018년 3월 13세 소년을 대상으로 첫 시술에 성공했다. 2019년 5월 FDA는 척수성 근위축증 치료제 졸겐스마(Zolgensma)를 승인했다. 현재 화이자(Pfizer), 노바티스(Novartis), 얀센(Janssen) 등 글로벌 제약사들은 유전자치료제를 개발하는 기업을 인수하거나 이들 기업의 기술을 도입하고 있다. 2030년에 혈우병A 유전자치료제 BMN270의 매출액은 25억 달러, 졸겐스마는 20억 달러가 될 것이다."

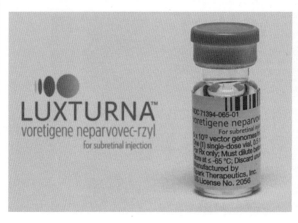

유전성 망막형성 장애 치료제 룩스터나를 첫 유전자치료제로 승인했다.

국내에서는 제넥신의 자궁경부전암 유전자치료제 GX-188E가 유럽 임상2상을 완료했다. 이 유전자치료제가 승인을 거쳐 시장에 출시되면 주가 역시 크게 오를 것이다.

셋째, 헬스케어 분야가 성장하면서 바이오헬스 전문 인력이 대접받을 것이다. 정부는 바이오헬스 제조 분야를 12대 주력산업 중 하나로 선정했지만 이 분야는 전문 인력이 부족한 상황이다. 한국과학기술기획평가원(KISTEP)의 「우리나라의 산업기술인력 수급 현황」에 따르면 "2016년 기준 바이오헬스 제조 분야의 산업기술인력(사업체에서 연구개발, 기술직, 생산·정보통신 업무에 종사하는 사람)은 3.5% 부족하다. 현재 바이오헬스 제조 분야의 산업기술인력은 2만 8,426

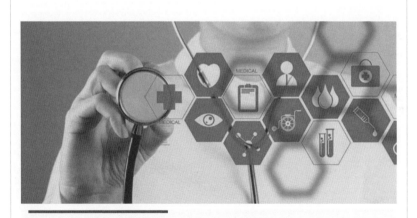

바이오헬스 제조 분야의 전문 인력은 취업문이 활짝 열릴 것이다.

명이지만 부족 인원은 1,023명에 달한다." 따라서 이 분야의 연구 개발 및 기술직은 취업문이 활짝 열릴 것이다.

헬스케어 분야에서는 노인 전문 치료사, 동물 매개 치료 도우미, 운동 치료사, 의료관광 코디네이터 등도 전망이 밝다.

18

가상현실, 서비스업의 패러다임을 바꾼다

인간은 현실에서는 갈 수 없는 곳에 가보고 싶어 하고, 할 수 없는 것을 하고 싶어 한다. 가상현실(Virtual Reality, VR) 기술은 이러한 인간의 욕망을 충족시켜줄 수 있다. 이 기술은 공상과학 영화에서나 가능했던 일들을 실현시켜준다. 인류가 고대로부터 발전시켜온 연극, 놀이, 여행, 축제 등을 가상의 세계로 옮겨놓을 수도 있다.

가상현실은 컴퓨터 기술을 이용해 인공적으로 특정한 환경이나 상황을 만드는 기술이다. 가상현실을 이용하면 현실에 존재하지 않거나 불가능한 것까지도 체험할 수 있다. 침대나 소파에서 우주여행을 하거나 미래 또는 과거로 시간여행을 떠날 수 있고, 영화나 드라마 속으로 들어가 주인공이 될 수도 있다.

가상현실 기기를 착용하면 현실과 다른 멋진 신세계에서 주인공이 될 수 있는데, 가상현실 기기는 게임, 영화, 스포츠, 방송 등 세상 모든 콘텐츠를 현실과 가상의 경계를 넘나들며 즐길 수 있는 수단이 될 것이다. 현재 영화와 드라마 등의 시청자는 3인칭 시점을 가질 수밖에 없는데, 우리는 영화와 드라마의 주인공이 되고 싶을 때가 많다. 가상현실의 세계는 사용자 중심의 1인칭 시점으로 구성된다. 가상현실 기기를 활용하면 영화와 드라마 등을 1인칭 시점으로 즐길 수 있다.

현재 가상현실 기술은 시각과 청각에만 초점이 맞춰져 있는데, 앞으로 가상현실 기술이 발전하면 후각과 촉각 등 오감을 통해 실제와 유사한 시공간을 체험해 볼 수 있을 것이다. 우주선을 타지 않더라도 무중력 상태를 경험하면서 우주여행을 할 수 있을 것이다.

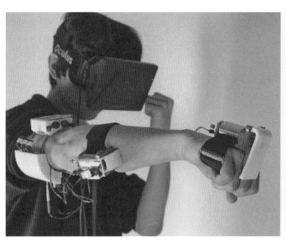

임팩토(Impacto)는 고글과 함께 팔에 착용하는 가상현실 기기이다. 이 기기는 가상세계에서 주먹이 날아오면 그 충격을 몸에 전달해 준다.

현재 가상현실은 주로 게임산업에서 활용되고 있는데, 앞으로는 제조업과 서비스업 등 일터에서도 활용될 것이다. 한국IDG의 「2017 기업 내 가상현실 기술 활용 현황 조사」에 따르면 "가상현실은 전 세계 산업현장에서 비즈니스의 역량을 향상하는 주력 도구로 자리 잡고 있다. 일례로 에너지산업에서 엔지니어를 교육하거나 중공업 분야에서 직원 안전, 장비 손상 등의 위험을 예방할 때, 가상현실 트레이닝은 매우 효과적인 수단이다. 특히 제조업에서는 사용자에게 맞는 제품을 설계하고, 제품이 완성되기 전에 고객 경험을 통한 피드백을 받을 수 있다. 국내 기업 종사자 447명을 대상으로 설문조사를 진행한 결과 40.7%가 가상현실 기술을 이미 도입했거나 앞으로 도입할 것이라고 답했다."

앞으로 가상현실은 게임과 스포츠(스크린 골프·야구·낚시 등), 영화 등 엔터테인먼트 분야뿐만 교육·의료·유통 등의 분야에서 소비자를 끌어 모으는 데도 활용될 것이다. 가상현실을 이용한 교육 콘텐츠는 학습자가 보다 재미있게 공부할 수 있으므로 학습 효과를 높일 수 있다. 가상현실을 이용한 가상 매장에 들어가면 실제로 매장에 가보지 않아도 진열된 상품을 실감나게 쇼핑할 수 있고, 실제로 사용하기 전에 미리 체험할 수 있다.

현재 가상현실은 다음과 같이 활용되고 있다.

■마이크로소프트(Microsoft)는 가상현실 기기인 홀로렌즈(Hololens)를 착

용하고 가상의 공간 속으로 여행하는 소프트웨어 '홀로투어'(Holotour)를 개발했다. 이 소프트웨어를 통해 사용자는 360도 파노라마로 펼쳐지는 동영상을 통해 마치 실제로 여행하는 기분을 느낄 수 있다. 여행지의 장면들은 3D 홀로그램으로 현실공간에 겹쳐 보이므로 현실감이 높다. 또 '멜리사'(Melissa)라는 개인 여행안내원이 가상화면에 보이는 장면들에 대해 역사적인 의미나 사실들도 설명해 준다.

■ 한국가상현실은 2019년 10월 21일에 UHD 화질로 가상현실 인테리어 디자인을 할 수 있는 '코비아키S'를 출시할 계획이다. 코비아키S는 고객의 다양한 요구사항을 즉각 반영해 실제와 동일한 화질의 인테리어 결과물을 제공한다. 국내에서 실제로 판매되고 있는 4만여 개의 자재(벽지, 바닥재, 조명, 가구 등)를 인테리어에 반영할 수 있는데, 고객은 마우스를 이용해 원하는 자재를 원하는 위치에 배치하기만 하면 된다.

■ 국내 기업인 제이슨와이는 원하는 장소를 자유롭게 보고 접할 수 있

코비아키S는 고객의 다양한 요구사항을 즉각 반영해 실제와 동일한 화질의 인테리어 결과물을 제공한다.

는 'W-hole' 앱을 개발했다. W-hole 앱에 내장된 카메라를 켜고 주

변을 비추면 웜홀이 생긴다. 웜홀을 통과하면 사용자가 선택한 장소

로 공간이동을 해 360도로 촬영한 영상을 보며 실제 현장 분위기를

체험할 수 있다. 이 앱은 스포츠, 축제, 공연, 행사, 관광, 숙박, 요식

업 등 서비스업에서 활용될 수 있다. 예를 들어 신혼여행으로 유럽여

행을 가고 싶다면, 나라를 선택해 관광명소나 음식, 분위기를 미리

체험한 후 정할 수 있다. W-hole은 위치 기반 서비스도 제공한다.

사용자가 강원도, 제주도 등 관광지에서 앱을 켜면 주변 명소를 탐

방할 수 있는 웜홀이 나타난다. 웜홀을 통과하면 360도 라이브 영상

을 통해 실시간으로 현장 분위기를 확인할 수 있다.

■부경대학교는 취업을 준비하는 대학생을 위해 가상현실 면접 시스템

을 구축했다. 이 시스템은 실제 면접과 유사한 환경을 만들었다. 이

부경대학교는 취업을 준비하는 대학생을 위해 가상현실 면접 시스템을 구축했다.

용자가 가상현실 기기를 착용하면 눈앞에 두 명의 가상 면접관이 등장하고, 실제로 면접을 보는 것처럼 질문과 답변을 진행한다. 가상 면접관들은 정해진 질문만 하지 않고 이용자의 답변에 따라 꼬리 물기 질문을 하기도 하고, 이용자가 다른 곳을 보거나 작은 목소리로 대답할 때는 이를 지적하기도 한다. 또 면접이 진행되는 동안 이용자의 목소리 크기, 시선처리, 답변의 내용 등을 분석해 화면에 실시간으로 보여주고, 면접이 끝나면 부족한 점을 보완할 수 있도록 녹음 파일도 제공한다.

■가상현실은 정신질환을 치료하는 데 이용되고 있다. 미국 캘리포니아대학교 창의적기술연구소는 이라크전쟁에 참전했던 군인들의 외상 후 스트레스장애를 치료하기 위해 가상현실 애플리케이션인 '버추얼 이라크'(Virtual Iraq)를 제작했다. 현재 버추얼 이라크는 60여 개 병원에서 공황장애, 외상 후 스트레스장애, 강박장애, 알코올 중독 등을 치료하는 데 이용되고 있다. 공황장애나 외상 후 스트레스장애를 치료하기 위해서는 환자가 직접 현장에 가야 하거나 스트레스를 받을 수도 있는데, 가상현실 치료를 통해 환자 개개인의 특성에 맞게 안전한 치료를 할 수 있다.

■진통이 시작된 산모는 고통을 줄이기 위해 진통제를 사용하는데, 태아에게 영향을 미칠 수 있다. 영국의 웨일스대학병원은 진통을 겪는 산모에게 가상현실을 체험하게 하는 실험을 진행했다. 멋진 오로라를 보거나 화성을 여행하게 하고, 펭귄이나 버펄로 등 야생동물에

둘러싸이는 체험을 하게 했다. 실험 결과 산모들의 진통을 완화시켰다. 웨일스대학병원 의료진은 가상현실 기술을 진통을 겪는 산모뿐만 아니라 출산과 관련된 트라우마를 가진 산모들에게도 활용될 계획이다.

■ 듀크대학교의 신경과학자 미구엘 니콜렐리스(Miguel Nicolelis) 박사가 이끄는 '워크 어게인'(Walk Again) 프로젝트는 놀라운 성과를 내고 있다. 이 프로젝트는 척추신경이 손상되어 10여 년간 다리를 전혀 움직이지 못하는 중환자들을 위한 것이다. 그런데 이 프로젝트의 도움을 받은 중환자들이 감각을 되찾고 임신까지 가능해졌다. 워크 어게인 프로젝트 연구진은 환자들에게 가상현실 기기인 오큘러스 리프트(Oculus Rift)를 착용시켜 재활훈련을 하도록 했다. 몇 개월 후 환자들은 뇌 부위의 움직임이 점차 증가하면서 다리 촉감과 근육 움직임이 느껴지기 시작했다. 가상현실을 이용한 훈련으로 가사 상태에 있었던 신경들이 되살아났기 때문이다.

■ 미세먼지 등으로 야외활동에 제약이 생기면서 실내에서 즐길 수 있는 VR 테마파크가 인기를 얻고 있다. 2018년 8월 롯데백화점은 건대 스타시티점에 몬스터 VR 테마파크를 오픈했다. 몬스터 VR 테마파크는 몬스터 큐브, 이스케이프, 판타지 트리, 롤러코스터, 열기구 등 다양한 VR 어트랙션을 갖췄으며, 실제 놀이공원 수준의 화려한 디자인과 다양한 볼거리를 제공한다. 가장 인기 있는 몬스터 큐브는 사방 3미터 너비의 큐브형 룸에 들어가 가상현실을 체험할 수 있도

록 만들어졌다. 방 안에서 총을 쏘는 FPS 게임, 방탈출 게임, 캐주얼 게임 등 다양한 게임을 즐길 수 있다. 게임뿐 아니라 교육, 영상, 웹툰 등 다양한 콘텐츠도 이용할 수 있다.

■ SK텔레콤은 2019년 8월 13일부터 서울 여의도공원과 올림픽공원에 '5GX 쿨파크'를 열었다. 구글 플레이에서 '점프(Jump) AR' 앱을 다운 로드하면 가상의 거대 고양이뿐 아니라 SK와이번스의 상징인 비룡, 귀여운 동물들인 아메리칸 쇼트헤어, 레서팬더, 웰시코기, 알파카 등을 불러올 수 있다. 또 소환한 동물들과 함께 사진을 찍을 수도 있다. 앞으로 SK텔레콤은 NBC유니버셜과 협력해 영화 '쥬라기공원'의 공룡들을 소환할 것이고, 대구, 광주, 대전 등에서도 이 서비스를 확대할 계획이다.

첫째, 가상현실 시장은 꾸준히 성장할 것이다. 그동안 가상현실 시장이 성장하는 데 걸림돌이 되었던 네트워크 속도와 하드웨어 기기의 문제점이 개선되고 있기 때문이다. 5G가 상용화되면서 초고속 네트워크가 일반화되었고, 트래킹 범위와 편의성 등 하드웨어 기기의 성능도 개선되고 있다. 최근에는 트래킹 범위에 제한이 없고, 기기를 착용한 상태에서도 외부를 볼 수 있는 기기가 출시되었다. 또 PC나 스마트폰과 연결하지 않아도 독자적으로 콘텐츠를 구동할 수 있는 기기가 출시되었다. 게다가 2020년에 애플(Apple)이 디자인까지 뛰어난 가상현실 기기를 출시할 예정이다.

오큘러스 퀘스트(Oculus Quest)는 PC나 스마트폰과 연결하지 않아도 독자적으로 콘텐츠를 구동할 수 있는 기기이다.

닐슨(Nielsen)은 "세계 가상현실 시장이 2018년 36억 달러에서 2019년 62억 달러, 2022년에는 163억 달러로 성장할 것"으로 전망했다. 하지만 여러 전문가들은 "실제로는 이보다 큰 1조 달러 규모로 성장할 것"으로 전망하고 있다. 그렇다면 우리나라에서 가상현실 시장은 얼마나 커질까? 한국VR산업협회에 따르면 "우리나라 가상현실 시장 규모는 2015년 9,636억 원에서 2020년 5조 7천억 원에 이를 것이다."

가상현실산업은 크게 콘텐츠와 플랫폼, 디바이스로 나뉜다. 현대경제연구원이 발표한 「국내외 AR·VR산업 현황 및 시사점」에 따르면, "세계 가상현실 콘텐츠 시장은 2017년 5억 달러에서 2020년 245억 달러 규모로 성장할 것이다. 현재 우리나라에서는 중소기업과 벤처기업을 중심으로 콘텐츠 제작이 이루어지고 있는데, 콘텐츠 기업의 50% 이상이 게임과 교육 등 영상 엔터테인먼트 관련 콘텐츠를 개발하고 있다."

하지만 많은 사람들이 가상현실을 게임보다는 TV와 영화, 동영상 시청에 이용하고 싶어 한다. 그린라이트 VR(Greenlight VR)은 2천여 명을 대상으로 설문조사를 했다. 그 결과 "66%의 소비자가 가상현실을 게임보다는 TV와 영화, 동영상 시청에 이용하고 싶다"고 답했다. 따라서 오늘날의 스마트폰 이용자들이 게임은 물론 TV와 영화, 동영상 콘텐츠를 즐기는 것처럼, 앞으로는 다양한 가상현실 콘텐츠가 등장할 것이다.

현재 아우디(Audi)와 람보르기니(Lamborghini), 쉐보레(Chevrolet) 등 자동차 기업이 가상현실 드라이브 콘텐츠 서비스를 마케팅에 활용하고 있는데, 앞으로는 유통, 부동산, 여행 등 서비스업에서 가상현실을 활용할 것이다.

　다음으로 가상현실 플랫폼 시장을 살펴보자. 현재 가상현실 플랫폼 분야에는 디바이스 제조사와 콘텐츠 개발업체 등 일부 글로벌 기업들이 초기 단계 시장에 진출한 상황이다. 구글(Google)은 가상현실 플랫폼인 데이드림(Daydream)을 운영 중이고, 마이크로소프트는 가상공간에서 손쉽게 디자인할 수 있는 홀로스튜디오(HoloStudio)를 운영 중이다. 그리고 우리나라에서도 가상현실 플랫폼 시장이 커질 것이다. 최근 들어 많은 기업들이 가상현실 테마파크 등 오프라인 플랫폼을 구축하고 있는데, 앞으로 온라인과 오프라인에서 많은 가상현실 플랫폼이 등장할 것이다.

　마지막으로 시장조사업체 IDC에 의하면 "가상현실 디바이스(기기)는 2022년까지 전 세계에서 6,890만 대가 판매될 것이고, 판매량은 연평균 52.5% 증가할 것이다." 또 세계 가상현실 디바이스 시장은 159억 달러 규모로 성장할 것이다. 현재 세계 시장에서 페이스북(Facebook)과 삼성, 구글, 마이크로소프트 등이 강세를 보이고 있는데, 샤오미(Xiaomi) 등의 중국 기업이 저렴한 가격으로 추격해 올 것이다.

　앞으로 우리는 가상현실 디바이스를 일상에서 자주 만나게 될 것이다. 공연장과 전시장, 여행사, 자동차 운전학원, 인테리어 업체, 놀이공원 등에서 가상현실 디바이스를 활용하게 될 것이기 때문이다. 가상현실은 서비스업에서 다양하게 이용될 것이다.

둘째, 가상현실은 서비스업에서 마케팅의 핵심도구로 활용될 것이다. 오프라인 매장에서는 가상현실 기술을 활용해 고객 개개인에게 맞춤형 서비스를 제공할 것이므로, 판매사원들은 가상현실을 활용한 서비스를 제공하는 교육을 받게 될 것이다. 소비자들은 제품을 사용하기 전에 가상으로 제품을 체험해 볼 수 있으므로, 오프라인 매장에서도 가상현실 등의 기술을 활용하게 될 것이다. 이미 많은 글로벌 패션 브랜드는 매장 내에서 가상현실 기기를 활용해 실제로 옷을 입어보는 경험을 제공해 주고 있다.

유통업에서 가상현실 기술을 활용할 때는 무엇보다 편의성이 중요하다. 고객은 가상현실 기술을 자연스럽게 이용할 수 있는 것

탑샵(Topshop) 매장에서 고객들이 가상현실 기기를 활용해 옷을 입어보고 있다.

을 선호한다. 일례로 고객이 스마트폰 앱에 접속해 자신이 원하는 상품의 화면에 시선을 고정하기만 하면, 가상현실 기술을 활용한 제품 체험 서비스를 자동으로 제공하도록 해야 한다. 자연스럽게 제품을 체험해 보도록 유도하면 상품 구매율을 획기적으로 높일 수 있을 것이다.

또 세상 모든 것이 네트워크로 연결되는 세상에서는 옴니채널 (Omni-channel)을 활용한 서비스업이 인기 있을 것이다. 삼정KPMG 경제연구원이 발표한 「4차산업혁명과 초연결사회, 변화할 미래 산업」에 따르면 "옴니채널은 ICT를 활용해 소비자들이 모든 유통경로가 연결된 환경에서 쇼핑하는 것을 의미한다. 옴니채널은 가상현실과 챗봇(chatterbot) 등을 활용해 더욱 발전할 것이다. 2020년에는 1억 명 이상이 증강현실로 쇼핑할 것인데, 소비자는 증강현실 기술을 활용해 구매하고 싶은 가구를 자신이 거주하는 집에 배치할 수 있을 것이다."

영화, 게임, 공연, 전시 등 콘텐츠 서비스업에서는 홀로그램과 가상현실 등을 활용하는 기업이 성장할 것이다. 일례로 관객으로 하여금 마치 화면 속으로 들어가게 하는 영화, 영화 속의 주인공이 되어 배우들과 대화를 주고받는 영화가 등장할 것이다.

19
스마트시티, 건설업의 패러다임을 바꾼다

소동파(蘇東坡)는 '상유천당 하유소항'(上有天堂 下有蘇杭), '하늘에는 천당이 있고 땅에는 쑤저우와 항저우가 있다'는 유명한 말을 남겼다. 이 말은 쑤저우와 항저우가 살기 좋고 아름답다는 뜻인데, 몇 년 전까지만 해도 항저우의 하늘은 황사로 뒤덮였고, 운하는 생활 하수와 쓰레기로 오염되었다.

게다가 항저우에는 900만 명이나 거주하고 있어서 상습적인 교통체증이 발생했다. 네덜란드의 내비게이션 개발사 톰톰(TomTom)은 2015년에 '세계에서 가장 혼잡한 도시 순위'를 발표했는데, 항저우는 중국에서 5위, 세계에서 30위를 기록했다.

하지만 지금은 교통 흐름이 원활해졌다. 항저우에 본사를 둔 알리바바(Alibaba)가 2017년 스마트시티(smart city) 시스템인 'ET 시티 브레인'(ET City Brain)을 구축했기 때문이다. ET 시티 브레인은 알리바바가 자체 개발한 인공지능을 활용한 스마트시티 시스템이다. 항저우 곳곳에는 5만여 대의 CCTV가 설치되어 있는데, 이를 통해 도시 전체의 상황을 한눈에 파악해 실시간으로 교통정보를 분석한다. 도로 위 차량의 수, 속도, 진행 방향 등을 파악해 전체 차량의 흐름을 원활하게 한다.

알리바바는 항저우에 ET 시티 브레인을 구축했다.

항저우는 ET 시티 브레인을 도입한 이후 도심의 차량 이동 시간이 평균 15% 줄었다. 주행속도가 15% 증가하면서 자동차 한 대당 평균 이동 시간이 3분여 절약되었고, 출퇴근 시간도 단축되었다. 일례로 항저우 구급센터는 ET 시티 브레인을 활용해 구급차의 현장 도착 시간을 50%나 단축했다. 최적 경로를 산정해 구급차가 모든 길을 통과하는 시간을 정확히 계산하고, 신호등을 자동으로 조절했기 때문이다.

게다가 ET 시티 브레인은 교통사고나 주차위반 등을 자동으로 신고한다. 도로에서 교통사고가 발생하면 20초 내에 감지해 사고 현장에서 가장 가까이 있는 경찰관에게 신속하게 통보한다. 불법주차와 신호위반을 하는 차량의 동영상과 사진을 분석해 자동으로 교통위반 행위를 단속한다. 또 시민 개개인의 세세한 움직임까지 파악하기 때문에 무단횡단을 하는 보행자와 지명수배 중인 범죄자를 실시간으로 추적한다.

스마트시티는 인적 자원과 환경, 에너지, 교통, 도시 인프라 등에 첨단 ICT를 활용해 삶의 질을 향상시키는 미래형 도시이다. 스마트시티는 부동산 시장이 침체되어 위기에 빠진 건설산업에 신성장동력이 될 수 있는데, 다음과 같은 장점이 있다.

■ 효율성이 높다. 스마트시티를 건설하면 도시의 운영비용을 30% 이상 줄일 수 있고, 생산성을 20% 이상 늘릴 수 있다. 또 스마트시티를 건설하는 과정에서 여러 산업을 발전시켜 일자리를 늘릴 수도 있다. 그리고 스마트시티가 완성되면 도시의 경쟁력이 강화되고, 궁극적으로는 국가에도 이익을 줄 수 있다.

■ 안전하고 편리하며 깨끗한 도시를 만들 수 있다. 오늘날에는 범죄와 교통체증, 환경오염, 정전 등이 심각한 도시 문제로 떠올랐는데, 스

마트시티는 범죄를 예방하고, 교통체증을 완화하며, 쓰레기 처리 등 환경 문제도 해결하고, 에너지를 절약할 수도 있다.

이처럼 장점이 많으니 앞으로 스마트시티가 늘어날 수밖에 없는데, 지금 중국은 스마트시티 분야에서 세계 최고 수준으로 급부상하고 있다. KDB산업은행의 「중국 스마트시티 건설 현황 및 전망」에 따르면 "중국 정부는 2012년 11월 '국가 스마트시티 시범도시 잠정 관리방법'을 발표했고, 2017년 말 기준 중국에서 건설 중인 스마트시티는 약 500개로 전 세계 스마트시티의 50%를 차지하고 있다. 2017년 중국 스마트시티 시장 규모는 약 6,500억 위안으로 추정되는데, 2020년까지 1조 위안 규모로 성장할 것이다."

우리나라 정부 역시 스마트시티에 투자를 늘리고 있다. 2017년 10월에 열린 4차산업혁명위원회의 첫 회의에서 문재인 대통령은 스마트시티의 중요성에 대해 강조했고, 2018년 1월에는 세종시와 부산시가 스마트시티 시범도시로 선정되었다. 그리고 2019년 5월 2일 국토교통부는 '2019년 스마트시티 챌린지' 사업에 광주·부천·수원·창원·대전·인천 등 6개 도시를 선정했다.

이 사업에 선정된 광주시는 지역 중소기업과 함께 충장로 일대에 '블록체인 기반 데이터·리워드 플랫폼'을 구축할 계획이다. 시민 주도로 플랫폼을 구축하고, 빅데이터를 분석해 상권을 활성화할 것이다. 부천시는 한전KDN, 카카오모빌리티 등과 함께 블록체인 기술을 활용한 주차장 정보 시스템을 구축할 계획이다. 또 수원시는 삼성전자·삼성SDS와 5G 기반의 모바일 디지털 트윈 사업을 진행할 예정이다.

정부가 주도하는 스마트시티 선정 사업에 선정되면 자금을 지원받을 수 있고, 관련 규제도 면제받으므로 민간투자를 이끌어낼 수 있다. 결과적으로 도시의 경쟁력이 커질 수 있으므로, 지역경제도 활성화할 수 있다. 그래서 지금 여러 도시들이 스마트시티에 관심을 보이고 있다.

> ■ 핀란드 헬싱키 인근의 작은 항구도시인 칼라사타마(Kalasatama)는 활기 넘치는 곳으로 바뀌었다. 이 도시에서는 자율주행차와 전기자동차 등 친환경자동차를 이용하고 태양열과 풍력 등 신재생에너지를 생산하는 스마트시티가 들어서고 있다. 현재 이 도시에서 운행되는 자율주행버스 소호요아(Sohjoa)는 8인승 전기차이며, 한 번 충전하면 100㎞를 운행할 수 있다. 또 쓰레기를 깨끗하게 수거하는 시스템도 갖추었다. 뚜껑을 열어 쓰레기를 넣으면 진공관을 통해 지하 처리시설로 배출되도록 했다.
>
> ■ 차량이 목적지까지 이동할 때 녹색 신호등만 들어온다면 교통 흐름이 개선되고 배기가스도 줄어들 것이다. 네덜란드 암스테르담에서는 이러한 일이 실제로 가능하다. 인공지능을 활용해 효율적으로 교통 흐름을 통제하는 스마트시티를 구축했기 때문이다.

칼라사타마에서 운행되는 자율주행버스 소흐요아

■ 스페인 바르셀로나에서는 글로벌 기업 CP(City Protocol)의 주도하에 스마트시티가 건설되고 있다. 이 스마트시티에는 빈 주차공간을 실시간으로 알려주는 스마트 주차 시스템이 설치되는데, 주차하면 주위의 와이파이 가로등과 무선으로 연결되어 중앙관제 시스템에 '주차 중'이라는 정보가 반영된다. 또 와이파이 역할을 하는 스마트 가로등은 소음 수준, 공기 오염도, 인구 밀집도 등을 실시간으로 파악해 조명을 비추므로, 도시 전체의 전력 사용량을 30% 이상 절약한다.

■ 2017년 4월 국토교통부와 LH는 쿠웨이트 정부와 쿠웨이트 사막에 한국형 미래도시인 K-스마트시티를 수출하는 계약을 체결했다. 이 사업의 공사비는 4조 5,000억 원에 이르며, 분당의 3배 규모로 조성된다. 앞으로 최대 4만 명을 수용할 수 있는 이 스마트시티에는 대중교통 정보를 한눈에 확인할 수 있는 C-ITS를 비롯해 스마트 환경관리 및 수자원 시스템이 마련된다.

쿠웨이트 압둘라에 조
성될 신도시 조감도

　　현재 건설업 경기가 좋지 않고, 향후 전망도 그다지 밝지 않다. 이
러한 상황에서 스마트시티는 위기에서 벗어나는 돌파구가 되어줄
것이다. 우리나라 건설사들은 이미 대규모 신도시를 개발한 사업경
험이 있는데, 인공지능 등 ICT 기술을 활용해 국내외에서 스마트시
티 건설사업에 뛰어들면 좋을 것이다. 특히 대규모 신도시를 개발한
경험은 해외에서 스마트시티 시공사로 선정되는 데 유리할 것이다.

10년 후 한국경제
Report

　　첫째, 앞으로 10년간 스마트시티, 스마트홈(smart home), 스마트빌딩
(smart building) 등으로 불황에서 벗어나려는 건설사들이 늘어날 것
이다.

스마트홈은 가전제품을 비롯해 전기와 수도, 보안기기 등 모든 것을 통신망으로 연결해 제어할 수 있는 기술이다. 스마트홈은 사용자의 특성에 따라 자동으로 작동하거나 원격으로 조종할 수 있는 미래형 주택이다. 앞으로 스마트시티와 더불어 스마트홈이 각광받을 것인데, 스마트홈산업협회에 따르면 "국내 스마트홈 시장은 연평균 9.5% 성장할 것이다. 2017년 약 15조 원에서 2025년 약 31조 규모로 성장할 것이다."

다음으로 스마트빌딩은 건축 기술과 ICT 기술이 융합된 첨단 건물이다. 건물의 주요 설비에 사물인터넷 센서를 적용해 빌딩 내의 모든 상황을 모니터링하고 이를 기반으로 최적화된 운영을 할 수 있다. 마켓 앤 마켓(Markets and Markets)에 따르면 "세계 스마트빌딩 시장은 2016년 57억 3,000만 달러에서 2021년 247억 3,000만 달러 규모로 성장할 것이다."

스마트빌딩은 에너지 사용량도 크게 줄일 수도 있다. 파리기후변화협정이 체결된 이후 각국 정부는 온실가스 감축 의무를 이행해야 하는데, 스마트빌딩은 이에 부합한 미래형 빌딩이다. 미래의 스마트빌딩에는 제로에너지 빌딩(Zero-energy building, 에너지 소비량이 최종적으로 영(0)이 되는 건축물) 기술이 적용될 것이기 때문이다. KT경제경영연구소의 「갈수록 똑똑해지는 스마트 빌딩-스마트 빌딩의 트렌드와 국내외 사례」에 따르면 "최근에는 스마트빌딩이 제로에너지 빌딩 단계까지 발전했다. 참고로 우리나라는 2025년까지 제로

에너지 빌딩을 의무화할 예정이다." 따라서 앞으로 제로에너지 빌딩이 크게 늘 것이다.

마지막으로 우리나라에 새로 들어서는 신도시는 스마트시티가 될 것이다. 우리나라 정부는 스마트시티를 '9대 국가 전략 프로젝트'로 선정했는데, 2017년 3월에 '스마트도시의 조성 및 산업진흥 등에 관한 법령' 개정안이 국회 본회의에서 통과되었다.

최근 우리나라 건설업체들은 국내뿐만 아니라 쿠웨이트, 베트남, 미얀마, 볼리비아, 인도 등에서 스마트시티를 건설하고 있는데, 국내외 스마트시티 시장 전망은 밝다. KDB산업은행의 「4차 산업혁명의 종합 플랫폼, 스마트시티」에 따르면 "스마트시티 세계 시장은 2025년까지 성장세가 지속되어 2조 달러 규모로 성장하고, 국내 시장은 2021년까지 151조 원 규모로 성장할 것이다."

제로에너지 빌딩은 에너지 소비량을 크게 줄이는 친환경 빌딩이다.

둘째, 스마트시티와 스마트빌딩이 생기면 새로운 유망직업이 생길 것이다. 시스코 시스템즈(Cisco Systems, Inc.)의 쟝 벨리보 던(Jeanne Beliveau-Dunn) 부사장은 스마트시티가 확산되면 다음과 같은 직업이 유망하다고 전망했다. "도시가 자동화되기 위해서는 로봇 기술이 필요해지므로 로봇공학 전문가가 유망할 것이다. 이외에도 스마트시티에서는 도시의 안전 및 보안을 실시간으로 점검해야 하므로 사이버 보안 분석가가 필요해질 것이고, 인공지능 전문가, 3D프린팅 기술자, 가상현실 디자이너, 네트워크 프로그래머(SDN), 도시 혁신 및 역학 전문가 등도 필요해질 것이다."

이외에도 스마트빌딩과 관련된 유망직업은 플랜트 엔지니어, 스마트빌딩 기획자, 제로에너지 빌딩 기술자 등이 있다. 일례로 제로에너지 빌딩 기술이 주목받으면서 제로에너지 빌딩과 관련된 수업을 하는 건축학과와 토목공학과가 늘 것이다. 우리는 자동차의 배기가스가 이산화탄소를 배출하는 주범이라고 알고 있는데, 현재 우리가 사용하는 오래된 건물들은 자동차 못지않게 이산화탄소를 많이 배출한다. 파리기후변화협정이 체결된 이후 세계 각국이 이산화탄소 등 온실가스를 감축하고 있으므로, 제로에너지 빌딩 기술자가 유망할 것이다.

.

제3부

소비와 생활, 트렌드를 알아야 돈이 보인다

2030
The Korean economy

20
인구변화, 소비 지도를 바꾼다

인구학자 조셉 샤미(Joseph Chamie)는 "2075년이 되면 아프리카를 제외한 모든 대륙에서 65세 이상 인구가 15세 미만 인구의 2배가 되는 시점이 온다"고 말했다. 경제협력개발기구(OECD)는 "2050년에 세계인구 중 60세 이상 인구비율이 21%에 달할 것이고, 2047년에는 인류 역사상 최초로 16세 이하 인구보다 60세 인구가 더 많아질 것"이라고 예측했다.

앞으로 우리나라 인구는 저출산·고령화로 감소할 것이다. 지금처럼 저출산·고령화가 지속되면 노인부양비와 총부양 비율이 세계 최고 수준으로 치솟을 것이다.

2019년 9월 2일 통계청은 「2019 장래인구특별추계를 반영한 세계와 한국의 인구현황 및 전망」을 발표했다. 이에 따르면 "우리나라 인구는 2028년 5,194만 명을 정점으로 감소해 2067년에는 3,900 만 명으로 줄어들 것이다. 2019~2067년 우리나라 유소년인구는 4.3%, 생산가능인구(15~64세)는 27.3% 감소하는 반면 65세 이상 고령인구는 31.6% 증가할 것이다. 그로 인해 2067년 우리나라 생산가능인구 100명당 102명의 노인을 부양해야 하고, 유소년인구까지 포함하면 120명을 부양해야 한다. 이는 세계에서 가장 높은 수준이다."

통계청은 2019년 6월 '장래인구특별추계'(2017~2067년)를 발표했는데, 이에 따르면 "2047년이 되면 전국 17개 시·도 중 세종시만 제외하고 16개 시·도에서 생산가능인구가 2017년보다 32.2% 감소할 것이다."

특히 생산가능인구가 급격히 감소하는 시·군·구가 생길 것인데, 이로 인해 '지방소멸'이 일어날 것이다. 한국고용정보원의 「한국의 지방소멸 2018」에 따르면 "전국 시·군·구(총 228개) 중 소멸위험단계에 해당하는 지역은 2017년 3월 말 85개(37.3%)에서 2040년 217개(95.2%)로 늘어날 것

일본의 지방소멸 문제를 다룬 책 『지방소멸』

이다." 결국 2040년에는 오늘날 존재하는 거의 모든 시·군·구가 소멸할 것이다.

생산가능인구가 감소하면 무엇보다 한국경제의 모든 것을 위축시킨다. 생산가능인구는 생산뿐만 아니라 소비를 주도하기 때문에 이들이 감소하면 생산과 소비도 감소한다. 저출산·고령화로 부양할 인구가 많아지면 그만큼 경제적 여력이 줄고 정부의 재정지출도 늘게 된다. 현재 정부는 생산가능인구가 감소하는 것에 대비하기 위해 정년연장 등을 검토 중이지만, 지방소멸에 대비하는 인구 정책이 필요하다. 특히 영남·호남 지역은 생산가능인구가 감소하는 속도가 다른 지역보다 빠른데, 수도권에 비해 교육 환경이 열악하고 일자리 등이 부족하기 때문이다.

한편 오늘날에는 의학이 발달해 기대수명이 늘고 있다. 「OECD 보건통계 2019년」에 따르면 "2017년 기준 우리나라 기대수명은 82.7년(남자 79.7년, 여자 85.7년)"이다. 오래 살게 되면서 생계를 유지하기 위해 더 많은 돈을 벌어야 하는데, 자신뿐만 아니라 자녀와 부모까지 부양해야 하는 부담을 피하기 위해 결혼을 기피하는 사람이 늘고 있다. 또 결혼하더라도 늦게 결혼하는 사람이 늘자 출산시기도 점점 늦춰지고 있다.

이처럼 기대수명이 늘고 생애주기가 달라지면서 우리나라의 인구구조가 달라질 것이다. 출산시기가 늦춰지면서 출생부터 첫아이를 출산하는 한 세대의 주기가 늘어날 것이고, 결혼하지 않고 나 홀로 사는 1인가구, 65세 이상의 노인인구가 크게 늘 것이다.

현재 우리나라의 고령화 속도는 매우 빠르다. 현재 추세라면 2060년 우리나라의 노인인구 비율은 일본보다 높을 것이고, 세계에서 가장 고령화된 인구구조를 갖게 된다. 앞으로 노인인구와 1인가구가 크게 늘면 소비의 지형도가 다음과 같이 달라질 것이다.

저출산·고령화가 일으키는 소비 시장 트렌드

현재 우리나라 60세 이상 인구는 1천만 명 이상이고, 1인가구 비율은 30%에 이르는데, 이에 따른 소비 지형도의 변화를 다룬 보고서가 발표되었다. 대한상공회의소의 「인구변화에 따른 소비시장 新풍경과 대응방안 연구」에 따르면 "인구변화로 어르신 시장 확대, 나홀로 소비 증가, 가치소비 확산 등 6개 트렌드가 확산될 것이다."

1. 어르신 시장이 열린다

현재 우리나라 60세 이상 인구는 1,042만 명이다. 이는 2000년에 비해 2배가량 늘어난 것이다. 이들은 한국경제가 고도성장하던 시기에 생산가능인구로 활약했고, 이들 중 상당수는 넉넉한 퇴직금을 받았기 때문에 어느 정도 구매력을 갖추고 있다. 또 스마트폰 등을 통한 온라인쇼핑에도 능해 향후 소비 시장에서 주요 고객으로 부상할 가능성이 크다. 일본의 경우 70세 이상 고령층이 가계 금융 자산의 60% 이상을 보유하고 있는데, 이들은 소비 시장에서 주요 고객이다.

2. '가족소비'에서 '나 홀로 소비'로

1인가구 비율은 2000년 15.5%에서 2017년 12월 28.6%로 늘었다. 1인가구가 늘면서 마트에서 대량구매하는 '가족소비'가 줄고, 외식과 조리식품을 선호하는 '나 홀로 소비'가 늘고 있다. '나 홀로 소비'는 젊은 세대를 중심으로 늘고 있는데, 가격이 중요한 선택 기준이 되고, 편의점 등에서 간편식의 수요가 늘 것이다. 일본의 경우 1인가구 비율이 2000년 27.6%에서 2017년 34.5%로 늘었는데, 마트와 백화점 등 대형소매점 매출은 2007년 21조 1,987엔에서 2017년 9조 6,025엔으로 감소한 반면 같은 기간 편의점 매출은 7조 4,895엔에서 11조 7,451엔으로 증가했다.

3. 가치소비로 만족 추구

얼마 전부터 '소확행'(작지만 확실하게 실현 가능한 행복), '가심비'(가격 대비 마음의 만족을 추구하는 소비 형태) 등 신조어가 유행하고 있다. 남들이 하는 대로 따라하는 소비 형태를 거부하고 나만의 만족을 추구하는 트렌드가 확산되고 있다. 남들이 뭐라 해도 나를 위해 '작은 사치'를 부리고 싶어 하고, 물건을 구입하기 전에 매장 등에서 직접 사용하고 제품을 구입하는 '경험소비'가 늘고 있다.

일본의 경우 '작은 사치'는 불황기에 유행했다. '작은 사치'는 젊은 세대에서 고령 세대까지 확산되고 있으며, 친구 또는 지인과 함께 즐기는 트렌드로 확산되었다. 또 경험소비가 늘면서 체험형 매장이 인기를 끌게 되었는데, 레스토랑에서 맛본 음식이 담긴 식기를 그 자리에서 구입하거나 호텔 객실에서 이용한 침구류와 탁자 등을 구매하는 소비자가 늘고 있다.

나이키의 체험형 매장 비콘(Beacon)

4. 편리해야 지갑을 연다

고령층 소비자를 사로잡기 위해서는 편리함이 중요하다. 소비자에게 편리함을 제공하는 상품진열과 응대는 물론 찾아가는 서비스도 제공해야 한다. 일본의 세븐일레븐은 소형트럭이 집 앞까지 방문하는 이동판매서비스를 하고 있으며, 세이코마트는 고령자들이 한곳에서 편하게 쇼핑할 수 있도록 만물상 형태의 매장을 운영해 매출을 높였다.

5. 1인분 시장에 주목하라

1인가구가 늘면서 1인분 음식 등의 소비가 늘 것이다. 일본의 쇼핑몰 돈키호테는 독신고객을 대상으로 '가장 저렴한 매장'을 운영하고 심야영업도 해서 성공할 수 있었다. 일본 편의점 로손은 1인분 포장상품을 늘려 1인가구가 선택할 수 있는 범위를 넓히고 가격부담도 줄였다.

6. 가치와 감성으로 고객을 사로잡아라

단순한 물건이 아니라 독특한 가치를 지닌 상품을 팔고, 그 과정에서 체험·경험을 제공해 만족을 느끼게 해야 한다. 일본의 류보백화점은 전통공예·도자기·유기농 화장품 등 지역상품을 독특한 가치를 지닌 상품으로 개발해 매출이 크게 늘었다. 츠타야서점은 1960~1970년대에 히트한 명작영화나 CD를 진열하고 편하게 커피를 마실 수 있는 공간을 마련해 차별화된 가치를 제공하고 있다.

츠타야서점

첫째, 1인가구가 늘면서 싱글족을 겨냥해 제품을 개발하고 출시하는 솔로 이코노미(Solo Economy)가 확산될 것이다. 우리나라는 1인가구가 OECD 국가 중 가장 빨리 늘고 있는데, 전체 가구에서 1인가구가 차지하는 비중이 2020년 30%에서 2030년에는 33%로 늘 것이다.

매경LUXMEN 제103호 '빅데이터로 본 연령대별 소비키워드'에 따르면, "'혼술·혼밥', 'YOLO'(You Only Live Once) 등 1인가구와 연관 있는 키워드가 유행하고, '딩크족', '싱커족' 등 무자녀부부가 급격하게 늘면서 소비 패러다임이 바뀌고 있다. 이들은 외식이나 유통, 프랜차이즈업계에서 향후 몇 년간 주요고객이 될 것이다."

1인가구를 대상으로 마케팅하려면 소비 트렌드부터 알아야 할 것이다. LG경제연구원의 「인구구조가 소비패턴과 산업구조를 바꾼다」에 따르면 1인가구는 다음과 같은 소비 트렌드가 있다.

- 가장 많은 소비지출을 하는 것은 주거비이다.
- 주거비 다음으로 주류 및 담배를 구입하는 데 소비지출을 많이 한다.
- 집에서 직접 요리하기보다는 외식하거나 가공식품을 구입한다.
- 의류, 미용 등 상품과 서비스의 소비지출이 늘고 있다.
- 1인가구가 늘어나면서 사회적 연계를 중요시하는 소비도 늘고 있다.

■ 남성 1인가구는 운동을, 여성 1인가구는 문화서비스 및 애완동물 선호한다.

■ 1인가구는 여행비로 많은 돈을 쓰지 않는다. 오히려 2인 가구보다 24% 여행비를 적게 쓴다.

일본 편의점에서는 1인가구를 위한 다양한 간편식을 판매하고 있는데, 우리나라 편의점에서도 간편식 매출이 크게 늘고 있다.

둘째, 고령화가 확산되면서 고령친화산업이 성장할 것이다. 현재 다섯 가구 중 한 가구는 65세 이상 고령자가구다. 그 가운데 3분의 1이 고령자 1인가구다. 1955~1963년에 태어난 베이비붐 세대는 현재 711만 명(전체 인구의 14.3%)인데, 앞으로 10년간 이들이 은퇴하면서 소비 시장의 주요고객이 될 것이다. 베이비붐 세대가 은퇴하면서 고령친화산업 시장이 커지고 있는데, 이 시장이 커지면 경기 활성화에 도움을 주는 것은 물론 많은 이들에게 일자리를 제공할 수 있다. 한국은행에 따르면 "고령친화산업의 고용유발계수(10억 원의 재화를 산출할 때 직·간접적으로 창출되는 고용자 수)는 11.4명으로, 산업평균인 8.6명보다 높다."

고령친화산업 시장이 점점 커지자 정부는 2013년부터 고령친화산업 육성을 국정과제로 삼아 미래성장동력산업으로 키우고 있다. 한국보건산업진흥원의 「유망 고령친화산업 현황 및 전문인력 수요 예측」에 따르면 "국내 고령친화산업 시장은 매년 평균 13.0%씩 성장할 것이다. 요양, 식품, 의약품, 의료기기, 화장품, 여가, 금융, 주거용품 등 9개 고령친화산업의 전체 시장 규모는 2015년 68조 원에서 2020년 125조 원으로 2배가량 늘 것이다. 2020년 이후 9개 고령친화산업에서 차지하는 비중은 여가(36%), 식품(24%), 요양(13.8%) 순이 될 것이다."

일본은 우리보다 먼저 고령화가 확산되었는데, 일본 과학기술진흥기구 사회기술연구센터의 「새로운 고령사회 디자인 프로젝트」에 의하면 "일본의 고령친화산업 시장은 매년 평균 13%가량 성장하고 있다." 따라서 2020년 이후 우리나라 고령친화산업 역시 연평균 15% 이상 성장할 것이다.

서울시는 50세 이상의 여가를 지원하기 위해 동작구, 영등포구 등에서 50플러스센터를 운영하고 있다.

21
밀레니얼 세대, 미 제너레이션을 잡아라

경기불황으로 음식점과 주점 등 골목상권이 크게 위축되었지만 밀레니얼 세대(millennial generation)가 몰리는 홍대 상권은 불야성을 이룬다. 밀레니얼 세대는 1981년부터 1996년 사이에 태어난 세대를 말한다. 이들은 새로운 밀레니엄(2000년) 이후 소비 트렌드를 이끄는 주역이 되었다.

IT 기술과 함께 성장한 이들 세대는 어릴 때부터 인터넷을 접해 모바일 기기와 소셜 네트워트(SNS)를 능숙하게 활용하는 '디지털 네이티브'(Digital Natives)다. 또 집단의 이익보다는 자신 위주로 생각하고 행동하는 '미 제너레이션'(me generation)이다. 이들은 이전 세대인 베이비붐 세대(1955년생부터 1963년생까지)와 X세대(1964년생부터 1980년생까지)보다 대

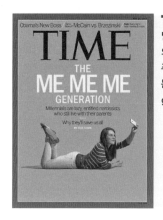

밀레니얼 세대는 집단의 이익보다는 자신 위주로 생각하고 행동하는 '미 제너레이션'(me generation)이다.

학진학률이 높지만 2007년 글로벌 금융위기 이후 사회생활을 시작했기에 결혼과 연애, 출산, 내 집 마련 등을 포기하거나 미루는 경향이 있어서 'N포 세대'다.

이들은 왜 모든 것을 포기하려 할까? 한국경제는 2007년 금융위기를 겪은 이후 2012년부터 경제성장률이 연평균 3%를 밑돌고 있다. 한국경제가 초라한 성적표를 받을 때부터 사회생활을 시작한 이들 중 상당수는 아직까지 학자금대출을 갚지 못하고 있다. 사회생활을 시작하기 전부터 빚쟁이로 전락했기에 결혼과 출산을 기피하는 것이다.

그런데 이들은 빚이 있더라도 자신을 위해 소비하는 데만큼은 돈을 아끼지 않는다. 최근 노스웨스턴 뮤추얼(Northwestern Mutual)은 미국 성인 2,000명을 대상으로 조사했다. 이에 따르면 "밀레니얼 세대는 대출을 제외하고 평균 2만 7,900달러의 개인 부채를 갖고 있는데, 이들의 가장 큰 부채 원인(25%)은 신용카드로 소비하기 때문이다." 이들은 대출이 있고 저소득임에도 불구하고 자신을 위한 소비만큼은 줄이지 않는다.

밀레니얼 세대 전문 연구자인 린 랭카스터(Lynne C. Lancaster)와 데이비드 스틸먼(David Stillman)은 "앞으로 20년간 밀레니얼 세대가 기업과 사회를 지배할 새로운 인류"라고 말했고, 영국의《파이낸셜 타임스(Financial Times)》는 "밀레니얼 세대는 세계 인구의 25퍼센트를 차지하는데, 이들이 세계경제 질서를 새롭게 재편하기 시작했다"고 말했다.

현재 1981년부터 1996년까지 태어난 국내 밀레니얼 세대는 1,098만 명인데, 이들은 전체 인구의 약 22%를 차지한다. 이들은 이미 소비 시장에서 최대 고객층으로 등장해 기업의 생산, 마케팅 등을 변화시키고 있으며, 기업 내에서 구성원으로 자리를 잡으면서 조직문화까지 바꾸고 있다.

기업에서는 비품을 구입하거나 회식 등을 할 때 이들에게 맡긴다. 이들은 인터넷을 통한 정보검색 능력이 뛰어나서 가성비가 뛰어난 곳을 잘도 찾아낸다. 본의 아니게 이들은 직장은 물론 가정에서도 구매결정권을 갖게 된 것이다. 또 이들은 자신을 위해서도 신용카드를 긁는다.

이러한 트렌드에 주목한 국내외 기업들은 이들을 사로잡는 데 열을 올리고 있다. 이들의 라이프 스타일에 맞는 신제품을 내놓고, 디자인도 뜯어고치고 있다. 일례로 5년 연속 매

구찌는 2015년부터 밀레니얼 세대를 겨냥해 디자인과 마케팅을 파격적으로 바꾸면서 매출이 급성장했다.

출이 20%씩 줄었던 명품 브랜드 구찌(Gucci)는 2015년부터 밀레니얼 세대를 겨냥해 디자인과 마케팅을 파격적으로 바꾸면서 매출이 급성장했다.

대학내일 20대연구소는 전국 만 15~34세 남녀 중 최근 6개월 내에 패션제품을 구매한 소비자 500명을 대상으로 설문조사를 실시했다. 이에 따르면 "밀레니얼 세대의 76.6%는 자기만족을 위해 명품을 구입했다. 이들이 선호하는 명품 브랜드는 구찌(41.2%), 샤넬(24.8%), 루이비통(7.2%) 순이다."

밀레니얼 세대는 어떤 소비 성향을 보일까?

밀레니얼 세대는 '미 제너레이션'(me generation)이라고 불릴 정도로 타인보다 자신을 가장 중요하게 생각한다. 이들은 자신보다는 조직을 우선하는 베이비붐 세대 그리고 X세대와 달리 자신을 위한 자기계발 등을 중시한다. 건강은 물론 몸값을 높이기 위해 다른 세대보다 자기계발에 많은 돈을 지출한다.

이외에도 이들은 다음과 같은 소비 성향을 보인다.

■ **워라밸**('일과 삶의 균형'이라는 의미인 'Work-life balance'의 준말)**과 욜로**('인생은 한 번뿐이다'를 뜻하는 'You Only Live Once'의 앞 글자를 딴 'YOLO')**를 추구한다.** 밀레니얼 세대는 자신의 행복을 가장 중시하는 경향을 보인다. 이들은 여가시간에 취미와 여행 등을 즐기는 데 돈을 아끼지 않는다. '한

달 살기' 등 장기여행을 즐기고, 혼술과 혼밥 등 '혼자 놀기'도 좋아한다. 또 자신을 위해 '작은 사치'도 부린다. 명품 브랜드를 비롯해 고급 커피 머신, 토스터를 구매하고, 수십만 원 상당의 전

밀레니얼 세대는 욜로를 추구한다.

시회 또는 공연 티켓을 구매한다.

■ 자신이 좋아하는 일에는 기꺼이 돈을 쓰지만 불필요한 소비는 줄이는 욜테크족이 많다. 욜테크는 '욜로'(YOLO)와 '짠테크'를 합친 신조어로, 욜테크족은 적은 돈이라도 아끼고 모아 행복을 느낀다. 이들은 평소에 가계부를 쓰면서 불필요한 소비를 줄이고 자신이 좋아하는 것을 하기 위해 돈을 모은다. 2019년 1월 하나금융경영연구소가 발표한 「밀레니얼의 부상과 가치관 변화」에 따르면 "기성세대는 노후 대비를 위해 저축했지만 밀레니얼 세대는 여행과 자기계발 등 즐거움을 위해 저축한다."

■ 온라인 구매를 선호한다. 일례로 온라인 쇼핑에서 밀레니얼 세대가 차지하는 비중이 늘면서 국내 패션업계는 온라인 전용 브랜드를 따로 론칭하고 있다. 또 온라인 쇼핑업체들은 이들 세대를 사로잡기 위해 기업 이미지도 신경 쓰고 있다. 이들 세대는 SNS 등을 이용한 정

다이슨 슈퍼소닉 헤어드
라이어

보검색 능력이 뛰어나기 때문에 갑질과 동물학대 등을 일삼는 기업에 등을 돌린다.

- 가성비를 넘어 가심비를 추구한다. 가심비는 가성비는 물론 심리적 만족감까지 중시하는 소비 형태이다. 밀레니얼 세대는 가격이 좀 더 비싸더라도 만족도가 높은 제품을 구매한다. 가심비를 추구하기 때문에 50만 원대의 다이슨 헤어 드라이어와 5만 원대의 금장 모나미 볼펜도 구매한다.

- 소유하기보다는 공유하려 한다. 이들은 목돈이 없기 때문에 집은 물론 자동차, 운동기구 등의 상품을 구매하기보다는 렌트하는 것을 선호한다.

10년 후 한국경제
Report

첫째, 앞으로 10년 후 밀레니얼 세대가 팀장 등 관리자가 되면서 기업문화가 바뀔 것이다. 현재 X세대는 10년 후 CEO와 임원이 되는데, 밀레니얼 세대는 X세대와 평사원을 잇는 중간관리자가 될 것이다. 이은형의 『밀레니얼과 함께 일하는 법』에 따르면 "최근 몇 년간 신입사업을 많이 채용한 기업의 30% 이상은 밀레니얼 세대를 채용했다. 기업에서 이들 세대의 비중이 늘면서 기업문화에 큰 변화가 일어나고 있다."

이들은 조직에 불만이 있더라도 꾹 참고 회사를 다녔던 X세대와 달리 회사에 문제가 있다고 느끼면 퇴사한다. 한국경영자총협회에 따르면 "신입사원이 1년 내 퇴사하는 비율은 2010년 15.7%에서 2016년 27.7%로 늘었다." '2017 딜로이트 밀레니얼 서베이'에 따르면 "밀레니얼 세대의 44%가 '기회만 주어진다면 2년 내에 직장을 떠날 것'이라고 답했다."

밀레니얼 세대는 어려서부터 인터넷을 통한 정보검색을 생활화했다. 이들에게 윗세대는 '더 좋은 방법이 있는데도 기존 방식만 고집하는 꼰대'로 보인다. 그래서 윗세대와 마찰을 빚어 퇴사하는 경우가 많다. 대한상공회의소에 따르면 밀레니얼 세대는 기업문화 중 변해야 한다고 생각하는 것으로 "'일방적인 의사소통'(36.7%)을 가장 많이 꼽았고, 그 다음으로 '비효율적인 업무관행'(27.9%), '연공서열행 평가와 보상'(16.8%), '개인보다 조직을 중시하는 분위기'(16.5%)를 꼽았다."

이러한 기업문화를 기피하는 밀레니얼 세대가 팀장이 되면 기업문화가 다음과 같이 달라질 것이다. 기업 내에서 일방적으로 지시하는 풍조가 사라지고, 기존의 것을 버리고 새롭고 효율적인 업무

밀레니얼 세대가 팀장이
되면 기업문화가 새롭게
달라질 것이다.

방식을 채택할 것이며, 프로젝트에 대한 성과를 직급보다는 공헌
도에 따라 보상할 것이고, 구성원 개개인을 중시하는 기업문화가
조성될 것이다.

둘째, 밀레니얼 세대가 소비를 주도하는 고객층이 될 것이다. KT
경제경영연구소의 「1인가구 확대에 따른 고객군 변화: 밀레니얼
세대의 미디어 이용행태 변화에 주목」에 따르면 "2027년이면 전
국 모든 지역에서 1인가구의 비중이 가장 높아지는데, 20~30대
의 밀레니얼 세대 1인가구는 다른 세대보다 소비의향이 높은 편이
다. 따라서 밀레니얼 세대가 소비를 주도하는 고객층으로 부상할
것이다."

밀레니얼 세대는 소비 시장을 다음과 같이 변화시킬 것이다.

■밀레니얼 세대는 TV보다는 스마트폰과 노트북을 이용해 지상파 시청을 많

이 한다. KISDI에 따르면 "현재 밀레니얼 세대의 70%가 TV를 통한 지상파 시청을 하는데, 이는 30대 이상 연령층에 비해 10% 이상 낮은 비율이다." 최근 'KT 올레TV' 등 유료방송시장이 빠르게 성장하고 있지만 밀레니얼 세대가 주요 소비자층이 되면 상황이 달라질 것이다. 최근 미국에서는 지갑이 얇은 대학생들을 대상으로 웹 기반 TV 서비스인 '필로'(Philo)가 출시되었는데, 필로는 월 16달러로 Youtube TV보다 저렴하게 TV를 시청할 수 있다. 앞으로는 TV 중심의 유료방송 서비스보다는 웹 기반 TV 시청 서비스를 많이 이용할 것이다.

■밀레니얼 세대는 스마트폰이 개인 맞춤형 어시스턴트 역할을 해주기를 바란다. 2017년 CGS가 1천 명의 미국 밀레니얼 세대를 설문조사한 결과 "약 49%가 AI 기능을 활용한 어시스턴트 기능을 수행해 주기를 기대한다"고 응답했다. 예를 들어 미팅을 위해 식당을 예약할 때 AI가 평소 자신의 소비 패턴을 토대로 식당을 추천해 주기를 바라는 것이다. 이처럼 AI를 활용한 온라인 중심 개인 맞춤형 서비스의 수요가 더욱 늘면서 광고 및 마케팅 시장이 달라질 것이다.

필로는 월 16달러로 Youtube TV보다 저렴하게 TV를 시청할 수 있다.

■밀레니얼 세대는 자기만족을 추구하므로 명품 시장에서 주요 고객층이 될 것이다. 저성장 기조가 이어지는 가운데도 중국 밀레니얼 세대의 명품 소비는 오히려 늘고 있다. 베인 앤 컴퍼니(Bain & Company)의 「중국 사치품 시장 연구」 보고서에 따르면 "미중무역전쟁 등의 여파로 중국의 경제성장률은 둔화되고 있지만 2018년 중국의 명품 시장 규모는 1,700억 위안에 달한다. 이는 전년보다 20% 이상 성장한 것이다. 현재 전 세계 명품 시장에서 중국 소비자가 차지하는 비중은 33%에 달하는데, 중국 명품 시장은 밀레니얼 세대가 주도하고 있다. 세계 명품 시장에서 중국 소비자가 차지하는 비중은 2025년에 50%까지 늘어날 것이다."

대학내일 20대연구소에 따르면 국내 밀레니얼 세대는 "명품을 '자기만족을 위해'(76.6%) 구매하는데, 구매하고 싶은 명품의 조건 1위는 '좋은 품질'(64.4%)이고, 2위는 '유행을 타지 않는 디자인'(51.4%)이다." 이처럼 밀레니얼 세대는 좋은 품질의 제품을 오래도록 사용할 수 있는 실용적인 명품을 선호하는데, 이러한 요구에 부합하는 명품이 인기 있을 것이다.

■가전제품 등을 제조하는 업체들은 개인의 개성을 중시하는 밀레니얼 세대를 위한 '개인 맞춤형 가전'을 많이 출시할 것이다. 일례로 2019년부터 삼성전자는 '프로젝트 프리즘'의 첫 작품으로 비스포크 냉장고를 선보였다. 비스포크(Bespoke)는 '맞춤 정장'의 어원인데, 비스포크 냉장고는 소비자의 취향에 따라 제품의 형태·색상·재질을 마음대로 선택해 2만 2,000개의 다양한 조합을 만들 수 있다. 또한 주방가구와 디자인, 배치 등을 조화롭게 이루는 '빌트인 룩'을 구현할 수 있다.

개인 맞춤형 비스포크 트렌드는 패션과 뷰티 업계에도 일 것이다. 일례로 피부의 상태는 개개인마다 다른데, 개인의 타고난 DNA와 환경 요인, 호르몬 주기, 수면 패턴, 흡연 여부 등을 고려한 개인 맞춤형 화장품이 인기 있을 것이다.

삼성전자의 비스포크 냉장고

22 포노 사피엔스, 스마트폰이 소비를 바꾼다

지금으로부터 약 4~5만 년 전, 현생인류인 호모 사피엔스 (Homo sapiens)가 등장했다. 두 발로 서서 걷기 시작한 이들은 도구와 언어를 사용하면서 문명을 열 수 있었다.

2007년 아이폰이 탄생하면서 인류는 새로운 문명을 열게 되었다. 스마트폰을 몸의 일부처럼 들고 다니게 되었고, 2015년 2월 영국 주간지 이코노미스트(The Economist)는 '스마트폰의 행성'(Planet of the Phones)이라는 기사를 통해 "이제 인류는 포노 사피엔스(Phono Sapiens) 시대를 맞게 되었다"고 했다.

포노 사피엔스는 1995년 이후에 태어난 Z세대를 일컫는 수식어다. 현재 이들 대부분은 학생이거나 이제 막 직장생활을 시작한 사

이코노미스트는 '스마트폰의 행성' (Planet of the Phones)이라는 기사를 발표했다.

회초년생이다. 이들은 선배 세대인 밀레니얼 세대(millennial generation, 1981년생부터 1996년생까지)와 닮은 것 같지만 다르다. 어릴 때부터 인터넷을 접해 모바일 기기와 SNS를 능숙하게 활용하는 '디지털 네이티브' (Digital Natives)라는 점에서는 밀레니얼 세대와 같아 보이지만 스마트폰을 쥐고 자랐기 때문에 이전 세대보다 훨씬 스마트폰을 자유롭게 사용한다. 하지만 스마트폰에 빠져 있어서 오프라인의 인간관계를 어색해하고 개인주의도 심하다.

오늘날의 청소년들은 대부분 초등학교에 입학하면서부터 스마트폰을 들고 다닌다. 과학기술정보통신부·한국정보화진흥원의 「스마트폰 과의존 실태조사」에 따르면 "2018년 10대 청소년 10명 중 3명은 '스마트폰 과의존위험군'이다. 스마트폰 과의존위험군에 속한 청소년들은 스마트폰으로 게임(95.8%)을 즐기고, 영화·TV·동영상 등을 시청(95.7%)하며, 카카오톡 등 메신저(94.6%)를 사용한다."

우리 주위에 스마트폰만 바라보며 길거리를 걷는 사람들이 늘자 '스몸비'(smombie, 스마트폰smartphone과 좀비zombie의 합성어)라는 신조어도 생겨났다. 스마트폰만 바라보느라 안전에 신경 쓰지 않는 경우가 많은데, 스마트폰을 사용하면서 걸으면 평소 시야각 120~150도보다 10~20도 정도 줄어들어 사고 위험을 높인다. 삼성교통안전문화연구소의 「보행 중 주의분산 실태와 사고특성 분석」에 따르면 "보행자 교통사고의 61.7%는 스마트폰과 관련된 사고였다."

스마트폰만 바라보며 길거리를 걷는 사람들이 늘자 '스몸비'(smombie)라는 신조어도 생겨났다.

이처럼 스마트폰 사용의 부작용이 늘자 국내외에서 이를 적극적으로 방지하기 위한 방안들을 내놓고 있다.

■2017년 7월 미국 하와이 호놀룰루에서는 보행 중 스마트폰을 사용하는 행위에 대해 15~35달러의 과태료를 부과하고 있다. 위반 횟수에

따라 최대 75~99달러까지 벌금이 부과된다.

- 2019년 4월 세계보건기구(WHO)는 어린이의 스마트폰 사용과 관련된 가이드라인을 발표했다. 이 가이드라인에 따르면 2~4세는 하루 1시간 이상 스마트폰 화면에 지속적으로 노출되어서는 안 된다. 어린 나이에 스마트폰 등 전자기기 화면에 노출되면 각종 발달장애로 이어질 위험이 높기 때문이다. 이 점을 고려한 일본의 한 통신사는 어린이들이 걸을 때 스마트폰 사용을 강제로 금지하는 앱을 개발했다.

- 미국 워싱턴 D. C.와 중국 충칭에서는 스마트폰 사용자 전용 보행도로를 설치했다. 서울시는 도로교통공단과 함께 스몸비 교통사고를 예방하기 위해 '바닥신호등 실증사업'을 시범운영했다. 보행신호와 연동되는 신호등을 바닥에 설치해 스몸비에게 안전에 유의하라는 신호를 보내기 위해서다.

- 방송통신위원회는 청소년의 보행 중 안전사고를 예방하기 위해 '사이버안심존' 앱을 만들었다. 이 앱을 스마트폰에 설치하고 5~7걸음을 이동할 경우 화면이 자동으로 잠기는 '스몸비 방지기능'을 선보였다.

포노 사피엔스를 겨냥한 인플루언서 시장이 커진다

비록 부작용을 일으키기는 하지만 스마트폰은 Z세대인 포노 사피엔스뿐만 아니라 모든 세대의 필수품이 되었다. 과학기술정보통신부에 따르면 "2019년 7월 기준 국내 스마트폰 가입자는 50,519,346명이다." 2019년 7월 기준 우리나라 인구가 5,136만 명이니 거의 모든 사람이 스마트폰을 들고 다니는 셈이다. 이제 남녀노소 누구나 스마트폰을 통해 뉴스와 게임, 영화, 음악 등 다양한 문화 컨텐츠를 즐기고, 날마다 새로운 앱이 쏟아지고 있다.

이처럼 스마트폰 이용자가 늘어나자 오프라인에서 온라인으로 쇼핑 시장이 이동하고 있다. 2019년 9월 2일 한국은행이 발표한 「2019년 상반기 지급결제 동향」에 따르면 "개인 신용카드의 온라인 쇼핑 금액이 오프라인 쇼핑 금액을 넘어섰다. 신용카드로 결제한 하루 온라인 소비는 2,464억 원으로 오프라인 소비 2,203억 원보다 200억 원 이상 많아졌다."

이러한 변화에 힘입어 인플루언서(influencer, SNS 등에서 수십만 명의 구독자를 보유한 유명인) 시장이 성장할 것이다. 포노 사피엔스들은 페이스북과 인스타그램, 카카오톡 등 SNS를 통해 쇼핑 충동을 느끼기 때문이다. 평소에 구독하는 SNS나 유튜브의 스타는 속삭인다. "너도 한번 구매해"보라고!

현재 인플루언서 시장이 가장 발달한 나라는 중국이다. 중국 인플루언서 시장은 왕훙(網紅, '왕뤄훙런網絡紅人'의 줄임말로 인터넷 방송과 소셜미디어 등을 통해 뜬 유명인)이 주도하고 있다. 유명 왕훙은 SNS 팔로어가 수천만 명 수준이다. 이들은 연예인처럼 인기가 있고 막대한 영향력을 행사한다. 이들이 추천하는 상품은 불티나게 팔리고 있는데, 중국의 온라인 검색엔진 바이두(Baidu)에 따르면 "중국인의 60% 이상이 TV, 인터넷 등을 통한 기존의 광고보다 왕훙의 말을 더 신뢰한다."

왕훙이 주도하는 왕훙 시장은 2017년 15조 7,000억 원에서 2019년 100조 원 규모로 성장했다. 최고로 인기 있는 왕훙인 장다이(張大奕)는 2018년 매출 5,000억 원을 돌파했고, 2019년 나스닥에도 상장시켰다. SNS와 유튜브에서 인기 있는 개인이 거대 자본과 조직이 없어도 큰 성공을 거둘 수 있게 된 것이다. 그러자 기업들이 인플루언서를 활용한 마케팅을 펼치고 있다.

중국 최고의 왕훙 장다이

JM솔루션의 김정운 대표는 사드 여파로 중국에서 한국 상품이 외면당할 때도 성공할 수 있었다. 바로 왕훙을 활용한 마케팅에 주력했기 때문이다. 인기 왕훙에게 제품 리뷰를 부탁해 소비자에게 JM솔루션을 알렸고 결과는 대성공이었다. '액티브 젤리피쉬 바이탈 마스트', '꿀광 로얄 프로폴리스 마스크' 등 스킨케어 마스크를 지금까지 중국에서 10억 개 이상 판매했다. 그 결과 2019년 7월 9일

포브스(Forbes)가 발표한 전 세계 억만장자(총 재산 10억 달러 이상) 리스트에 이름을 올렸다. 그는 11억 5,000만 달러의 재산 가치를 인정받아 '한국의 50대 부자' 리스트에서 30위에 이름을 올렸다.

이외에도 엄마가 팔던 속옷을 인터넷에 올리며 인플루언서가 된 김소희 대표는 스타일난다를 창업했다. 스타일난다는 2013년부터 중국에서 왕훙을 통해 제품을 홍보하면서 성공을 거두고, 창업 13년 만인 2018년 5월 세계 최대 화장품 기업인 로레알(L'Oreal)에 6,000억 원을 받고 회사를 팔았다. 또 화장품 브랜드인 AHC 역시 왕훙을 활용해 마스크팩을 홍보해 매출을 높이고, 글로벌 생활용품 기업 유니레버(Unilever)에 3조 4,000억 원을 받고 회사를 넘겼다.

앞으로 국내에서도 인플루언서 시장이 커질 것인데, 국내 인플루언서 시장 규모는 2017년 2조 원에서 2020년 10조 원 규모로 성장할 것이다.

10년 후 한국경제
Report

첫째, 지금부터 10년 후까지 틱톡(TikTok)의 인플루언서가 가장 큰 영향력을 행사할 것이다. Z세대인 포모 사피엔스는 페이스북과 인스타그램, 유튜브보다 틱톡을 더 선호한다. 틱톡은 15초짜리 짧은 동영상을 올릴 수 있는 플랫폼인데, Z세대는 문자 대신 짧은

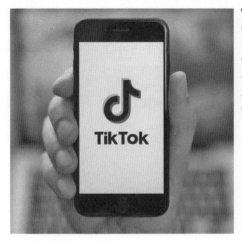

틱톡의 동영상 길이는 15초 이내로 짧지만 1인당 하루 평균 이용시간이 52분에 달한다. 이용자들이 매일 접속하는 비율도 57%에 이른다.

동영상인 '움짤'을 이모티콘처럼 활용하는 것을 선호하므로 인기 있다.

2016년에 처음 선보인 틱톡은 2018년 10월 미국과 한국 등에서 페이스북, 인스타그램, 유튜브를 제치고 월간 최다 다운로드를 기록하기도 했다. 현재 틱톡의 누적 다운로드 건수는 10억 건을 돌파했다. 랭키닷컴에 따르면 "2019년 4월 틱톡의 국내 월 이용자는 320만 명으로 전년 동기 대비 425.3% 늘었다."

2019년 3월 10일 뉴욕타임스(The New York Times)는 '틱톡은 어떻게 세계를 바꾸고 있는가'(How Tiktok Is Rewriting the World)라는 기사를 통해 틱톡의 성공 요인을 분석했다. "틱톡은 누구나 손쉽게 편집할 수 있다. 또 해시태그도 달 수 있다. 비슷한 유형의 영상들을 한데 묶어 볼 수 있다. 트위터와 인스타그램은 팔로잉 방식으로 인기를 얻는 사람 중심인 반면 틱톡은 사람 중심이면서 기계 중심이다. 영상을 올리는 것은 사람이지만 비슷한 영상을 인공지능이 추천해 주기 때문이다. 이러한 이유로 성공할 수 있었다."

이처럼 인기를 끌자 현재 국내 기업들은 틱톡을 벤치마킹한 서비스들을 테스트 중이다. 따라서 국내에서도 틱톡과 유사한 짧은 동영상 플랫폼이 늘 것이다.

둘째, Z세대인 포노 사피엔스는 자동차와 집을 소유하는 대신 해외여행을 즐기고, SNS와 동영상 플랫폼을 통해 상품 구매 결정을 내린다. 매경이코노미의 'Z세대가 온다|밀레니얼 세대와 닮은 듯 다른 신인류 스마트폰 쥐고 자란 포노 사피엔스'에 따르면 "Z세대 둘 중 한 명은 20세가 되기 전에 해외여행을 다녀왔다. 반면 '내 집과 자동차는 꼭 있어야 한다'는 문항에 대해서는 3명 중 1명(37%) 정도만 '그렇다'고 답했다. 또 Z세대는 유튜브, 틱톡, 인스타그램, 페이스북, 트위터 등을 기성세대보다 훨씬 더 많이 이용한다."

이 점을 고려한 국내 기업들은 Z세대가 즐겨 쓰는 SNS와 틱톡을 통해 상품 광고를 하고 있다. 또 이들 세대가 선호하는 어휘를 광고문고로 사용했다. 일례로 LG생활건강은 세제 '피지' 광고에서 '본격 LG 빡치게 하는 노래'로 화제를 모았다. 신한은행은 Z세대 여성을 대상으로 '쏠편한 작심3일 적금'을 선보였다. 이 상품은 매번 큰 금액을 적금하려다 중도해지하는 '작심삼일'이 일상인 Z세대에 맞춘 것이다. 일주일에 3일을 자동이체 요일로 설정하고 소액을 입금하는 상품이다. 또 이들 세대가 좋아하는 '그림왕 양치기'라는 웹툰 작가와 콜라보레이션해 재미를 살렸다.

LG생활건강은 세제 '피지' 광고에서 '본격 LG 빡치게 하는 노래'로 화제를 모았다.

Z세대는 10년 후 소비 시장에서 밀레니얼 세대와 더불어 주요 고객층이 될 것이다. 따라서 이들의 눈높이에 맞춘 마케팅을 펼쳐야 할 것이다. Z세대는 SNS 등을 통해 호불호를 분명히 표현하는 경향이 있고, 어차피 한 번뿐인 인생에서 현재를 즐기자고 생각한다. 기업들은 이들의 특성을 이해하고 그에 맞는 전략을 펼쳐야 할 것이다.

셋째, 쇼핑의 중심이 온라인으로 이동하겠지만 오프라인 매장을 찾는 Z세대도 많을 것이다. 이러한 변화를 간파한 아마존(Amazon)은 2017년 6월 유기농식품 전문 슈퍼마켓 홀 푸즈 마켓(Whole

Foods Market)을 137억 달러에 인수했다. 아마존은 홀 푸즈 마켓을 인수한 것 외에도 수십 개의 서점과 팝업 매장(몇 주나 몇 달 동안 일시적으로 운영하는 매장)을 가지고 있는데, 무인매장 아마존 고(Amazon Go)도 운영하고 있다. 아마존 고에서는 스마트폰으로 신원을 인증하면 매장에 들어가서 원하는 상품을 집어 들고 나오기만 하면 된다. 사물인터넷을 활용해 자동으로 결제되기 때문에 계산대 앞에서 줄을 서야 하는 번거로움도 없앴다.

아마존은 유기농식품 전문 슈퍼마켓 홀 푸즈 마켓을 인수했다.

아마존은 왜 오프라인 매장에도 투자하는 것일까? PWC에 따르면 "전자제품·의류·스포츠용품·식료품 등 몇몇 소비 카테고리에서는 온라인 쇼핑보다 오프라인 쇼핑을 선호한다." 왜 그럴까? 직접 품질을 체험해야 하기 때문이다. 이러한 소비 성향은 Z세대의 경우 더 두드러지게 나타난다. 구글 트렌즈(Google Trends)에 따르면 "Z세대 10명 중 6명은 인플루언서가 제공하는 정보에 따라 소비를 결정한다. 하지만 이들은 온라인 매장에서만 쇼핑하지 않는다. 이들 중 상당수는 매장에서 직접 제품을 체험해 보고 싶어 한다. Z세대는 '경험'과 '체험'을 중시하므로 제품을 직접 체험하기 위해 오프라인 매장을 찾는다."

따라서 소매업체들은 Z세대의 취향을 고려해 오프라인 매장도 운영해야 할 것이다.

23
뉴트로, 새로운 복고 열풍이 분다

2018년 10월 31일 개봉한 영화 '보헤미안 랩소디'는 천만 명 가까운 관객이 관람했다. 이 영화는 2018년 흥행작 3위를 기록했고, 영화의 노래를 따라 부르며 관람할 수 있는 '싱어롱 상영관'도 큰 인기를 끌었다.

이 영화가 흥행한 것은 뉴트로 트렌드 덕분이다. 이 영화는 40~50대 관객뿐만 아니라 20~30대 관객들도 좋아했다. 20~30대는 퀸의 노래를 듣고 자라지 못한 세대라서 새로워 보일 수밖에 없었는데, 이들 역시 퀸에 매력을 느껴서 영화가 흥행할 수 있었다. '보헤미안 랩소디'를 관람한 20~30대의 비중은 60%가 넘고, 또 이들 중 상당수가 영화를 여러 번이나 관람했다.

'뉴트로'(New-tro)는 '새로움'(New)과 '레트로'(Retro)를 합친 신조어로, 레트로(Retro)를 새롭게(New) 즐기는 경향을 말한다. 레트로가 과거에 유행했던 것을 다시 꺼내 그 향수를 느끼는 것이라면, 뉴트로는 과거의 것을 경험하지 못한 세대가 과거의 것에 새로움을 느끼는 것이다. 레트로가 과거에 향수를 느끼는 중장년층을 사로잡았다면, 뉴트로는 과거의 문화를 색다르고 신선한 것으로 받아들이는 20~30대의 지갑을 열게 했다. 또 최근에는 10대까지 뉴트로에 매혹되었다.

드라마 '응답하라 1997'은 그 시절의 교복뿐만 아니라 핑클, HOT, 삐삐, 다마고치 등 당시에 유행한 것들을 생생히 살려냈다. 이 드라마는 그 시절을 추억하는 세대에게 레트로 감성을 불러일으켰다. 이후 이 드라마는 인기에 힘입어 '응답하라 1994', '응답하라 1988' 등 좀 더 시대를 거슬러 옛 추억을 되살렸다. 이 드라마 시리

다마고치는 1996년 일본의 주부 아키 마이타가 개발했는데, 반다이가 아이디어를 사서 시장에 내놓은 휴대용 디지털 애완동물이다. 최근 뉴트로 열풍이 일자 다마고치가 다시금 판매되고 있다.

즈는 그 시절을 경험하지 못한 10~30대에게도 인기였는데, 바로 뉴트로 트렌드 덕분이었다.

몇 년 전부터 방송뿐만 아니라 산업 전반에서 뉴트로 열풍이 불고 있는데, 고객을 사로잡기 위해 뉴트로 마케팅을 펼치는 사례가 늘고 있다.

■ 가요계에서는 3040세대뿐 아니라 1020세대까지 옛날 음악에 열광하는 뉴트로 열풍이 불고 있다. 가수 아이유는 김창완, 양희은, 김광석 등의 옛 노래를 리메이크해 20~30대에게도 인기를 끌고 있다. 2019년 8월 김완선은 자신의 히트곡 '삐에로는 우릴 보고 웃지'의 새 버전을 공개했다. 김완선은 29년 만에 뮤직비디오도 찍었는데 1개월 만에 조회수 100만 건을 넘었다. 또 KBS는 2018년 10월부터 추억의 음악방송 '가요톱10'을 활용한 유튜브 채널 '어게인 가요톱10'을 개설해 구독자가 7만 명을 넘어섰다.

■ 패션계에도 뉴트로가 인기다. 1980~90년대에 유행한 '레오파드', '와이드 데님'을 현대적으로 재해석한 뉴트로 패션이 밀레니얼 세대와 Z세대 사이에서 인기를 얻고 있다. 선미, 제니 등 패션 트렌드를 주도하는 연예인들이 뉴트로 패션을 유행시키고 있다. 또 패션 그룹 세정은 기존의 물류창고를 뉴트로한 감성으로 되살린 문화공간 '동춘 175'을 만들었다. 동춘 175는 세정의 전신인 동춘상회에서 영감을 받아 만들었고, 젊은 세대 사이에 입소문이 나면서 빠른 속도로 인

동춘 175는 경기도
용인시에 있다.

기를 끌었다. 개장 1달여 만에 '#동춘175' 해시태그의 게시물이 5천
여 개를 넘어섰다.

- 휠라는 젊은 세대를 겨냥해 '디스럽터'(Disruptor) 시리즈를 선보였다.
디스럽터는 20여 년 전에 '어글리 슈즈'로 불리며 유행했는데, 이 시
리즈를 재출시했다. 미국 '풋 웨어 뉴스'는 이 시리즈를 '2018 올해의
신발'로 선정했다. 브랜드의 인기가 예전만큼 좋지 못했던 휠라는 이
시리즈 덕분에 매출이 늘었다.

- 삼양식품은 추억의 과자인 '별뽀빠이'를 새롭게 선보였다. 1972년 처
음 선보인 별뽀빠이는 우리나라 최초의 라면과자이고 국민과자로 불
릴 만큼 인기를 끌었다. 별뽀빠이는 47주년을 기념하여 과거의 패키
지 디자인을 되살려 재탄생했다. 또 팔도식품은 팔도비빔면 출시 35
주년을 기념하여 '팔도 네넴띤'을 출시했다. 팔도 네넴띤은 SNS 등에
서 1020세대가 재미 삼아 만든 신조어로 '팔도비빔면'을 의미하는데,

팔도식품의 괄도 네넴띤

이 제품의 디자인 또한 뉴트로 감성을 불러일으킨다. 이 제품은 500만 개를 한정판으로 출시했는데, 불과 한 달 만에 완판되었다. 괄도네넴띤이 성공하자 관련 제품인 팔도비빔면도 판매가 늘었다. 이 제품은 여름철이 성수기인데, 2019년 3월에만 1,000만 개 이상 팔렸다.

■ 하이트 진로는 '진로 이즈 백'을 출시했다. 1970~80년대에 유행한 '진로 소주'의 패키지와 라벨을 현대적인 느낌으로 재현해 젊은 세대에게 인기를 얻었다. 20~30대에게 진로 이즈 백의 라벨과 병 모양, 병의 색은 오히려 신선하게 다가왔다. 또 이 소주의 광고에는 20대 광고 모델들과 애니메이션으로 만든 진로의 두꺼비 캐릭터가 등장하

진로 이즈 백의 광고

는데, 젊은 세대의 취향을 저격했다. 이 상품은 2019년 4월 25일 출시되었는데, 72일 만에 1,104만 병이나 팔렸다.

- 오비맥주는 1952년 탄생한 'OB'를 현대적 감각으로 재해석한 제품을 2019년 10월 1일부터 11월 30일까지 서울과 수도권의 10개 대형마트에서 판매할 예정이다. 오비맥주는 뉴트로 트렌드를 반영해 OB의 추억을 간직하고 있는 중년 소비자에게는 향수를, 20대 밀레니얼 세대에게는 새로운 흥미와 즐거움을 제공하기 위해 이 제품을 출시하기로 했다. 이 제품은 오비맥주의 곰 캐릭터와 복고풍 글씨체 등 옛 디자인을 현대적으로 재해석한 것이 특징이다.

- 프릳츠커피컴퍼니는 서울 시내 곳곳에 '프릳츠'(FRITZ) 카페를 운영하고 있다. 이 카페는 건물뿐만 아니라 모든 것이 복고풍으로 되어 있다. 하지만 이 카페는 오히려 1020세대에게 인기가 있다. 1020세대가 이 카페를 방문하고 페이스북과 인스타그램 등 SNS에 올리자 입소문이 난 것이다.

프릳츠 카페 원서점

- 서울 종로구 익선동과 전주한옥마을에는 오래된 한옥을 현대적으로 리모델링한 카페와 음식점이 많다. 이 가게들의 고객은 20~30대다. 젊은 층에게 인기를 끌면서 이 지역의 부동산 가격도 크게 올랐다.
- 등산용품 브랜드 밀레는 1995년 첫 출시한 '부탄'을 재현한 2019년형 '부탄 GR BOA'를 출시했다. 아디다스 오리지널스는 1990년대 스타일의 러닝화 '오즈위고'와 '렉시콘'을 출시했다. 오즈위고는 1998년에 출시한 러닝화 '오즈위고3'를 재탄생시킨 것인데, 1990년대에 당시에 유행한 아디프린 쿠셔닝과 뉴트로 디자인을 적용한 러닝화다. 렉시콘 역시 오리지널 버전의 디자인을 바탕으로 현대적이고 새로운 디자인을 적용했다.
- 롯데백화점은 서울우유와 협업해 '서울우유 1937 레트로컵' 세트를 출시했다. 이 상품은 1937년에 판매했던 유리병에 담은 서울우유를 복원한 것인데, 준비물량 1천 세트가 3일 만에 품절되었다. 또 롯데백화점은 롯데칠성음료와 협업해 '델몬트 레트로 선물세트'도 출시했는데, 이 상품 역시 준비물량 3천 세트가 이틀 만에 완판되었다.

이처럼 10~30대가 뉴트로에 열광하고 있는데, 현재 유행하는 뉴트로는 아날로그 감성뿐만 아니라 현대적인 디지털 감성도 가미된 것이다. 예를 들어 서울 익선동의 카페들은 복고풍을 지향하는 인사동의 전통찻집과는 사뭇 다르다. 익선동 카페들은 오래된 한옥의 기와와 벽면 등을 그대로 살렸지만 내부의 소품과 주방 등 인테리어는 현대적이다. 또 메뉴도 서구적이고, 카페에서 들려주는 음악도 디지털 음원이다. 이 카페에서 젊은이들은 폰카를 찍으며 실시간으로 SNS에 올린다. 아날로그와 디지털 감성이 융합된 뉴트로 트렌드가 나타나는 것이다.

이러한 트렌드를 고려해 단순히 옛 것을 되살리기보다는 현대적인 감성을 가미해야 할 것이다. 또 앞에서 소개한 밀레니얼 세대와 Z세대의 취향을 반영한 뉴트로 마케팅을 해야 할 것이다.

그렇다면 뉴트로 트렌드는 언제까지 유행할까? 그에 대해 알아보기로 하자.

10년 후 한국경제
Report

첫째, 뉴트로 열풍은 10년 후까지는 아니겠지만 3~5년 후까지 이어질 것이다. 현재 유행하는 뉴트로 트렌드는 10~30대가 이끌고 있는데, 이들 세대는 과거의 문화를 경험한 적이 없어서 역설적으로 새롭고 신선하게 느끼고 있다. 왜 젊은이들은 과거의 문화에 매력을 느끼는 걸까?

1030세대는 어려서부터 디지털 기기를 접하며 자라왔다. IT 기술 덕분에 다양한 콘텐츠를 즐기게 되었지만 사실 휴대폰 등 디지털 기기는 우리에게 단조로운 삶을 강요한다. 다양한 취미를 즐기

고 있는 것 같지만 하루의 대부분을 화면만 바라보고 있지 않은 가? 이들은 디지털 기기로 이것저것을 하고 있는 것 같지만 사실 은 매일 똑같은 일상을 보낸다. 또 이들 사이에서 유행하는 트렌 드는 자주 변한다. 1030세대는 알게 모르게 이러한 삶에 권태감 을 느낀다.

나 자신이 가장 소중한 '미 제너레이션'(me generation)인 이들은 단조로운 일상에서 소소하지만 확실한 행복을 추구한다. 단조로 운 일상에서 소확행을 느끼기 위해서는 무언가 자극적이고 새로 워야 한다. 이들이 태어나기도 전에 유행하던 것들이 새롭게 다가

올 수밖에 없다. 게다가 1980~90년대에 유행하던 것들이 오히려 화려해 보인다. 또 옛것들에서 따뜻한 아날로그 감성을 느낄 수도 있다. 이러한 이유로 현재 유행하는 뉴트로 열풍은 일시적인 트렌드로 끝나지 않을 듯싶다.

또 자본주의 사회에서는 자본이 트렌드를 만들어내는데, 이윤을 추구하는 기업 입장에서 뉴트로 열풍은 큰 이익이 된다. 기업들은 비용 대비 효율성이 높기 때문에 뉴트로 마케팅을 적극적으로 활용하려 할 것이다. 일례로 신제품의 인지도를 1% 높이려면 막대한 개발비와 마케팅 비용이 필요한데, 소비자들이 이미 알고 있는 과거의 제품을 활용하면 적은 비용으로도 기대 이상의 효과를 얻을 수 있다.

그런 점에서 기업은 잇스토리(Itstory)를 적극적으로 활용하려 한다. 잇스토리란 상품(It)이 가진 이야기(story)와 역사(history)다. 밀레니얼 세대와 Z세대는 가치 중심 소비를 하므로 잇스트리가 있는 상품을 선호할 수밖에 없다. 기업 입장에서는 마케팅 비용도 줄이고 좋은 반응도 얻을 수 있으므로, 뉴트로 트렌드가 오래도록 유지되도록 힘쓸 것이다.

둘째, 불황일수록 레트로가 유행하는데, 현재 유행하는 뉴트로는 몇 년 전부터 유행한 레트로 트렌드를 기반으로 형성된 것이다. 심리학의 회고 절정(reminiscence bump) 이론에 따르면 노인들에게 전

생애의 기억을 회고하게 하면, 청소년기에서 청년기의 기억을 가장 많이 떠올린다. 이 시절이 생애에서 가장 행복하다고 느끼기 때문이다. 마찬가지로 사람들은 주머니 사정이 여의치 않을 때 좋았던 시절로 돌아가고 싶어 한다. 경제지표가 안 좋을 때 사람들은 현실에서 탈출구를 찾기 위해 과거를 회상한다. 현재 미국과 일본, 유럽 등 선진국 역시 저성장 기조를 유지하고 있어서 해외에서도 뉴트로 트렌드가 유행하고 있다.

　자동차를 예로 들면 재규어 랜드로버는 뉴트로 트렌드에 부합한 신차를 출시할 계획이다. 재규어 랜드로버는 1970년대에 유행한 E-타입을 현대적으로 재현한 E-타입 전기차를 2020년에 출시할 것이다. 이 자동차는 원래 6기통 엔진이 탑재되어 있었지만 신차는 미래형 전기자동차로 출시될 것이다. 또 외관은 예전 모델의 이미지를 살리면서 실내는 최첨단 디스플레이를 갖춘 센터페시아와 신소재인 탄소섬유 강화 플라스틱을 적용한 대시보드로 꾸밀

재규어 E-타입 전기차

것이다.

국내외 상황을 고려할 때 한국경제는 앞으로 10년간 연평균 2% 이하의 경제성장률을 기록할 듯싶다. 이러한 상황에서 40대 이상 세대는 한국경제가 고성장하던 1980~90년대를 회상할 것이고, 그 시대 이후에 태어난 1030세대는 지금보다 크게 나아질 것 같지 않은 미래에 대한 불안감과 체념 때문에 예전의 것들에 매력을 느낄 것이다. 따라서 현재 유행하는 뉴트로 트렌드는 기성세대는 물론 1030세대를 당분간 사로잡을 것이다.

24
필환경, 미세먼지와 기후변화가 새로운 시장을 만든다

낙동강이 흐르고 산면이 산으로 둘러싸인 경상북도 의성군 단밀면 생송리는 300여 명이 거주하는 작은 시골 마을이다. 이 마을은 5년 전까지만 해도 아름다운 풍광을 자랑했지만 지금은 쓰레기로 뒤덮였다.

이 마을에 들어서면 역한 냄새가 진동한다. 아파트 10층 높이의 쓰레기산에는 타이어, 비닐, 플라스틱 등 각종 쓰레기가 겹겹이 쌓여 있는데, 날마다 더 많은 쓰레기가 새로 쌓인다. 이 쓰레기산은 한 폐기물처리업체가 허용보관량인 1,020톤을 초과한 17만 2천 톤의 불법폐기물을 쌓으면서 만들어졌다. 의성군에 의하면 "새 업체와 용역 계약을 맺고 쓰레기산을 처리하려 하지만 쓰레기 선별에만 상당

한 시간이 걸려 내년까지 작업이 이뤄질 것이다."

이러한 쓰레기산은 전국 곳곳에 있다. 환경부에 따르면 "전국 불법폐기물은 총 120만 3천 톤에 이른다." 왜 쓰레기산이 늘어나는 것일까?

수도권매립지관리공사에 따르면 "전국에서 발생하는 폐기물은 2011년 1억 3,625만 톤에서 2017년 1억 5,133만 톤으로 늘었다." 이로 인해 전국 매립시설 잔여매립 용량이 줄어들게 되었다. 환경부에 따르면 "전국 매립시설 잔여매립 용량은 2015년 3억 1,117만㎡에서 2017년 2억 8,974만㎡로 줄었다."

국내에서 처리하지 못하는 폐기물은 중국 등 해외로 수출해 처리했는데, 2018년 1월 중국은 재활용 폐기물 수입을 금지했다. 그러자 국내에 폐기물이 더 늘면서 이를 처리하는 비용도 늘게 되었다. KDB미래전략연구소에 따르면 "2018년에 폐기물 1톤당 평균 18만 6,000원의 소각비용과 8만 원의 매립비용이 들었는데, 2019년에는 거의 두 배인 26만 원의 소각비용과 14만 원의 매립비용이 들게 되었다.”

중국이 폐기물 수입을 금지하자 나이지리아 등 개발도상국에 쓰레기가 몰리고 있는데, 티어펀드(Tearfund)에 의하면 “2018년 코카콜라가 생산한 플라스틱 제품은 300만 톤이고, 네슬레는 170만 톤, 유니레버는 61만 톤의 플라스틱 제품을 만들었다. 선진국에서 배출된 쓰레기가 개발도상국으로 유입되는데, 재활용 기반 시설이 없어 각종 질병을 일으키고 있다. 최소 40만 명에서 최대 100만 명의 개발도상국 국민이 플라스틱 쓰레기로 목숨을 잃고 있다.”

나이지리아에서는 재활용 시설이 없어 거리에서 플라스틱 쓰레기를 태우고 있다. 완전히 소각하지 못한 쓰레기들이 배수구를 막아 홍수를 일으키고, 질병을 옮기는 곤충을 번식시킨다. 이로 인해 말라리아와 뎅기열, 장티푸스 등 전염병이 퍼지고 있다. 또 쓰레기를 태우며 수은과 다이옥신 등이 발생해 건강을 잃고 있다.

이처럼 지구촌이 쓰레기로 몸살을 앓고 있는데, 코카콜라 등 글로벌 기업들이 쓰레기를 줄이기 위해 노력하고 있다. 코카콜라는 지금까지 판매된 캔과 플라스틱을 2030년까지 수집하고 재활용할 계획이다. 펩시와 네슬레도 2025년까지 모든 포장용품을 재활용하거나 친환경 소재로 교체할 것이다.

전 세계적으로 쓰레기 문제가 골칫거리로 떠오르자 국내외에서 친환경 제품을 생산하는 기업이 늘고 있다. 한국무역협회의 「주요국의 플라스틱 규제 동향과 혁신 비즈니스 모델 연구」에 소개된 사례를 살펴보자.

■독일 기업 '이지2쿨'(Easy2cool)은 친환경 플라스틱 대체재를 개발했다. 소비자에게 식료품 등을 배송하기 위해 스티로폼 상자를 이용하는데, 이로 인해 많은 쓰레기가 배출된다. 이지2쿨은 100% 재활용 폐지로 절연 포장재를 개발했다. 이 포장재를 사용하면 최대 3일을 냉장보관할 수 있고, 폐기 시에 종이류로 분리해 배출할 수 있다.

이지2쿨이 개발한 친환경
플라스틱 대체재

■국내 기업 리페이퍼는 코팅약품 'RP-시리즈'(RP-series)를 개발했다. 기존 종이류 포장지는 PE, PLA 등의 코팅을 하는데, 폐기한 종이류를 재활용할 때 코팅층과 종이를 분리해야 하는 작업을 해야 한다. 이에 따른 비용이 오히려 포장지를 새로 만드는 것보다 많이 든다. 반면에 RP-시리즈를 이용한 종이류 포장지는 코팅층과 종이를 분리

소비자들은 리펙이 만든
포장재를 우체통을 통해
무료로 반환할 수 있다.

할 필요가 없고, 종이와 함께 자연스럽게 퇴화된다. 또 200℃ 이상
의 고온에서도 코칭층이 녹지 않아 전자레인지와 오븐에서도 사용
할 수 있다.

- 핀란드 기업 '리펙'(RePack)은 재활용 폴리프로필렌(플라스틱의 한 종류)으
로 포장재를 제작했다. 이 회사는 포장재 회수, 세척, 재배포 시스템
을 완벽하게 갖추었다. 소비자들은 이 포장재를 우체통을 통해 무료
로 반환할 수 있다. 미국 기업 '프리서브'(Preserve) 역시 100% 재활용
플라스틱으로 생활용품을 제조한다. 이 회사는 파트너십을 맺은 매
장에서 분리수거한 플라스틱 용기를 회수하고, 이를 재활용해 판매
한다. 국내 기업 NPC는 친환경 포장박스를 개발했는데, 인터넷을 기
반으로 포장박스 회수, 세척, 재배포 시스템을 갖추었다.

- 미국의 '테라사이클'(Terracycle) 플랫폼은 재활용하기 어려운 폐기물
을 수집해 재활용할 수 있도록 지원한다. 현재 21개국에서 이 플랫

품을 이용하고 있다.

■ 우리나라 정부는 2010년부터 저탄소 녹색성장 기본법을 시행하고 '녹색기업 지정제도'를 마련했다. 이 제도는 자원·에너지 절감, 오염 물질 저감, 사회적·윤리적 책임 이행 등 환경경영을 위해 자율적으로 노력하는 우수기업 및 사업장을 발굴하는 제도다.

필환경, 환경은 선택이 아니라 필수

오늘날 지구촌은 쓰레기뿐만 아니라 황사와 미세먼지로 고통받고 있다. 대기오염은 석유 등의 화석연료를 많이 사용하기 때문에 발생한다. 캘리포니아주립대학교-버클리캠퍼스(University of California-Berkeley) 연구팀은 "중국에서 대기오염과 관련된 질병으로 하루 4천 명이 사망한다"고 발표했다. 중국에서는 매년 대기오염과 관련된 심장 및 폐질환 등으로 160만 명이 사망한다. 현재 중국 인구의 38%는 미국 환경보호청(EPA)이 유해하다고 판단하는 수준의 대기환경에서 살고 있는데, 중국 동부 지역 인구의 99.9%는 유해한 대기환경에서 살고 있는 셈이다.

오늘날 '세계의 공장'으로 불리는 중국에서 사용한 화석연료는 대기를 오염시켜 중금속 등을 포함한 미세먼지 등을 일으키는데, 중국 동부 지역은 물론 우리나라에도 심각한 피해를 주고 있다.

대기오염이 심각해진 이유는 오늘날의 인류가 115명의 원시인들이 쓰는 에너지를 홀로 쓰고 있기 때문이다. 100만 년 전의 원시인들은 1인당 약 2천㎈의 에너지만 사용했지만 우리는 1인당 약 23만 ㎈를 사용하고 있다.

하지만 화석연료를 거침없이 사용하느라 이산화탄소의 농도가 짙어졌다. 지난 42만 년 동안 이산화탄소 농도는 180~280PPM 수준이었는데, 20세기 들어 300PPM을 넘어섰고, 현재는 399.4PPM까지 올랐다. 이로 인해 지구온난화가 발생했고, 지구의 해수면이 갈수록 높아지고 있다. 인도양의 섬나라 몰디브의 해발고도는 1.5m에 불과한데, 이대로 가다가는 50년 후 국토가 모두 물에 잠길 수 있다. 또 2100년에는 미국 뉴욕 등의 해안도시가 침수될 수도 있다.

지구온난화는 기상이변을 낳기도 한다. 최근 들어 심각한 가뭄이 이어지다가 폭우로 물난리가 나고, 따뜻한 날씨가 이어지다가 한파가 몰아치는 등의 현상은 지구온난화 때문이다. 전문가들은 이대로라면 "2050년 지구의 평균온도는 지금보다 6.4℃ 상승할 수 있다"고 예측한다. 또 지구의 평균온도가 2℃ 상승하면 약 15~40% 이르는 생물종이 멸종될 것이다.

지구온난화로 지구의 평균기온이 오르고 있는데, 환경부에 의하면 "국내 폭염일수는 1980년대 8.2일에서 2018년 31.5일로 늘었다. 이로 인해 2018년 무려 48명이 목숨을 잃었다. 2021~2030년 우리나라의 폭염위험도는 2001~2010년보다 크게 높아질 것이다. 폭염위험도가 '매우 높음' 지역은 19곳에서 48곳으로, '높음' 지역은 50곳에서 78곳으로 증가할 것이다."

반려견을 위한 미세먼지 마스크

기후변화로 친환경 제품이 인기를 끌고 있다. 뷰티 분야에서는 미세먼지로 인한 피부질환을 예방 및 치유하는 안티폴루션(Anti-pollution) 기능성 화장품이 인기 있으며, 중국 소비자들이 천연 및 무독성 제품을 선호하면서 소비자가 직접 천연 화장품을 만드는 DIY 시장이 활성화되고 있다. 건강 분야에서는 기존의 미세먼지 마스크와 차별화된 개성 있는 디자인과 고기능 제품이 늘고 있다. 또 미세먼지에 대한 저항력을 높이는 반려견용 사료도 출시되어 좋은 반응을 얻고 있다.

이제 소비자들은 '친환경'을 넘어 '필환경'을 요구하고 있다. 2018년 11월 통계청이 발표한 「2018년 사회조사 결과」에 따르면 "환경이 5년 전보다 '좋아졌다(25.4%)'는 사람보다 '나빠졌다(36.4%)'는 사람이 더 많다. 환경 문제에 대해서는 미세먼지에 불안감을 느끼는 사람이 82.5%로 가장 많은데, 환경보호를 위해 세금을 더 내는 내야 한다는 사람이 50.1%에 달했다."

소비자들의 수요뿐만 아니라 세계 각국에서 규제를 늘리기 때문에 이제는 환경을 필수적으로 고려해야 한다. 필환경(必環境), 환경을 필수로 생각해야 하는 트렌드가 생기게 되었다. 현재 47개국에서 비닐봉투와 플라스틱 사용을 금지하고 있는데, 앞으로 더 많은 국가에서 플라스틱 사용이 금지될 것이다.

국가	도입연도	제도 종류	내용
미국	2010~2019	금지, 과세	지역 단위로 규제
EU	2015	금지, 과세	단계적 사용 규제
인도	2016	금지	지역 단위로 규제
호주	2003~2018	금지	일회용 비닐봉투 금지
방글라데시	2002	금지	세계 최초로 규제 시행
르완다	2008	금지	친환경업체 세금 감면
케냐	2017	금지	세계에서 가장 엄격한 처벌
한국	2018	금지	매장 내 플라스틱 컵 사용 금지

주요국의 플라스틱 규제 도입 현황(출처: 한국무역협회)

2015년 12월 미국·중국·일본 등 전 세계 195개 국가는 파리기후변화협정(Paris Climate Change Accord)을 체결하고 지구 온도의 상승폭을 1.5℃로 제한하기로 합의했다. 이 협정으로 선진국은 물론 개발도상국도 온실가스를 의무적으로 감축하게 되었다. 참고로 우리나라 정부는 "2030년까지 온실가스를 배출전망치 대비 37%를 줄인다"는 목표를 UN에 제출했다. 따라서 전 세계적으로 환경 규제가 강화되어 필환경이 확산될 것이다.

10년 후 한국경제
Report

첫째, 국가미래전략 정기토론회가 발표한 「신기후체제 출범과 한국의 기후전략」에 따르면 2050년에 한반도는 지구온난화 등 기후변화로 다음과 같은 일이 벌어질 것이다. "2050년까지 기온이 3.2℃ 상승하면 아열대 기후가 남해안은 물론 전국으로 확산될 것이다. 이로 인해 여름이 길어지고, 제주도와 울릉도에서는 겨울이 사라질 것이다. 또 강수량이 15% 증가하고 강수 강도가 13% 증가해 집중호우가 발생할 것이다. 장마철인 초여름은 물론 봄가을에도 집중호우 피해가 발생할 것이다. 게다가 불규칙적인 집중호우로 홍수와 가뭄을 겪을 것이다."

"뿐만 아니라 한반도는 기온 상승과 폭염 피해로 몸살을 앓을 것이고, 그로 인한 질병과 전염병이 전국으로 확산될 수 있다. 폭염으로 인한 사망자는 2030년에 4,820명, 2050년에 11,673명이 발생할 것이다. 이에 따른 사회적 비용은 2020년 1,039억 원에서

2003년 8월 폭염으로 프랑스에서 1만 5천여 명이 사망했다.

2050년 1조 4,377억 원으로 크게 증가할 것이다. 기후변화는 한 반도의 생태계도 파괴할 것이다. 기후변화에 취약한 한국 고유의 생물종이 멸종위기를 맞고, 해충의 월동 생존율이 증가할 것이다. 농작물의 재배 환경도 악화되어 식량 피해도 발생할 것이다. 식량 피해는 2050년 2,964억 원에서 2100년 6,135억 원으로 증가할 것이다. 또 해양에서는 어종 및 서식지가 변화해 유해생물과 질병 이 증가하고, 연안 생태계가 파괴될 것이다."

기후변화에 따른 경각심이 커지면서 소비자들은 기업에게 필환 경을 요구할 것이다.

둘째, 기업은 바이오 플라스틱(bioplastic)과 멤브레인(membrane)을 활용할 것이다. 바이오 플라스틱은 미생물 내에 있는 폴리에스터 를 이용하여 만든 플라스틱이다. 바이오 플라스틱은 토양의 세균 에 의해 분해되고 생체에 쉽게 융합하는 특성이 있어 생물분해성 플라스틱이라고도 한다. 일반 플라스틱은 자연계에서 분해되지 않기 때문에 환경을 파괴하지만, 이 플라스틱은 토양에 분해되므로 농약을 만드는 데 이용되고, 생체에 쉽게 융합하므로 수술이나 골절 고정제 등에 이용된다.

BCC 리서치(BCC Research)의 「Global Markets and Technologies for Bioplastics(세계 바이오 플라스틱 시장과 기술)」에 의하면 "세계 바이오 플라스틱의 수요는 2018년 160만 톤에서 2023년 270만 톤으로 늘고, 시장 규모는 연평균 11.7% 성장할 것이다."

또 바이오 플라스틱으로 친환경 포장재 등을 만들 수 있는데, 1인가구와 맞벌이가구 등이 마트 대신 온라인에서 식료품을 구매하면서 포장용 바이오 플라스틱의 수요가 늘 것이다. 스미더스 피라(Smithers Pira)의 「The Future of Bioplastics for Packaging to 2024(2024 포장용 바이오 플라스틱 시장 전망)」에 따르면 "포장용 바이오 플라스틱의 수요는 2019년 150만 톤에서 2024년 318만 톤으로 늘어날 것이다. 시장 규모는 44억 달러에서 88억 3,000만 달러로

바이오 플라스틱

성장할 것이다."

멤브레인은 '막'(膜)이라는 뜻을 가지고 있는데, 원하는 물질만 통과시키고 그렇지 않은 것은 막아내는 여과막 기술이다. 멤브레인은 해수담수(水)화 프로젝트에서 먼저 이용되었다. 멤브레인을 이용해 바닷물에서 소금과 불순물을 걸러내고 순수한 물만 얻을 수 있다. 또 멤브레인을 이용해 오염된 물을 재활용할 수도 있다. 멤브레인은 반도체·2차전지·건설·식품·의약·화학공업·섬유·에너지 등 여러 산업에서 광범위하게 이용되고 있는데, 미국과 중국 등 주요국들이 연구 및 개발에 박차를 가하고 있다. 우리나라에서도 정부와 기업들이 멤브레인 사업에 참여하고 있으므로 앞으로 10년간 꾸준히 성장할 것이다.

셋째, 자동차 시장에서는 내연기관 자동차 대신 온실가스를 거의 배출하지 않는 전기자동차(Battery Electric Vehicle, BEV)와 수소연료전지자동차(Fuel Cell Electric Vehicle, FCEV)가 인기 있을 것이다.

2만여 개의 부품으로 이루어진 내연기관 자동차와 달리 전기자동차의 주요부품은 20여 개에 불과하다. 전기자동차는 부품이 적으니 고장 확률이 상대적으로 낮다. 또 전기자동차의 충전 비용은 내연기관 자동차 연료비의 10분의 1밖에 안 든다. 게다가 내연기관 자동차는 엔진오일을 주기적으로 교환해야 하는데, 전기자동차는 엔진오일 교체 등 차량유지 비용을 90% 줄일 수 있다.

수소연료전지자동차는 수소를 에너지원으로 하여 전기를 생산하고, 생산된 전기로 모터를 돌려 동력을 얻는 자동차이다. 수소연료전지자동차의 에너지원인 수소는 전기분해 등으로 쉽게 얻을 수 있으며 자연환경에 무한히 존재한다. 수소연료전지자동차는 유해가스나 온실가스를 배출하지 않고 물만 배출하므로 필환경적이다. 또 에너지 효율이 가솔린과 디젤 등 내연기관 자동차보다 높다.

우리는 전기자동차를 완벽한 친환경자동차라고 생각하는데, 발전소에서 생산한 전기를 이용해 배터리에 전력을 충전하기 때문에 엄밀히 말하자면 완벽한 친환경자동차라고 할 수 없다. 화력이나 원자력 등 발전소를 가동하기 위해서는 환경을 오염시킬 수밖에 없는데, 발전소에서 생산한 전기를 이용하는 전기자동차는 반쪽짜리 친환경자동차인 셈이다. 또 전기자동차는 전기 에너지를 배터리에 저장할 수는 있지만 단위 무게당 에너지 저장량이 적다는 단점이 있다. 반면에 수소연료전지자동차는 수소를 5분 충전

2018년 3월 7일 현대기아자동차는 투싼 수소연료전지자동차를 5분 충전해 609㎞를 주행했다.

하면 600㎞ 이상 운행할 수 있으므로 전기자동차에 비해 에너지 효율성이 높다.

그런데 수소연료전지자동차는 비싼 것이 문제다. 수소연료전지자동차의 핵심 부품인 연료전지 스택의 가격은 수소연료전지자동차 가격의 약 50%을 차지할 정도로 비싸다. 다행히 미국과 일본, 독일, 우리나라 등에서 정부와 기업들이 열심히 연구하고 있으므로, 앞으로 10년 내에 수소연료전지자동차가 대중화될 듯싶다. 현재 현대기아자동차의 수소연료전지자동차 기술은 세계 최고 수준이다. 따라서 우리나라에서는 앞으로 3~5년 후에 수소연료전지자동차가 대중화될 것이다. 2020년에는 정부 및 지자체에서 보조금을 지원할 것이므로 3,000만 원대의 가격으로 구매할 수 있을 것이다.

넷째, 에너지 분야에서는 청정에너지에 대한 수요가 늘면서 에너지저장시스템(ESS: Energy Storage System)이 유망할 것이다. 에너지저장시스템은 생산한 전력을 발전소와 변전소, 송전선 등 각각의 연계 시스템에 저장한 후, 전력이 필요한 시기에 에너지 효율을 극대화시키는 시스템이다. 한국수출입은행 해외경제연구소가 발표한 「세계 태양광시장 동향 및 주요 금융지원 모델」에 따르면 "2030년 세계 태양광발전 수요는 약 1,750GW가 될 것이다. 2014년부터 2030년까지 세계 태양광발전 수요는 연평균 8%씩 증가할 전

망이다."

태양광발전이 늘면 에너지저장시스템이 확산될 것이다. 우리나라 정부는 향후 10년 동안 이 분야에 많이 투자할 것이다. 에너지저장시스템은 태양광발전과 풍력발전 등 청정에너지를 발전시키기 위해서도 필요한 기술이다. 태양광, 풍력 등은 기후와 날씨에 따라 발전 효율이 달라지는데, 변동성이 심한 에너지원을 고효율·고품질의 전력으로 전환하기 때문이다. KDB산업은행이 발표한 「에너지저장시스템(ESS) 현황」에 따르면 "미국, 유럽 및 일본 등 주요 선진국들이 이 분야에 활발히 진출하고 있는데, 에너지저장시스템은 전 세계적으로 전력수요가 증가하고 청정에너지가 확산함에 따라 크게 성장할 것이다. 청정에너지와 에너지저장 기술 등은 세계 총생산의 약 2%를 차지할 정도로 발전할 것이다."

25
구독경제, 공유를 넘어 구독으로

토머스 쿡(Thomas Cook)은 1841년에 세워진 세계에서 가장 오래된 영국의 여행사이다. 이 여행사의 연간 이용객 규모는 1,900만명에 이르고, 전 세계에서 2만 2,000여 명을 고용하고 있다. 이런 여행사가 2019년 9월 23일 파산했다.

토머스 쿡이 파산하게 된 것은 실적악화 때문이다. 영국 일간지 가디언(The Guardian)에 따르면 "토머스 쿡은 여행업계의 빠른 변화를 읽지 못해 파산했다. 전 세계적으로 저가항공사와 온라인 여행사들이 성장하는 동안 토머스 쿡은 여전히 패키지 상품에 주력해 경쟁에서 밀릴 수밖에 없었다." 실제로 여행 패키지 상품을 이용하는 영국인은 7명 중 1명에 불과한데, 항공권 비교 사이트와 숙박공유업체 에어비앤비(Airbnb) 등이 급부상하면서, 여행객이 여행사를 통하지 않고 인터넷으로 직접 항공권과 숙소를 예약해 이 회사의 실적은 악화되었다.

에어비앤비는 호텔 등의 숙박업소가 아니라 일반주택을 다른 사람과 공유하는 서비스를 제공하고 있다. 공급자는 자신의 집을 사용하지 않는 기간 동안 임대료를 받을 수 있고, 이용자는 기존 숙박업소와는 다른 가정적인 숙소에 머무를 수 있다. 또 일반주택이니만큼 세탁기와 주방시설 등을 이용할 수 있는 것도 장점이다.

에어비앤비는 2017년 기준 이용자 수가 약 1억 6천만 명에 달하는데, 2019년 2분기에 약 1조 2천억 원의 매출을 올리며 꾸준히 성장세를 이어가고 있다. 토머스 쿡이 파산하면서 에어비앤비의 이용자는 더욱 늘 것이다.

에어비앤비 등 공유경제(sharing economy)를 기반으로 한 기업은

에어비앤비는 2019년 2분기에 약 1조 2천억 원의 매출을 올리며 꾸준히 성장세를 이어가고 있다.

꾸준히 성장하고 있다. 공유경제는 2008년 하버드대학교(Harvard University)의 로렌스 레식(Lawrence Lessig) 교수가 처음 정의했다.

공유경제는 자신이 소유한 물품이나 자원을 다른 사람과 나눠 쓰는 소비 행태다. 즉, 물품이나 서비스를 소유하지 않고 다른 사람들과 공유해 나눠 쓰는 것을 뜻한다. 이러한 소비 행태는 제품이나 서비스 등의 자원을 제공하는 사람과 제공받는 사람 모두에게 이익이다. 또 제품이나 서비스를 대량으로 생산하고 과잉 소비하면 국가적으로 낭비인데, 이러한 문제는 물론 환경오염까지 줄일 수 있다. 공유경제는 2008년 글로벌 금융위기 이후 저성장 기조가 이어져 허리띠를 졸라매는 소비자들이 늘면서 더더욱 확산될 전망이다.

SNS가 확산되면서 서로에게 필요한 것을 공유하기도 쉬워졌다. 사람들은 차량을 구매하지 않고 빌려 타고, 하나의 주택에 여러 사람들이 모여 사는 셰어하우스(sharehouse)도 등장했다. 세계적인 미래학자인 제레미 리프킨(Jeremy Rifkin)은 "앞으로는 통신-에너지-운송이 모두 인터넷으로 연결되면서 에너지 활용이나 경제활동을 좀 더 효율적으로 하게 될 것이다. 2030년이면 농작물 재배, 제품 생산, 자동차 운행 모니터링 등이 모두 연결되면서 인류 전체가 연결되는 세상이 올 것"이라고 말했다. 그러면서 그는 "이러한 세상은 공유경제로 인해 더욱 확산될 것이다. 공유경제는 자본주의의 한계를 극복할 돌파구이다. 이런 경제 형태는 한 단위의 상품 및 서비스를 생산하는 데 추가로 드는 비용, 즉 한계비용이 거의 0에 가까워 효율성과 생산성이 혁신적으로 높아진다"고 말했다.

공유경제는 에어비앤비와 우버(Uber) 등이 성장하면서 널리 알려지게 되었는데, 2015년 전 세계 공유경제 시장 규모는 150억 달러를 넘어섰다. 프라이스워터하우스 쿠퍼스(Pricewaterhouse Coopers, PwC)는 "전 세계 공유경제 시장 규모가 2025년까지 3,350억 달러로 성장할 것"으로 전망했다.

닐슨(Nielsen)은 전 세계 60개국의 소비자 3만여 명을 대상으로 공유경제에 대한 인식을 조사했다. 그 결과, 68%의 소비자들이 "자신의 물건을 경제적 이득을 위해 공유할 의향이 있다"고 답했다. 그리고 지역별로는 아시아·태평양 지역 소비자들의 공유경제 참여 의향이 81%로 가장 높게 나타났다. 그 다음으로 남미 지역(73%), 중동·아프리카 지역(71%), 유럽 지역(44%), 북미 지역(43%) 순으로 나타났다. 참고로 한국 소비자의 공유경제 참여 의향은 49%로 나타났다.

하나의 주택에 여러 사람들이 모여 사는 셰어하우스

이 조사에서 "무엇을 공유할 것인가"라는 질문에 소비자들의 28%가 "전자제품을 대여료를 받고 공유하겠다"고 답했으며, 그 다음으로 26%의 소비자들이 "자신의 지적 능력을 활용한 교육 서비스를 제공하겠다"고 답했다. 이외에도 전동공구(23%), 자전거(22%), 의류(22%), 생활용품(22%), 스포츠용품(22%), 자동차(21%), 캠핑용품(18%), 가구(17%), 집(15%), 오토바이(13%) 등을 공유하겠다고 답했다.

불황으로 재화와 서비스를 소유하기 힘들어진 세상에서 집이나 자동차 등의 재화는 물론 지식과 정보 등을 공유하는 사람들이 늘고 있는데, 얼마 전부터 잡지나 신문을 구독하듯 월 구독료를 내고 필요한 물품과 서비스를 제공받는 구독경제(subscription economy)가 확산되고 있다.

불황으로 구독경제가 확산되고 있다

구독경제는 매달 구독료를 내고 필요한 물건이나 서비스를 이용하는 소비 행태를 의미한다. 넷플릭스(Netflix)는 10달러의 월정액을 받고 영화와 드라마 등을 무제한 제공하는 구독 서비스로 전 세계에서 1억 5천만 명의 가입자를 확보했다. 넷플릭스가 성공한 이후 국내에서도 왓챠 등 영상 구독 서비스가 생겨났다. 뿐만 아니라 구독경제는 다른 분야로 확산되고 있다.

■미국의 후치(Hooch)는 9.99달러의 월정액을 내면 바나 카페에서 매일

후치는 9.99달러의 월정
액을 내면 바나 카페에서
매일 음료 한 잔을 무료로
이용할 수 있는 서비스를
제공한다.

음료 한 잔을 무료로 이용할 수 있는 서비스를 제공한다. 이 서비스
로 후치는 2017년 200만 달러의 매출을 올렸다. 일본에서도 3,000
엔을 내면 술을 무제한 마실 수 있는 술집이 성업 중이다. 국내에서
도 위메프의 W카페 등에서 2만 9,900원을 내면 1,990원짜리 아메
리카노 커피를 마음껏 마실 수 있다.

■메르세데스 벤츠(Mercedes-Benz)는 미국에서 1,095달러(보험료 포함)의
월정액을 내면 자동차를 마음껏 바꿔 탈 수 있는 '메르세데스-벤츠
컬렉션'(Mercedes-Benz Collection) 서비스를 선보였다. 메르세데스 벤
츠의 차량 구독 서비스는 비싼 벤츠 차량을 소유하는 것보다 비교적
저렴하게 이용할 수 있다는 것이 장점이다. 또한 다양한 벤츠의 차
량을 경험할 수도 있다. 이 서비스를 이용하면 A220 AMG CLA 45,
GLC 300 SUV 등 다양한 벤츠 차량을 이용할 수 있다.

■포르쉐(Porshe) 역시 미국에서 '포르쉐 패스포트'(Porshe Passport)라는

포르쉐 911 카레라

차량 구독 서비스를 제공하고 있다. 포르쉐 패스포트 서비스는 '런치'(Launch)와 '엑셀러레이트'(Accelerate) 2가지 등급으로 운영 중인데, 런치 등급을 구독하면 월 구독료 2,000달러로 카이엔, 박스터 등을 탈 수 있다. 엑셀러레이트 등급의 월 구독료는 3,000달러이고, 911 카레라와 같은 슈퍼카도 탈 수 있다.

■ 현대자동차는 '현대 셀렉션'과 '제네시스 스펙트럼'이라는 차량 구독 서비스를 선보였다. 현대 셀렉션은 월 구독료 72만 원으로 신형 쏘나타, 투싼, 벨로스터를 월 2회까지 바꿔 탈 수 있고, 팰리세이드, 그랜드 스타렉스 리무진, 코나 일렉트릭은 월 1회 바꿔 탈 수 있다. 제네시스 스펙트럼은 월 구독료 149만 원으로 G70 스포츠, G80, G80 스포츠를 월 2회까지 바꿔 탈 수 있다.

■ CJ오쇼핑은 생리대 '에어퀸'을 단독 론칭하며 정기배송 판매를 시작했다. 이 제품은 홈쇼핑 방송과 CJ몰 앱을 통해 완판을 기록할 만큼 많은 여성들의 호응을 얻었다. 특히 구매자 중 약 25%가 정기배송을 신청해 구독경제에 대한 소비자들의 수요를 확인할 수 있었다.

■ 쿠팡은 1,000여 가지 상품의 정기배송 서비스를 하고 있다. 생수와 기저귀, 분유, 물티슈 등 생필품부터 반려동물용품과 다이어트식품까지 정기배송한다. 소비자들은 배송일을 자유롭게 변경할 수 있고, 일반 구매보다 최대 10% 할인받을 수 있어 인기가 높다.

■ 꾸까는 정기적으로 꽃을 배달해 주는 서비스를 하고 있다. 소비자들은 2주 혹은 4주 단위로 영국 유학파 출신 플로리스트들이 직접 디자인한 꽃을 받아볼 수 있다.

이처럼 구독경제가 확산되고 있는 이유는 다음과 같다.

첫째, 불황 때문이다. 2008년 금융위기 이후 저성장 기조가 이어지고 최근 들어 미중무역전쟁 등으로 경기가 더 악화되었다. 현재 소비를 주도하는 밀레니얼 세대와 Z세대는 어려서부터 '불황'이란 단어에 익숙하다. 이 세대는 물건을 소유하는 대신 공유하는 소비 트렌드를 주도하고 있는데, 이제는 공유경제의 연장선에서 구독경제의 소비 행태를 보이게 된 것이다.

둘째, 1인가구와 맞벌이 부부가 늘면서 대량으로 싸게 구매하는 것보다 다양한 제품을 필요한 만큼 이용할 수 있는 서비스에 대한 수요가 커졌기 때문이다. 최근 국내에서는 1인가구와 맞벌이 부부를 대상으로 구독료를 받고 셔츠와 양말, 식음료 등을 날마다 새로 제공하는 서비스도 생겼다.

첫째, 크레디트 스위스(Credit Suisse)에 따르면 "세계 구독경제 시장
은 2016년 4,200억 달러에서 2020년 약 5,300억 달러 규모로 성
장할 것이다." 또 가트너는 "2023년에 전 세계 기업의 75%가 구
독 서비스를 제공할 것"으로 예상했다. 구독경제는 미국 등 선진
국에서 먼저 유행하기 시작했는데, 국내에서는 이제 막 유행하기
시작했다.

그래서인지 국내 증시에선 아직까지 구독경제 관련주가 많지
않다. 하지만 우리나라는 정보통신기술(ICT)이 발달되어 있기 때문
에 구독경제 서비스가 활성화될 여건을 잘 갖추었다. 불황에는 목
돈을 들여 상품을 소유하는 대신 가성비를 따지며 원하는 상품을
이용하고 싶어 하는 심리가 크다. 따라서 소비자를 대상으로 하는
B2C 기업들은 구독경제 서비스를 확산할 것이다.

실제로 2018년 이후 국내 증시에서 구독경제 관련주는 코스피
종목은 93%, 코스닥 종목은 98%의 초과수익률을 기록했다. 지금
처럼 마땅한 투자처가 없을 때 구독경제는 블루칩이 될 수 있다.

둘째, 구독경제는 서비스 형태에 따라 무제한 이용형, 정기 배송
형, 렌털형 등 세 가지로 나뉜다. 렌털형은 이미 국내에서 정수기
와 자동차, 가전제품, 안마기 등의 렌털 서비스가 활성화되었는데,

가성비와 가심비를 고려할 때 앞으로는 무제한 이용형과 정기 배송형 서비스가 확산될 것이다.

현재 넷플릭스와 왓챠 등은 월정액을 받고 무제한 이용형 영상 콘텐츠 서비스, SKT와 KT 등은 무제한 이용형 통신 서비스를 제공하고 있는데, 앞으로는 다양한 서비스가 등장할 것이다. 일례로 '밀리의 서재'는 한 달에 9,900원으로 5만 권의 전자책을 무제한 읽을 수 있는 서비스를 제공하는데, 도서정가제로 책 한 권을 구매하는 데도 만 원 이상 드는 점을 감안하면 가성비가 뛰어나다. 이외에도 무제한 이용형 서비스 관련 기업은 메가엠디, 메가스터디교육, NICE평가정보, 더존비즈온, 한국기업평가 등이 있다.

정기 배송형은 날마다 필요한 면도기와 셔츠, 기저귀 등의 물품을 배송하거나 반찬 또는 식사, 집 안 청소 등의 서비스를 제공하는 것이다. 미국의 달러 쉐이브 클럽(Dollar Shave Club)은 면도기 정기 배송 서비스로 120년 전통의 질레트(Gillette)를 무너뜨렸다. 미

달러 쉐이브 클럽은 면도기 정기 배송 서비스로 120년 전통의 질레트를 무너뜨렸다.

국 면도기 시장의 70%를 점유했던 질레트의 시장 점유율은 50%까지 추락했고, 달러 쉐이브 크럽이 그 자리를 차지했다. 국내에서는 '와이즐리'가 월 구독료 8,900원으로 독일산 면도날 4개를 매달 1회씩 배송해 준다. 시중에서 판매하는 면도기 핸들과 면도날 3개 세트가 3만 원 내외인 것을 감안하면 가성비가 뛰어난 편이다. 이외에도 정기 배송형 서비스 관련 기업은 쿠팡, 에스원, GS리테일, CJ오쇼핑, 본느 등이 있다.

렌털형은 일시불로 구매하기 힘든 고가의 물품을 매월 렌트 비용을 내고 빌려 쓰는 것이다. 렌털 서비스 관련 기업은 웅진코웨이, SK네트웍스, 하츠, 쿠쿠홈시스, 바디프랜드 등이 있다.

26 시니어 시프트, 젊게 사는 뉴 시니어를 잡아라

미국 플로리다에는 5만여 시니어 가구가 모여 사는 '더 빌리지' (The Village)가 있다. 미국에서 가장 큰 실버타운인 더 빌리지에서는 자율주행차 기업인 보이저(Voyager)가 자율주행 서비스를 시작했다. 보이저는 왜 4차산업혁명의 신기술을 활용한 서비스를 시니어에게 선보이는 것일까?

실버타운은 자율주행차를 운영하기에 가장 좋은 곳이다, 나이가 들수록 교통사고율이 높아지는데, 운전하지 않아도 목적지로 갈 수 있는 자율주행차는 큰 도움이 된다. 또 실버 세대들이 모여 사는 곳이니만큼 바쁘게 살 필요가 없다 보니 차량 흐름 등도 원활하다. 자율주행차를 운행하기에 최적의 장소인 것이다.

일본 도쿄의 한 예식장에서는 로봇이 하객으로 참석했다. 키 20
㎝, 무게 510g의 하얗고 조그만 이 로봇은 신부의 할머니를 대신해
참석했다. 이 로봇은 예식장에서 400㎞ 떨어진 오사카에 사는 85
세 할머니 이와미 가네코가 자신의 태블릿 PC로 원격 조작했다. 이
와미 가네코는 손녀의 결혼식에 참석하고 싶었지만 건강이 안 좋아
참석하지 못했다. 그래서 로봇을 대신 참석시킨 것이다.

로봇 개발업체 오리(Ory) 연구소가 개발한 이 로봇의 이름은 '오리
히메'(Orihime)다. 이 로봇은 태블릿 PC로 쉽게 조작할 수 있다. 로봇
의 시선이 태블릿 PC 화면에 비치는데, 화면의 메시지를 터치하면
그에 맞춰 작동한다. 사람들과 인사를 하고 박수를 치기도 한다.

미국, 일본 등 선진국에서는 4차산업혁명의 신기술이 시니어의 삶
을 바꾸고 있는데, 우리나라에서도 이러한 트렌드가 확산될 것이다.
고령화가 확산되면서 시니어 시프트(senior shift), 소비 시장에서 시니

일본 오리 연구소는 오리
히메를 개발했다.

어 세대가 주요 고객으로 부상했기 때문이다.

시니어(senior)는 50대 이상의 중·장년층이고, 실버(silver)는 65세 이상의 고령자다. 이 두 세대를 합쳐 '시니어족'이라고 한다. 그런데 시니어족이 바뀌고 있다. 과거의 시니어족이 나이 많고 무능력한 '꼰대'였다면 오늘날의 시니어족은 젊게 살고 지갑이 두둑한 '어르신'이다. 오늘날의 시니어족은 과거의 시니어족과 달라져서 '뉴 시니어'(New Senior)로 불린다.

앞으로 10년간 65세 이상 고령인구가 될 세대를 '뉴 시니어'(new senior)라 하는데, 우리나라에서는 1955~1963년에 태어난 베이비붐 세대가 뉴 시니어다. 베이비붐 세대는 현재 711만 명(전체 인구의 14.3%)인데, 2025년에 이들 대부분이 65세 이상이 되면 우리나라 고령인구는 1천만 명을 넘어설 것이고, 고령인구의 구성비도 높아질 것이다. 통계청의 「2019 장래인구특별추계를 반영한 세계와 한국의 인

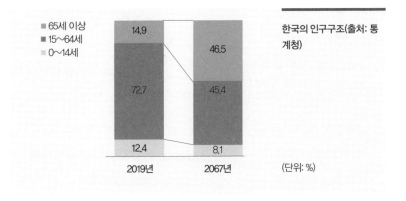

한국의 인구구조(출처: 통계청)

(단위: %)

구현황 및 전망」에 따르면 "우리나라 65세 이상 인구의 구성비는 2019년 14.9%에서 2067년 46.5%로 증가할 것이다." 65세 이상 고령자가 세 배로 늘어나는 것이다.

뉴 시니어는 한국전쟁 이후에 태어나 한국경제가 고도성장하던 시기에 생산가능인구로 활약했고, 대한민국에서 부동산과 자산을 가장 많이 보유하고 있는 세대다. 이들 중 상당수는 어느 정도 구매력을 갖추었고, 기존 시니어 세대와 달리 스마트폰 등을 통한 온라인쇼핑에도 능하다. 향후 소비 시장에서 주요 고객이 될 것이다.

한국보건산업진흥원에 따르면 "국내 고령친화산업 시장은 매년 평균 13.0%씩 성장할 것이다." 정부는 이 점을 고려해 2013년부터 고령친화산업 육성을 국정과제로 삼아 미래성장동력산업으로 키우고 있다.

우리보다 먼저 고령화가 확산된 일본에는 시니어 소비자를 겨냥해 성공한 기업이 많다. 또 우리보다 서비스산업이 발달한 미국에는 혁신적인 비즈니스 모델이 많다. 그와 관련된 사례를 살펴보자.

■시니어를 위한 로봇산업이 가장 발달한 나라는 일본이다. 소니(Sony Corporation)는 인공지능(AI) 로봇 강아지 '아이보'(Aibo)를 출시했다. 이 로봇을 실제 강아지들 앞에 갖다놓으면 친구로 여길 정도다. 소니는 이 로봇을 예약판매한 지 3개월 만에 1만여 대를 판매했다. 이 로봇은 배우자가 사망해 혼자 사는 시니어들이 많이 구입했다.

■ 보건복지부에 따르면 "우리나라 치매 환자는 2024년 100만 명에서 2040년 200만 명으로 늘 것이다." 일본에서는 치매 환자를 위한 '파로'(Paro)라는 물개 로봇도 출시되었다. 이 로봇과 함께하면 치매의 진행 속도를 늦추고 마음도 안정시킬 수 있다. 이 로봇 역시 인공지능 기술을 적용했기에 사람과 눈을 맞추고, 털을 쓰다듬으면 반응하며, 사람에게 안기기도 한다.

■ 요양원 등에서 생활하는 시니어는 거동이 불편해 백화점 등에서 쇼핑하기 힘든데, 일본의 '풀카운트'(http://full-count.net)는 시니어를 위한 출장 쇼핑 서비스를 제공한다. 풀카운트는 의류는 물론 지갑, 가방, 인형, 식료품, 안경, 보청기 등을 출장 판매한다. 또 생일잔치 등을 하는 시니어들에게 '레크라운드'라는 레이레이션 서비스도 제공한다. 단순히 물건을 파는 것에 그치는 것이 아니라 고객과 유대감을 형성하는 것이다.

御用聞き営業の
真の力
を知ってるか？

고요키키는 시니어를 위한 심부름 서비스를 제공한다.

■ 고요키키(御用聞き)는 단돈 100엔을 받고 시니어를 위한 심부름 서비스를 제공한다. 우편물 발송, 전구 및 건전지 교체 등 노인들이 하기 어려운 일을 5분간 100엔을 받고 해주는 것이다. 또 이보다 시간이 오래 걸리거나 힘든 일은 '300엔 서비스'로 해주고 있다. 300엔을 받고 가구나 대형 쓰레기 옮기기, 청소, PC 업무 등을 대신해 주는 것이다. 그런데 이 서비스를 제공하는 사람은 젊은 대학생이다. 젊은이들과 만나는 것 자체를 즐거워하는 시니어들이 많아서 이 서비스가 인기 있다.

■ 미국의 매더라이프웨이즈(Matherlifeways)는 시니어를 위한 아지트인 '모어 댄 어 카페'(More Than a Cafe)를 운영하고 있다. 모어 댄 어 카페는 'A neighborhood place to eat well, learn well, play well, age well'(잘 먹고, 잘 배우고, 잘 놀고, 잘 나이들 수 있는 이웃의 공간)이라는 슬로건을 내걸고 있다. 모어 댄 어 카페는 단순히 커피만 마시는 공간이 아니라 여럿이 함께 놀고, 평생학습할 수 있는 복합 문화공간이

모어 댄 어 카페는 카페 겸 레스토랑이며, 캠퍼스이고, 만남의 장소다.

다. 이 카페에는 하루 평균 150~300명이 방문하는데, 시니어들뿐만 아니라 그들의 가족, 친구들도 이용할 수 있다. 또 커피를 단돈 0.95달러만 받고 무한리필 제공하고, 대부분의 식사도 5~8달러의 비교적 저렴한 가격으로 제공한다.

모어 댄 어 카페에서는 피트니스, 라틴 댄스, 그림 그리기, 역사 강의 등 평생학습도 제공하고, 당일치기 여행 등 이벤트도 한다. 이 카페에는 다양한 즐길 거리가 있어서, 약 70%가 한 달에 10회 이상 방문할 정도로 인기가 높다.

10년 후 한국경제
Report

첫째, 구매력을 갖춘 베이비붐 세대가 뉴 시니어가 되면서 시니어 시장이 커질 것이다. 베이비붐 세대는 나이보다 젊게 살려 하는 액티브 시니어(active senior)다. 기존 실버 세대와 달리 이들은 은퇴를 인생의 끝이 아니라 새로운 시작으로 여긴다.

베이비붐 세대는 가장 자산이 많은 세대다. 통계청의 「2018 가계 금융·복지 조사」에 따르면 "50대 가구주가 3억 9,419만 원으로 가장 자산이 많고, 60대 이상 가구주가 3억 5,817만 원으로 두 번째로 자산이 많다."

이들은 자산이 많아서 소비도 많이 한다. 한국방송광고진흥공사에 따르면 "액티브 시니어의 26%가 최근 1년 내에 해외여행을 다녀왔는데, 이는 다른 연령대보다 두 배나 높은 수치다. 또 액티브 시니어의 28%는 공연관람 등 문화생활을 즐긴다. 특히 67%가 외모를 꾸미기 위해 돈을 지출하는 것을 당연하다고 응답해 30대(65%), 40대(57%)보다 외모에 더 많이 신경 쓴다."

베이비붐 세대는 스마트폰 등 IT 기기를 능숙하게 사용하고, 온라인 쇼핑도 많이 한다. 한국갤럽에 따르면 "2018년 기준 50대의 스마트폰 이용률은 96%인데, 2030세대의 스마트폰 이용률(99.5%)과 비교해 큰 차이가 안 난다."

따라서 이들은 은퇴 이후에도 소비생활과 여가생활을 즐기며 사회활동에도 적극적으로 참여할 것이다. 한국보건산업진흥원에 따르면 "국내 시니어 시장 규모는 2015년 67조 9,000억 원에서 2020년 124조 9,000억 원으로 성장할 것이다. 또 앞으로 5년 내에 두 배 이상 성장할 것이다." 이러한 추세를 고려할 때 2030년

베이비붐 세대는 은퇴 이후에도 소비생활과 여가생활을 즐길 것이다.

국내 액티브 시니어 시장은 약 450조 원 규모로 성장할 것이다.

둘째, 모든 시니어 세대가 지갑이 두둑하지는 않으니 중산층 이상의 시니어를 공략해야 한다. 베이비붐 세대 중 정년퇴직을 하는 사람은 절반도 안 된다. 또 이들 중 상당수는 자녀양육과 부모부양을 동시에 책임지는 '더블 케어'(Double Care)에 시달리느라 자신을 위해 돈을 쓸 여력이 부족하다. KT경제경영연구소의 「4차 산업혁명이 열어줄 시니어 비즈니스 시대」에 따르면 "시니어 세대의 소비 행태는 재정상태와 건강 여부에 따라 달라진다. 주머니 사정이 넉넉하면서 건강 상태가 좋은 시니어 또는 건강이 나쁘더라도 돈이 있는 시니어를 공략해야 한다."

그렇다면 중산층 이상의 시니어를 사로잡기 위해서는 어떻게 해야 할까?

■주거 서비스 분야에서는 사물인터넷(IoT)을 활용한 간병·간호 서비스가 인기 있을 것이다. 이스라엘의 에코케어 테크놀로지스(Echocare Technologies)는 시니어 거주자에게 이상 및 응급상황이 발생하면 의료진이나 가족에게 즉시 통보하는 '에코케어'(Echocare) 솔루션을 개발했다. 일본의 아트 데이터(Art Dater)도 '안부 확인 서비스'를 제공하고 있다. 화장실 문, 부엌 바닥, 침대 밑, 현관, 욕실 입구 등에 움직임을 감지하는 모션 센서를 설치하고, 냉장고 문, 거실 문, 화장실 문, 현관 문 등에 인체 감지 센서를 설치해 시니어의 이상 여부를 본인과 의료진, 가족에게 알리고 있다.

또 로봇을 활용한 간호·가사도우미 서비스도 유망할 것이다. 소프트뱅크(SoftBank)가 개발한 페퍼(Pepper)는 양로원에서 간호사를 대신해 운영되고 있는데, 시니어들에게 생활정보를 제공하는 것은 물론 레크리에이션도 진행한다. 일본의 호텔들에서는 커뮤니케이션 로봇 '유니보'(Unibo)가 고객을 맞고 있다. 이 로봇은 가정용으로도 출시되었는데, 시니어와 대화도 나누고 건강 여부를 확인하기도 한다. 시니어 인구가 늘면서 휴머노이드 로봇의 수요

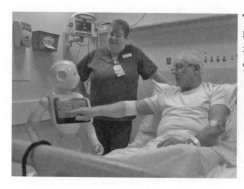

페퍼는 양로원과 병원에서 간호사를 대신해 운영되고 있다.

가 늘 것인데, 시장조사기관 리포츠 앤 리포츠는 "2023년까지 휴머노이드 로봇 시장이 매년 52% 성장할 것"이라고 전망했다.

■ 의료 분야에서는 가상현실(VR)이 치료에 이용될 것이다. 시니어들 중에는 혼자 사는 1인가구가 많은데, 이들이 가장 힘들어하는 것은 외로움이다. 외로움은 우울증 등을 일으킨다. 최근 일본과 미국 등에서는 가상현실 기술을 활용해 여행 등 행복한 경험을 제공하고 우울증과 치매 등을 치료하는 사례가 늘고 있다. 미국의 MIT대학의 스타트업 '렌데버'(Rendever)는 결혼, 졸업 등 가족행사를 가상현실로 만들어 제공하고 있다.

■ 서비스 분야에서도 가상현실이 이용될 것이다. 일본의 '모구라'(Mogura)는 가상현실을 활용한 해외여행 체험 서비스 '퍼스트 에어라인스'(FIRST AIRLINES)를 제공하고 있다. 실제로 현지를 여행하는 것은 아니지만 일등석과 똑같은 좌석에 앉아 가이드 서비스를 받고, 현지 기내식도 먹을 수 있다. '서비스 비용은 퍼스트클래스는 5,980엔, 비즈니스클래스는 4,890엔이다.

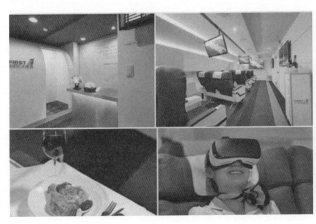

에어라인스

셋째, 잘 죽는 것이 중요해지면서 웰다잉(well-dying)이 확산될 것이다. 우리나라에서는 2018년부터 일명 '웰다잉법'으로 불리는 '연명의료결정법'이 시행되었다. 회생할 가능성이 없는 환자라면 더 이상 연명치료를 받지 않아도 되는데, 이 법은 '존엄하게 죽을 수 있는 권리'를 인정하기 위해 만들어졌다. 시니어에게 웰다잉이 중요해지면서 웰다잉 시장이 성장할 것이다.

몇 년 전부터 프리드라이프 등 상조업체가 늘어나고, 유품정리 등의 서비스가 활성화되었는데, 최근에는 그린장례지도사·치매예방관리사 등이 각광받고 있다. 그린장례지도사는 '사람이 죽으면 자연으로 돌아가야 한다'는 취지로 묘비와 비석, 유골함 등 인공물을 사용하지 않는 그린장례 절차에 따른 장례를 진행한다. 치매에 한 번 걸리면 갈수록 상태가 나빠지는데, 치매예방관리사는 치매를 예방하도록 하거나 증상을 완화시킨다.

현재 웰다잉 서비스는 수요에 비해 활성화되지 않았는데, 앞으로 다양한 서비스가 등장할 것이다.

고독사가 늘면서 웰다잉이 중요해지게 되었다.

27
리테일테크, ICT가 소매유통을 바꾼다

불황으로 매장을 찾는 고객이 줄어들고 있다. 2019년 9월 30일 대한상공회의소는 '2019년 4분기 소매유통업 경기전망지수'(Retail Business Survey Index, RBSI)가 '91'이라고 발표했다. 소매유통업 경기전망지수(RBSI)가 100 이상이면 다음 분기 경기가 호전될 것으로 예상된다. 하지만 91로 나타났으니 다음 분기 경기가 악화될 것으로 예상된다.

2019년 4분기 소매유통업 경기전망지수를 업태별로 살펴보면 대형마트는 81, 편의점은 78, 슈퍼마켓 75이다. 반면에 온라인쇼핑을 포함한 무점포소매는 105다. 앞에서도 살펴봤지만 쇼핑의 중심이 오프라인에서 온라인으로 이동하면서 오프라인 매장은 울상을 짓

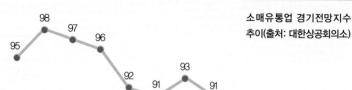

소매유통업 경기전망지수
추이(출처: 대한상공회의소)

고 있다.

　울상을 짓는 오프라인 매장이 많은 것은 미국도 마찬가지다. 2018년에 미국에서 문을 닫은 소매점은 9,000여 개나 된다. 아마존 (Amazon)이 소매유통업의 패러다임을 바꾸며 이들의 수익을 빼앗았 기 때문이다.

　소비자와 가장 가까운 곳에 있는 소매유통업체가 고객을 사로잡 기 위해서는 무엇보다 '고객 만족'을 이끌어야 한다. 아마존의 CEO 제프 베조스(Jeffrey Bezos)는 창업 초기부터 어떻게 하면 고객 만족을 이룰 수 있을까 고민했다. 창업 초기에 임원들과 회의하면서 휴지에 '베조스의 성장 그래프'를 그렸다.

　베조스의 성장 그래프에 따르면 "가격을 낮추면 만족을 느끼는 고객이 늘고, 고객이 늘면 물건을 팔려는 판매자도 늘어난다. 판매 자가 늘면 상품의 종류가 많아져 고객 선택권도 늘고, 고객 만족도

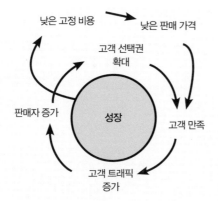

낮은 고정 비용 → 낮은 판매 가격

고객 선택권 확대

판매자 증가

성장

고객 만족

고객 트래픽 증가

늘어난다."

이러한 아마존의 전략은 제대로 통했다. 대부분의 미국 가정이 1주일에 한 번 마트에 들러 생필품을 넉넉히 구매했지만 이제는 아마존에서 온라인으로 구매한다. 온라인으로 구매하는 것이 훨씬 저렴하고 마트를 오가느라 시간과 비용을 낭비할 필요가 없기 때문이다. 게다가 온라인에는 없는 게 없고, 다양한 혜택도 제공한다. 고객 만족을 경험한 고객은 마트 대신 아마존에서 쇼핑하게 되었다.

아마존은 2005년부터 유료회원 서비스인 '아마존 프라임'(Amazon Prime)을 운영하고 있다. 연간회비를 지불하면 다양한 혜택을 누릴 수 있다. 전자책과 음악 등 콘텐츠를 무료로 이용할 수 있고, 2시간 내에 식료품과 생활용품을 배송해 주는 '프라임 나우'(Prime Now) 서비스도 이용할 수 있다. 고객 만족이 늘면서 아마존 프라임 구독자는 1억 명을 넘었다.

아마존은 세상 모든 상품을 '가장 낮은 가격'으로 판매하고 '가장 빨리' 배송해 고객 만족을 이루고 있는데, 이는 ICT를 기반으로 했기 때문에 가능한 것이다. 아마존은 고객이 늘면서 발생한 이익을 물류 시스템에 과감히 투자했다. 그리고 물류 시스템을 효율적으로 운영하기 위해 ICT를 활용했다.

빠른 배송을 위해서는 무엇보다 물류창고를 확보해야 한다. 아마존 물류창고에 입고되는 상품들은 상품정보를 입력하기 위해 컨베이어 벨트를 지나는데, 이때 사람 대신 카메라와 스캐너가 상품정보를 인식하고 입력한다. 사람이 바코드 스캐너를 들고 일일이 상품정보를 입력할 때보다 작업속도가 두 배 이상 빠르고, 인건비도 절감된다.

종류와 크기, 무게에 따라 분류된 상품은 무인 운반로봇 '키바' (Kiva)가 운반하고, 재고 및 입출고 관리도 한다. 아마존 프라임 고객이 주문하면 키바는 특정물품을 찾아 포장까지 하고 배송을 시작한다. 이후 창고를 떠난 물품은 원거리 배송의 경우 보잉767 항공기나 자율주행트럭으로 배송하고, 근거리 배송의 경우 드론을 이용해

아마존 물류창고의 키바

상품 배송에 활용되는
드론

배송한다.

아마존은 고객 만족을 위해 인공지능과 빅데이터를 활용한다. 아마존의 인공지능 알고리즘은 빅데이터를 기반으로 도서를 추천하는데, 이 알고리즘이 추천하는 도서는 편집자가 추천한 도서보다 판매량이 높다. 또 인공지능 알렉사(Alexa)에 음성 명령을 내리면 한 번에 거래와 결제까지 처리되는 편리한 쇼핑 시스템을 만들었다.

한편 아마존은 상품을 직접 확인하거나 체험하기 위해 오프라인 매장을 찾는 사람이 많다는 것도 고려했다. 그래서 수십 개의 서점과 팝업 매장(몇 주나 몇 달 동안 일시적으로 운영하는 매장) 그리고 무인매장 아마존 고(Amazon Go)를 운영하고 있다. 아마존 고에서는 스마트폰으로 신원을 인증하면 매장에 들어가서 원하는 상품을 집어 들고 나오기만 하면 된다. 사물인터넷을 활용해 자동으로 결제되기 때문에 계산대 앞에서 줄을 서야 하는 번거로움도 없었다.

아마존의 이러한 혁신을 '리테일테크'(Retailtech)라 일컫는다. '리테일테크'는 '소매'를 뜻하는 '리테일'(Retail)과 '기술'을 뜻하는 '테크' (tech)를 결합한 신조어다. 아마존이 일으킨 리테일테크 트렌드는 이제 전 세계로 퍼지고 있다.

알리바바는 온라인과 오프라인을 통합한 '신유통'(新零售)을 주창하며 슈퍼마켓 '허마'(盒马)를 운영하고 있는데, 허마 역시 ICT를 활용하고 있다. 허마가 판매하는 모든 상품은 온라인 앱과 오프라인 매장 모두에서 같은 가격으로 구매할 수 있다. 결제는 모바일 앱과 연동된 알리페이로 이루어지며, 허마는 고객의 구매 패턴 등과 관련된 빅데이터를 분석한다. 이렇게 분석한 빅데이터를 활용해 고객 개인 맞춤형 서비스를 제공한다. 이는 고객 만족으로 이어져 기업이 성장하게 된다.

10년 후 한국경제
Report

첫째, 리테일테크를 활용한 기업과 그렇지 않은 기업은 성패가 갈릴 것이다. KT경제경영연구소의 「리테일테크의 시장 동향 및 시사점」에 따르면 "리테일테크는 오프라인 매장은 물론 온라인 쇼핑몰 모두에서 고객 만족을 높이는 데 활용될 것이다. 리테일테크를 활용해 모객, 판매, 피드백의 강력한 선순환을 구축해 고객을 늘려야 할 것이다. 현재 유통업계는 리테일테크를 위해 빅데이터

펠로우로봇(Fellow
Robots)이 개발한 로우
봇(LoweBot)은 매장 내
에서 고객이 원하는 상품
을 찾아준다.

등을 활용하고 있는데, 앞으로는 사물인터넷, 인공지능, 로봇 등
을 활용하는 사례가 늘 것이다."

앞으로 국내 소매유통업계는 인공지능과 사물인터넷을 많이 활
용할 것이다. 인공지능은 빅데이터를 분석해 고객의 수요를 예측
하고, 마케팅 전략을 수립하는 데 활용될 것이다. 또 소매유통업
에서는 공급망 관리도 매우 중요한데, 인공지능을 활용해 창고관
리, 매장관리 등 다양한 업무들이 자동화될 것이다. 또 사물인터
넷 센서가 확산되면 모든 상품의 배송 상태를 실시간으로 확인할
수 있으므로, 재고를 관리하는 데 정확성을 높이고, 상품에 대한
정보가 실시간으로 공유되는 공급관리 시스템을 구축할 것이다.

그리고 물류창고는 물론 매장에서도 사람 대신 로봇이 일할 것
이다. 로봇은 매장에서 이동하면서 어디에 상품이 있는지, 가격표
가 제대로 붙어 있는지, 재고가 충분한지, 상품이 제자리에 있는
지 등을 점검해 매장관리를 도와줄 것이다. 로봇을 활용하면 생산
성이 높아지므로 소매유통업체들은 매장 점원 수를 줄일 것이다.

아울러 가상현실 기술은 소비자에게 새로운 쇼핑 경험을 제공할 것이다. 소비자들은 제품을 사용하기 전에 가상으로 제품을 체험해 볼 수 있으므로, 온라인뿐만 아니라 오프라인 매장에서도 가상현실 기술을 활용하게 될 것이다. 이미 많은 글로벌 패션 브랜드가 가상현실 기술을 활용해 실제로 옷을 입어보는 경험을 제공하는 매장을 운영하고 있다.

앞으로 고객들은 스마트폰을 바라보고 자기가 원하는 상품에 시선을 고정하면 가상현실 기술을 활용해 미리 제품을 체험해 볼 수 있을 것이다. 기업은 인공지능 챗봇(Chatbots)을 활용해 개개인에게 가장 적합한 상품을 추천하는 등 고객의 구매를 유도할 것이다.

소매유통업체들은 새로운 기술을 경쟁사보다 얼마나 빠르게 활용하느냐에 따라 성패가 갈릴 것이다. 그러기 위해서는 투자가 필요한데, 자금력이 강한 대형유통업체들이 좀 더 유리할 것이다. 하

미국의 보데가(Bodega)는 회사 및 아파트의 건물 내에서 소형 매장을 운영하고 있다. 이 매장에는 각종 식료품을 판매하는 키오스크가 설치되어 있는데, 인공지능 기술을 활용해 고객이 원하는 상품을 추천해 주고, 결제도 자동으로 이루어진다.

알리바바가 운영하는 슈퍼마켓 허마는 온라인으로 매장의 상품을 주문할 수 있다. 주문과 동시에 매장 천장에 달린 레일을 따라 상품이 이동하고, 배달원이 신속하게 배송해 준다.

지만 지금부터 5~10년 후에는 관련 기술이 일반화되어 중소형유통업체들도 경쟁력을 갖추게 될 것이다.

둘째, 소매유통업계에서는 인수합병이 늘 것이다. 아마존이 홀 푸즈 마켓(Whole Foods Market)을 인수하고, 월마트(Wal-mart)가 보노보스(Bonobos)를 인수한 것처럼 국내에서도 인수합병이 늘 것이다. 앞으로 아마존이나 알리바바 등 글로벌 기업들이 우리나라 시장에 진출할 수 있는데, 국내 소매유통업계는 이들과 경쟁해 살아남기 위해 다른 소매유통업체와 인수합병해 규모를 키우거나 리테일테크 관련 ICT 기업을 인수하거나 제휴해야 할 것이다.

한편 리테일테크 관련 기술을 개발한 ICT 기업이 소매유통업계에도 진출해 새로운 형태의 서비스를 선보일 것이다.

28
신한류, 한류 3.0으로 진화한다

2019년 9월 28~29일 태국 방콕은 한류 열기로 휩싸였다. CJ ENM은 방콕 최대 공연장인 임팩트 아레나와 임팩트 국제전시장에서 '케이콘 2019 태국'(KCON 2019 Thailand) 콘서트를 개최했는데, 4만 5천여 명이 몰렸다. 태국뿐 아니라 동남아시아 전역에서 한류 팬들이 몰렸기 때문이다. GOT7, 골든차일드, 더보이즈, 에버글로우, ITZY, 아이들, 아이즈원, 청하 등 18개 팀이 콘서트 무대에 오른다고 하자, 공연장에 입장하기 전부터 끝이 보이지 않을 만큼 긴 줄이 만들어졌다.

CJ ENM의 케이콘 콘서트는 2012년 미국 캘리포니아에서 처음 선보이며 성황을 이룬 이래 프랑스, 호주, 멕시코, 아랍에미리트 등

에서 케이팝(K-POP) 팬들을 사로잡았다. 이제까지 이 콘서트에는 110만 명 이상의 관객이 참석했다. 이 콘서트는 케이팝 등 한국의 문화 콘텐츠를 알리는 동시에 한국 기업의 매출도 높이고 있다.

사실 한류(韓流)는 1990년대 말부터 시작되었다. 1990년대 말부터 한국 드라마와 가요가 중국에 수출되면서 한국 대중문화가 인기를 끌었다. 2000년 2월 중국 언론이 '한류'라는 용어를 사용하면서 중국, 홍콩, 대만, 싱가포르 등 중화권을 중심으로 한류가 확산되었다.

하지만 2000년대 후반부터 2010년까지 한류 열기가 사그라지기 시작했다. 일류(日流)와 화류(華流)가 인기를 끌면서 한국 대중문화의 경쟁력이 약화되었기 때문이다.

다행히 2010년대 초부터 새로운 한류 열풍이 불고 있다. 최근 케이팝 팬들은 한국 대중가요뿐만 아니라 한국의 전통문화도 좋아하고, 한국 기업의 제품을 선호한다. 이러한 트렌드를 '신한류'(新韓流)라고 한다.

이제 케이팝 열기는 중국, 대만, 홍콩, 베트남, 태국, 인도네시아, 필리핀, 몽골, 카자흐스탄 등 아시아 전역뿐 아니라 미국과 유럽까지 확산되었다. 케이팝 팬들은 케이팝뿐 아니라 한국의 음식, 패션, 게임 등 한국의 다양한 문화를 선호하게 되었고, 한국 생활용품도 판매가 늘었다. 신한류 덕분에 한국을 찾는 관광객이 늘었고, 국가 브랜드 가치는 물론 한국 기업의 브랜드 가치도 높아졌다.

신한류 덕분에 2018년 문화콘텐츠 수출액은 100억 달러를 돌파했고, 세계 7위 콘텐츠 강국이 되었다. 콘텐츠뿐 아니라 한류 관련 상품을 선호하는 외국인이 늘고 있는데, 국내 경기가 안 좋은 이때에 해외에서 기회를 모색하는 것은 어떨까?

■ 휴롬은 '케이콘 2019 태국'에 참가해 '휴롬디바'와 '휴롬원더' 등 휴롬 원액기를 선보였고, 휴롬주스 시음행사도 했다.

■ 2019년 9월 28~29일 네이버는 베트남 호치민에서 'V HEARTBEAT' 공연을 열었다. 이 공연에는 여자친구, 스누퍼 등 케이팝 스타가 무대에 올랐고, 2만여 명의 팬이 몰렸다. 이 공연은 네이버의 글로벌 동영상 라이브 서비스 '브이 라이브'(V LIVE)를 통해 실시간으로 중계되었는데, 17만 명이 시청했다. 네이버는 베트남 현지 브이라이브 서비스인 '브이베트남'를 선보였는데, 베트남 이용자 수를 늘릴 계획이다.

■해외에서는 한국의 술, 특히 소주와 맥주를 섞어 마시는 '소맥'이 유
행하고 있다. 2019년 8월 27일 하이트진로는 베트남 하노이 중심가
에 '하이트진로 소주클럽'을 열었다. 이 소주클럽은 개업하자마자 현
지인들로 북적이는데, 한국 드라마와 예능 프로그램을 시청하고 소
주를 마셔보고 싶은 사람들이 많아졌기 때문이다. 또 이 한국식 주
점은 케이팝도 들려주어서 인기 있다.

　하이트진로는 신한류에 힘입어 베트남, 필리핀, 태국 등을 동남아
시아 시장의 전초기지로 삼을 계획이다. 더 나아가서 북미, 아프리
카, 유럽 등으로 시장을 확대하겠다는 '글로벌 비전 2024'도 세웠다.
2024년까지 해외 매출을 지금보다 450% 증가한 5,300억 원 규모
로 늘릴 계획이다.

■한국무역협회는(KOTRA)는 산업통상자원부, 문화체육관광부, 식품의
약품안전처, 한국콘텐츠진흥원(KOCCA)과 함께 하지원, 세븐틴, SF9

을 '2019 두바이 한류박람회' 홍보대사로 위촉했다. '두바이 한류박람회'는 산업·문화 융합 엑스포로 2019년 10월 16일부터 사흘간 두바이에서 열린다. 최근 중동 지역에서는 젊은 소비층을 중심으로 온라인을 통해 한류가 널리 확산되고 있는데, 아랍에미리트 두바이 현지에서 공연하고 한국 제품과 서비스를 홍보할 계획이다.

■한일무역분쟁으로 한일관계가 안 좋지만 일본에서 한류 열기는 식지 않고 있다. 2019년 9월 28~29일 도쿄 지요다구 히비야공원에서는 제11회 한일축제한마당이 열렸는데, 약 7만 2,000명이 방문했다. 이는 행사가 시작된 이래 역대 2번째로 많은 방문자 수다. 이 축제에서는 K팝 댄스뿐 아니라 한국전통무용이 공연되었고, 김밥과 전 등 한국음식을 소개하는 부스도 마련되어 인기를 끌었다.

■미국에서는 한국 정부가 인증하는 한국어능력시험 '토픽'(TOPIK)이 인기를 모으고 있다. 토픽에는 한인 2세뿐 아니라 미국인도 많이 응시하고 있다. LA에서 토픽 시험을 주관하는 LA한국교육원에 따르면 "2019년 상반기 응시자는 345명이다. 2018년 응시자 204명보다 약 70% 늘어난 것이다." 응시자가 늘자 한국 정부는 토픽 시험 횟수를

토픽은 한국어를 모국어로 하지 않는 외국인과 재외동포를 대상으로 하는 한국어능력시험이다.

늘리기로 했다.

첫째, 신한류 상품이 꾸준히 인기 있을 것이다. 현대경제연구원의 「한류기반 소비재(K-Product)의 수출 현황과 시사점」에 따르면 "K-Product(한류 상품)은 2010년 이후 꾸준한 상승세를 이어가며 2014년 24.4%, 2015년 1분기 33.3% 수출이 늘었다. 한류에 힘입어 패션-뷰티 분야 수출이 2007년 3억 달러에서 2014년 15.2억 달러로 늘었고, 가전제품 수출도 크게 늘었다."

1990년대 말부터 2000년대까지 유행한 한류와 달리 2010년 이후 유행한 신한류는 콘텐츠부터 다양해졌다. 드라마와 가요뿐 아니라 예능 프로그램과 한류 관련 유튜브 채널, 베틀그라운드 등 게임도 인기를 끌고 있다. 다양한 콘텐츠가 인기를 끌면서 한국 상품의 선호도를 높이고 있는데, 국제사회에서 정치적으로 큰 문제를 일으키지 않는 한 신한류 열기는 꾸준히 이어질 것이다. 이 열기를 바탕으로 식품, 가전제품, 의류 등을 생산하는 제조업체뿐 아니라 관광, 의료 등 서비스업체도 외화를 벌어들일 것이다.

또 한류를 활용하면 기업뿐 아니라 개인에게도 새로운 기회가 열릴 것이다. 일례로 황진이 씨는 초등학교 2학년 때인 1986년 아르헨티나로 이민 왔는데, 남미에서 한류 문화를 알리는 가장 유명한 유튜브 채널 '지니채널'(jinichannel)을 운영하고 있다.

지니채널의 구독자는 70만 명에 이르는데, 아르헨티나뿐 아니라 멕시코, 칠레, 페루 등 남미와 유럽과 미국에서도 많이 시청한다. 황진이 씨는 스페인어로 케이팝과 케이뷰티를 비롯해 한글까지 가르친다. 또 한국 연예가 소식도 전하는데, 한국 케이팝 스타들이 홍보를 위해 이 채널을 이용하기도 한다. 지니채널이 인기를 끌자 황진이 씨는 남미에서 열리는 한류 관련 각종 행사에 진행자나 심사위원으로 자주 초대받는다.

둘째, 10년 후에도 한류 열기가 식지 않기 위해서는 한류 1.0(한류)과 한류 2.0(신한류)을 뛰어넘는 한류 3.0으로 진화해야 한다. 그러

황진이 씨는 원래 아르헨티나의 주요 지상파 방송사인 '텔레페'(Telefe)에서 7년 동안 메인 뉴스 앵커를 했는데, 지니채널을 운영하면서 방송인 시절 못지않은 인기를 누리고 있다.

기 위해서는 한류 콘텐츠가 더 다양해지고, 한국 상품과 더 연계되어야 한다. 기업은 현지 케이팝 공연 등을 홍보의 장으로 더더욱 활용해야 할 것이다. 아울러 현지에서 상품만 판매하기보다는 현지 생산법인을 개설해 일자리를 창출하거나 사회공헌활동을 하는 것이 바람직할 것이다.

1996년에 나이키(Nike)는 인도네시아에서 12살짜리 아이들을 고용해 일주일에 70시간이나 일을 시켰다. 이 사실이 만천하에 드러나자 미국과 캐나다뿐 아니라 인도네시아 현지인들의 반감을 샀다. 이러한 사례를 반면교사 삼아 현지인들을 노동의 수단이 아니라 고객으로 만들어야 할 것이다.

예나 지금이나 그리고 미래에도 자본은 돌고 돈다. 현지인에게 양질의 일자리를 제공하면 소비 여력이 생긴다. 그러면 그들은 한국 상품을 구매하는 데 지갑을 열 것이다. 기왕이면 현지에서 일자리도 창출하고 사회공헌활동도 많이 하는 기업의 상품을 선호할 것이다. 한류 열기가 아무리 거세더라도 기업의 과오까지 가려주지는 않는다. 베트남과 인도 등 개발도상국들의 경제성장률이 높아지면서 현지인들이 기업의 사회공헌활동도 고려한다는 점을 명심하자.

지속성장을 위한
6가지 생존법칙

 미국 서부에는 극한의 도보여행 코스인 '퍼시픽 크레스트 트레일'(PCT)이 있다. PCT는 멕시코, 미국, 캐나다를 거치는 총 4,286㎞의 거리를 오로지 도보로만 여행해야 한다. 그런데 그곳의 출발점에는 이런 말이 쓰여 있다.

 '규칙 14조, 결코 멈추지 말라!'

 지금 우리 앞에 펼쳐진 미래에는 4차산업혁명이 펼쳐 있다. 변화하는 세상에서 살아남기 위해서는 결코 멈춰서는 안 된다.

 다음으로 우리는 지속가능한 비즈니스 전략을 갖춰야 한다. 앞으로 10년 후까지 미래의 비즈니스가 재편되고, 미래의 부가 재편될 것인데, 당신에게는 어떤 전략이 있는가? 그에 대한 답을 갖고 있어야 하지 않을까?

 10년 후 한국의 모습은 어떨까? 이 책에서 살펴보았듯이 저출산·

고령화가 확산되고, 주력산업인 철강산업, 자동차산업, 전자산업 등의 경쟁력이 떨어질 것이므로 험난한 미래가 예상된다. 이러다간 일본과 같은 길을 걷지 않을까 두렵다. 10년 뒤 한국이 일본의 잃어버린 20년과 같은 길을 걷지 않으려면 남은 시간은 7~8년뿐, 그 뒤에는 어떤 정책도 소용없다.

'진인사대천명'(盡人事待天命)이란 말이 있듯이 준비하는 사람이 기회를 잡을 수 있다. 미래를 준비하지 않은 사람은 기회가 와도 그것이 기회인지 잘 모른다. 또 급변하는 세상에서는 유연한 대응과 전략이 필요하다. 오늘 통하는 전략이 내일도 통하지 않는다. 상황에 따라 전략을 수정할 줄 알아야 한다. 지속성장을 위한 6가지 생존법칙을 소개한다.

첫째, 민첩성

컨설팅기업 맥킨지 앤 컴퍼니(McKinsey & Company)는 "디지털혁명 시대에는 이전 혁명보다 속도는 10배가 빠르고, 범위는 300배, 파급효과는 3,000배로 크게 변화할 것"이라고 했다. 이러한 세상에서는 민첩성이 무엇보다 필요하다.

맥킨지의 도미니크 바튼(Dominic Barton) 회장은 "오늘날처럼 빠르게 변화하는 세상에서는 회복탄력성(resilience)을 가져야 한다"고 강조했다. 그는 민첩성이 이 시대 기업들에 가장 필요한 키워드라고 했다. 즉 '위기를 맞아도 무너지지 않고 빠르게 재생하는 능력'이 가장 큰 경쟁력이라는 것이다.

빠르게 변화하는 세상에서 발생하는 리스크를 그 누구도 피할 수 없기 때문에 빠르게 회복하는 능력이 무엇보다 필요하다 그래서 페이스북(Facebook)은 직원들에게 "늦게 움직이면 실격이다, 빠르게 움직이고 혁신하라"고 주문하고 있다.

최근 기업경영기법 중 '애자일'(Agile)이 많이 거론되는데, 애자일이란 민첩하고 유연하게 움직이는 조직을 말한다. 미래는 빠르게 변화하기 때문에 민첩성이 필요하다.

둘째, 경계파괴

4차산업혁명이 확산되면서 온라인과 오프라인의 경계가 무너지고 있다. 앞으로는 국가, 산업, 기업, 시장, 부서, 개인 간의 경계를 파괴해야 한다. 가상과 현실, 제조업과 서비스업의 경계가 사라지는 시대에 대응하지 못하면 기업과 개인은 엄청난 위기에 처하게 될 것이다.

기업들은 더 이상 업종에 갇혀서는 안 된다. 코닥(Kodak)을 몰락하게 만든 것은 필름기업이나 카메라업체가 아니라 스마트폰 제조업체이고, 정유업체의 경쟁자는 다른 정유업체들이 아니라 전기자동차 제조사와 차량공유 서비스업체다. 또 전 세계에 8만 개의 룸을 갖고 있는 쉐라톤 호텔(Sheraton Hotels and Resorts)의 경쟁자는 다른 호텔이 아니라 에어비앤비(Airbnb)와 같은 숙박공유업체다.

이제는 부서 간에도 경계를 허물어 좋은 정보와 자료를 공유해야 하고, 대학에서도 서로 다른 전공을 융합해야 한다. 경계를 파괴해야 생존할 수 있다.

셋째, 융합

MIT대학에는 세계적인 미디어융합연구소 'MIT 미디어랩'이 있다. 융합과 혁신으로 미래를 디자인하는 곳, 상상 그 이상의 것을 창조해내는 곳으로 유명한데, 인터넷, 인공지능, 가상현실, 터치스크린, 웨어러블 컴퓨터, ATM기 등 세상을 편리하고 이롭게 만든 많은 기술들이 이곳에서 탄생했다.

MIT 미디어랩의 대원칙은 "정해진 규칙이 없고, 포기에 대한 책임은 있어도, 실패에 대한 책임은 없다"이다. 포기하기보다는 실패를 하는 것이 성공에 다다를 수 있음을 뜻한다. 그곳에는 30여 명의 교수와 140여 명의 연구원이 10년 후 세상을 바꿀 프로젝트 450여 개를 수행하고 있다. 이처럼 소수의 교수와 연구원이 450여 개에 이르는 방대한 프로젝트를 수행하는 비결은 바로 융합과 공유이다. 그들은 23개 연구실 간의 연구 과제를 항상 공유하고 융합하기 때문에 세계적인 연구 결과를 남기고 있다.

넷째, 공유

오늘날에는 공유경제가 유행하고 있는데, 상품뿐만 아니라 기술, 정보, 경험, 지식, 서비스도 공유하고 있다. 4차산업혁명 시대를 맞아 주목받고 있는 공유경제는 물건이나 공간, 서비스 등을 빌리고 나눠 쓰는 사회적 경제 모델로, 온라인과 오프라인의 장벽을 없앤 O2O(Online to Offline)가 활성화되면서 급격히 확산되고 있다. 공유경제 시장 규모는 미국은 2017년에 2016년 대비 2배 성장했고, 중국은 2020년 GDP의 10%, 2025년 GDP의 20%까지 성장할 것으로 전망되고 있다. 국내에서도 공유경제 시장이 커질 수밖에 없다. 따라서 우리는 공유경제 시장에 진출해야 한다.

다섯째, 협업

우리 시대 최고의 혁신가인 테슬라 회장 엘론 머스크(Elon Musk)는 "우리는 새로운 혁신을 추구한다. 하지만 경쟁하지 않는다, 다만 공유와 협업을 통해 앞서 나갈 뿐이다"라고 말했다. 지금까지는 효율성을 높이기 위해 분업을 장려했고, 한 가지 분야에서 전문성을 갖추더라도 인정받을 수 있었다. 상사의 지시에 토를 달지 않고 잘 따르면 그만이었다. 하지만 이제는 빠른 변화에 대응하기 위해 협업이 필요하다.

동아비즈니스리뷰 113호에 따르면 "1987년부터 전 세계적으로 기업 간 제휴가 매년 25%씩 늘어났다. 특히 불황기에는 필요한 역량과 자원을 독자적으로 확보하는 것보다 투자의 과실과 함께 리스크도 나누는 전략적 제휴가 더욱 필요하다." 협업은 위험을 분산하고, 상대방의 핵심역량을 활용해 성과를 올리고, 빠르게 변화에 적응하기 위해 필요하다. 협업을 통한 성공사례는 많다. GE와 현대캐피탈, 현대카드는 협업으로 성공할 수 있었다. GE는 높은 신용등급을 활용한 자금조달능력을 갖추었고, 현대캐피탈과 현대카드는 한국 시장에서 탄탄한 영업역량을 갖고 있었다. 상호보완적인 이들의 역량이 결합되면서 두 회사의 강점은 극대화하고, 약점은 보완할 수 있었다.

글로벌 시장조사기관 IDG에 따르면 "다른 기업의 임원과 긴밀하게 협력한다고 밝힌 50%의 CIO(기업의 IT책임자)는 회사의 경쟁력이 향상되었다고 주장했다. 이들은 전년 대비 실질적인 성장률이 1.3배 더 높아졌다고 답했다."

여섯째, 미래통찰력

미래학자인 레이 커즈와일(Ray Kurzweil)과 실리콘밸리의 대부인 피터 디아만디스(Peter Diamandis)는 세계 최고의 창업대학을 만들기 위해 싱귤래러티대학을 설립했다. 이 대학은 2009년에 구글(Google)과 NASA(미항공우주국)의 전폭적인 지원으로 실리콘밸리 내에 설립되었는데, 학문 간 경계를 뛰어넘는 융합, 미래에 대한 통찰력, 기업가정신과 창업정신을 함양하는 교육에 중점을 두고 있다.

이 대학은 연간 10주간 수업을 하는데, 수업료만 2,500만 원이고, 경쟁률은 100대 1 이상이다. 10주간 미래학, 신기술, 금융, 기업가정신, 정책, 법제도 등을 수업하는데 그중 기본과정이 미래학이다. 왜냐하면 "10년 후 세상에 이로운 기업을 창업하거나, 그런 기술을 개발하기 위해서는 미래통찰력이 있어야 하기 때문이다."

세계적인 가구업체 이케아(IKEA)는 전 세계 42개국에서 50조 원의 매출을 올리고 있는데, 이케아의 지속가능한 혁신비결을 묻는 질문에 "남들이 내일만 볼 때 이케아는 미래를 준비했다. 혁신을 위한 필수 조건은 미래통찰력이다"라고 답변했다.

현대경영학의 아버지인 피터 드러커(Peter Drucker)는 "트렌드를 안다고 해서 100% 성공을 보장할 수는 없다. 하지만 트렌드를 모르면 100% 실패는 장담할 수 있다"고 말하며, 트렌드의 중요성, 즉 미래통찰력을 강조했다. 미래통찰력을 갖춰야 지속가능한 성장이 가능하다.

끝으로 이 책이 출간되기까지 많은 사람들의 도움이 있었다. 멋진 책을 만들어주신 일상과 이상 출판사 김종필 대표님, 자료수집 및 정리에 정열적으로 함께한 미래전략정책연구원 임직원, (사)유엔미래포럼 박영숙 대표님과 미래예측연구회, 삼성경제연구소 SERI. ORG 미래예측포럼, 4차산업혁명포럼 회원, 세종로국정포럼 박승주 이사장님과 포럼회원, 미래예측교육지도사 과정 1~3기 원우회, 4차산업혁명지도사 자격과정 1~2기 원우회, (사)한국기업기술가치평가협회 임직원, 한국동양미래예측학회 소재학 회장님과 회원, 한국경영실무학회 박재용 회장님과 회원, 마지막으로 사랑하는 가족 모두에게 진심으로 감사를 드린다.

미래전략정책연구원 원장 박경식